維摩詰經講記

——第四輯

——平實導師 述

ISBN:978-986-83908-4-3

執著離念靈知心爲實相心而不肯捨棄者，即是畏懼解脱境界者，是背離無我正觀者，當知即是凡夫。此謂離念靈知心即是意識故，佛説意識是二法爲緣所生故，若不藉根與塵等二法爲緣，意識絕無可能出生及存在；而根、塵二法及意識之種子都收存於第八識心中，故知意識乃是生滅法，故知第八識如來藏方是實相法，方是大乘般若證悟之標的；一切般若智慧皆由實證如來藏而生起，皆由現觀萬法從如來藏生起而獲得實相般若智慧，成爲眞實義菩薩，永離名字菩薩、凡夫菩薩位。離念靈知的體性正是意識心的體性，絲毫無異，與常見外道執著爲常住不壞法的意識心完全相同。由此故説：若佛門中有人認定離念靈知心爲常住不壞之眞如心者，即是佛門中的常見外道。

——平實——

目次

第三輯：

第四輯：

第五輯：

第六輯：

自序

大乘法之證悟，不許外於教門；若外於經典聖教開示，而言「所悟雖異於教門，然亦是宗門之悟」，當知即是錯悟，其所悟必定已經異於宗門之悟，教門所說法義正是說明宗門所悟內涵故。《維摩詰經》是佛門照妖鏡，一切錯悟之師，都不敢援引此經來印證自己之所悟。一切六識論之邪見者，譬如應成派中觀見者及自續派中觀見者，都迴避此經的檢驗；或曲解此經，使經義偏離原意而符合其六識論邪見：故意以意識境界來解釋此經正理，取代為六識論之法義。

他們之所以會有如是行為，都因所悟錯誤而無法以此經義來為自己印證所致。此經中言：「不會是菩提，諸入不會故。」又言：「知是菩提，了眾生心行故。」同一真心，竟言無知無覺而不會六入，復言其實有知，能了知眾生七識心之心行，則使墜於意識境界之自續派中觀見者及應成派中觀見者，都無所適從；亦使墜於離念靈知意識心境界之禪門錯悟者，不知所從，是故心中每每排斥之，或故意以曲解之手段，扭曲經義來印證自己之所「悟」。然而意識心不論修至如何微細，都不能超過非想非非想定中之意識；三界中一切最細意識心，無過於此，過此境界即無意識存在；而意識心不能通過此經如是法義之驗證，

故錯悟之說法者只能以意識心的不同方向來解說此部經文。然而如是經文中之眞正意涵，其實都是說第八識如來藏之本來清淨性與功

德性，證明其非無而有眞實性，亦證明其常住本來涅槃之中；若以意識解之者，都無法免於曲解經義之大過；卻異口同聲主張其**曲解後之經義是佛說**，即成爲謗佛者，佛陀所說從來不是他們曲解後之義理故。由是故說，此經是禪宗證悟者自我印證之極重要經典，亦是錯悟者亟思加以曲解之重要經典；由此可以證明此經法義之熏習，對於禪門求悟般若禪者之重要性了！今以如是緣由，加以詳實宣講後，整理爲文字，以口語化之易懂言語出版，藉以助益禪門大師與一切學人，使能建立正知正見而趣向正確方向求悟，庶能眞實悟入般若正理。然求悟禪宗般若禪之人，仍必須先詳讀《識蘊眞義》及《阿含正義》，確實斷除我見以後，方能藉此詳解而眞實悟入法界實相心如來藏，方能發起實相般若智慧，實階第七住位不退，成爲位不退菩薩，轉入內門廣修菩薩六度萬行；不斷我見而參禪者，終無眞悟之可能，一切禪宗大師與學人，於此皆應注意。

佛子 **平實** 謹序

公元二〇〇六年仲冬 於竹桂山居

第四輯：

《維摩詰所說不可思議解脫經》卷中

〈文殊師利問疾品〉第五（上承第三輯〈問疾品〉未完部分）

「非垢行，非淨行，是菩薩行」：在二乘法來講，一定要遠離汙垢行，一定要行於清淨行，因爲六識心和意根永遠都在這兩邊，離不開兩邊。有人也許不信，說：「那我入定去了，總該離這兩邊了。」可是請問你：「定境是善法？或是惡法？或是非善非惡法？」（眾答：善法）它是善法，也是有記業。定法是有記業，這個有記業的果報是來世可以生到色界天、無色界天，它有天界的異熟果報，顯然是善業，所以定法仍然是落在善法之中。永遠非善非惡離開淨垢二邊的境界，不是意識心所能安住，只有如來藏才能常住不離。修行禪定、貪著禪味，是菩薩縛，因爲被善法所繫縛了，落到世間清淨行裡面去了；這是離開汙垢行，落到清淨行中。在世間法中，如果不在清淨行裡面，就會落到污垢行裡面去。如果是講高標準的，譬如你今晚要來這裡聽經前，正在吃晚餐：「這個味道很好吃！」很好吃，就表示你已經領受那個味道了，當時起了喜樂心而愛樂那個味道，這就是貪染，這就是垢；所以凡是有見聞覺知的心，一定會與淨、垢兩法相應：離淨就落入垢一邊，離垢就落入淨一邊。只要有六塵中的見聞覺知，就免不了像二乘聖者的取淨捨垢，或如世俗人的取垢捨淨。「非垢行，非淨行」，當然是只有如來藏才能永遠做到，因為祂離見聞覺知，所以無垢無淨可說，這就是二乘法所不及之處。二乘法是以意識為中心而修的，一定會落在淨行裡面，不能說非淨行。所以只有大乘菩薩行於非垢行、非淨行中，遠離垢與淨兩邊；並且不是現在才如此，而是無始劫以來就已經如此；親證這樣的境界，才可叫作菩薩行。二乘聖人是無法理解這個境界的，因為他們沒有證得如來藏；憑想像，是怎麼也想像不通的。

「**雖過魔行而現降伏眾魔，是菩薩行**」：超過諸魔的境界，那是什麼境界？（眾答：如來藏境界）當然三句不離本行，仍然還是要說如來藏的境界。只要在三界中，都過不了魔的境界；如果是天魔的境界，你只要發起初禪不退，就超過天魔了，因為天魔波旬的境界是欲界境界。可是鬼神魔，你說：「**我如果過了初禪，鬼神魔也無法奈何我了。**」因為鬼神魔只是人間的鬼神境界。還有五陰魔，只要你的五陰存在，就離不開祂。不然再說生死魔好了：在三界中的凡夫有情都不離生死，就都沒有超過生死魔的境界。超過四魔之行，是阿羅漢所要追求的境界；但是菩薩不超過魔行，就已超過魔行了，因為菩薩無妨四魔俱在，卻沒有妨礙；這是由於所證得的是本來就超過諸魔的境界，是因為如來藏不受四魔所掌控，包括天魔本身的如來藏也都是如此，祂們也無可奈何，這就是天魔的悲哀。祂一心要讓眾生在欲界中輪迴生死，可是祂沒想到離三界生死的涅槃早就在祂身上，祂自己完全無法禁制這個涅槃，這就是祂的悲哀。諸魔若想到這一點，都會覺得很悲哀，因為菩薩會告訴祂：「你將來也免不掉要跟我一樣降伏你自己這個魔。」祂一想：「這若是我的宿命，我確實好可憐、好悲哀！」但祂無可奈何，因為事實是如此。

可是雖已過於諸魔的境界，菩薩卻無妨用五陰、十八界來示現降伏眾魔，所以維摩詰菩薩才會說：「沒關係，你這一萬二千位天女可以送給我；出家修行的持世菩薩不敢要，但是我要。」天魔波旬也無可奈何。維摩詰居士教了她們佛法以後，再放她們回魔宮去，每一個天女各都再去度百千個天女，讓天魔波旬煩惱死了。所以菩薩本身已經超過諸魔境界了，卻又轉身回來示現降伏眾魔，這樣實行，才是菩薩行。請問你們：阿羅漢有沒有過生死魔境界？（大眾默然）有沒有？（大眾未答）有？還是沒有？有的人點頭，是說他們有超過生死魔境界。但其實他們沒有，如果過了生死魔境界，他們還得要入無餘涅槃嗎？他們對生死有恐懼，雖然死後可以入無餘涅槃而遠離了生死魔，從此不跟生死魔打交道，可是他們心中其實很怕生死，所以生前還是在生死魔的境界中。菩薩則無妨胎昧照樣存在，但是無妨下一世換個五陰再來生死時，仍然可以再悟入；悟了以後照樣破斥天魔波旬，所以說：雖過魔行，示現降伏眾魔，這才是菩薩行。

「**雖求一切智，無非時求，是菩薩行**」：菩薩求一切種智（如來藏中一切種子的智慧），菩薩去親證，可是無法靠自己的力量全部親證，要靠佛的加持，所以即使到了等覺位，還要常常去禮拜諸佛，去追求最後的圓滿，還是要求佛加持、求佛開示。一切種智是包含道種智以及一切智的。一切智共有十智，是聲聞人的證境；但是一切智只是解脫智，只能斷分段生死的煩惱。菩薩則不只這樣，菩薩還進斷習氣種子，菩薩還要親證如來藏中的一切種子，因此而圓滿時才能發起一切種子的智慧。這個一切種智沒有圓滿之前，就叫作道種智，是諸地菩薩所有的智慧。菩薩只要有了道種智，所有外道都不能破他，所有佛門裡的表相大師也不能破他，只有聽訓的本分。可是菩薩想要求證一切智、一切種智時，都不能**非時求**。所謂**非時求**，有兩個情形：第一是面見諸佛求一切種智時，應當知時。譬如有佛示現在人間時，假使現在是佛托缽用齋的時候，你來求法就是非時求。或者請佛到家中來供養，卻說：「您先開示完了，我才要上供。」這也是非時求。另外一種非時求是：你現在的層次不該求那個法，但你偏想要求它，也是非時求。凡是無生法忍的現觀境界，都是要有基本條件的配合；在條件不具足的時候強求那個法，結果只能自己打妄想，以為自己已得那個法了，當然就會出現大妄語：「我們證得佛地真如了，你現在才只是第七住位真如、十住位真如，遠不如我們。」佛地真如的妄證就出現了，正是打妄想，也是非時求。凡是親證諸地的現觀，都有基本的條件；那些條件都圓滿具足了，現觀才可能出現，否則是無法出現的。在條件沒有具足以前（本身的福德因緣、種種智慧條件沒有具足之前）就去強求，也是非時求。這就是說：請法要知時。所以有些人有時會來問我眼見佛性或別的法，我會婉轉回絕掉：「你先不要探討這個法，太早了。」因為我看見的因緣是這時還不宜。所以，非時求不是菩薩行，能夠離開非時求，才是菩薩行。

「**雖觀諸法不生，而不入正位，是菩薩行**」：這是特別說明佛菩提道與解脫道大不相同的地方。在二乘解脫道的行門中來說，一旦親證無生，死後就一定要入無餘涅槃。當阿羅漢、辟支佛透過四聖諦、八正道、因緣觀的行門現觀自己五陰、十二處、十八界一一法都虛妄不實，從此以後由於我執斷盡的緣故，諸法不生，所以未來世五蘊、十八界、六入、十二處一一法都無生，所以說他觀諸法不生，因此捨報以後定入正位，正位就是講無餘涅槃的境界。換句話說，他沒有下一輩子了。一般人罵人說：「你不會有下輩子了。」那是罵人，但阿羅漢如果被罵沒有下一輩子，他反而是很高興的。特別是慧解脫還不是很堅固的阿羅漢，你若罵他沒有下一輩子，事實上是讚歎他，他會歡喜接受。這意思是說，阿羅漢一旦現觀沒有下一輩子（不受後有），不再有後世五蘊的一一蘊，不再有十二處、六入、十八界的一一法出生，諸法都不生了，他捨報時就會入無餘涅槃，無餘涅槃是定性二乘聖人必入的正位。

但菩薩的觀行和二乘聖人大不相同，二乘聖人所現觀的諸法不生，都是世俗法：五蘊、六入、十二處、十八界，都是三界中的法，所以是世俗法。但菩薩不只如此現觀，並且還觀非世俗法的如來藏本來不生，然後由如來藏的本來不生，再把本來有生的五蘊、六入、十二處、十八界匯歸於如來藏而說蘊處界等諸法不生。並且在修道的過程當中斷除了我執，和阿羅漢一樣成爲初地滿心、或八地菩薩的時候，一樣現觀諸法不生，未來世可以不讓任何一法再出生，但是卻無妨因爲悲願所持而不進入無餘涅槃。所以菩薩所現觀的諸法不生有兩個層次不同，也就是說，除了實證二乘聖人所現觀的世俗諦以外，還得要另外現觀勝義諦中的一切諸法都依如來藏而不生。

如來藏本來不生，由於這個佛菩提的親證，所以一切菩薩現觀諸法無生，卻不入無餘涅槃中，所以不入正位，這就是離涅槃貪；乃至八地開始所斷的涅槃貪，也都是眞正的菩薩行。如果不能觀諸法不生，又沒有能力入正位，而說他能行菩薩行，這是方便說，要小心自我膨脹。我這話是指印順法師而講的：以凡夫行來行菩薩行，而說是在行菩薩道，說這樣子可以修證成佛之道而成佛。他根本不能引用《維摩詰經》這兩句話來作爲自己行菩薩道的證明，因爲這是現觀諸法無生，然後由大悲願來行菩薩道；不是以凡夫不能現觀諸法無生的身分而空言能行菩薩道。二者完全不同，所以菩薩現觀諸法無生而不入正位，才是眞正的菩薩行。

「雖觀十二緣起，而入諸邪見，是菩薩行」：菩薩和辟支佛一樣現觀十二緣起，也和阿羅漢一樣現觀十二緣起。阿羅漢的緣起法是從 佛聽聞之後再作觀行，辟支佛則是依自己的智慧來觀察緣起。可是同樣以緣起法來現觀，不迴心的二乘聖人斷諸邪見，捨壽後必定取證無餘涅槃。他們是斷諸邪見的，可是菩薩雖觀十二緣起，卻反而入諸邪見，入了邪見才叫作眞正的菩薩。這與二乘法是截然不同的，在二乘法中：五逆罪是不許犯的，犯了死後就下無間地獄；我見也是一定要斷的，不許保留我見。可是菩薩不然，菩薩說：「菩薩具足犯五逆罪，不入地獄。」菩薩又說：「具足我見、我執而成就佛道。」這是剛好顚倒的，可是這個顚倒並不是文字表面上的意思。譬如說，二乘法中如果犯了五逆罪，不論哪一罪都得下地獄，但是二乘法說的五逆罪與菩薩所具足違犯的五逆罪內涵並不一樣。

二乘法的五逆罪是說殺父、殺母、殺阿羅漢、破和合僧、出佛身血，這意思諸位都懂，我們就不用解釋它。可是在大乘法中，同樣這種名相的五逆罪，有事上及理上的不同。一切賢聖菩薩都應具足五逆罪，不具足還眞不行。這五逆是講：殺**無明父**、害**貪愛母**、殺自己**五陰阿羅漢**、破自己**五陰和合僧**，**出佛身血**則是了知蘊處界緣起性空及如來藏正法在實際理地中並不存在，這是菩薩必須具足去做的五逆罪。菩薩要具足這五逆罪才能成佛，這不是邪見又是什麼？但這個邪見不可以斷除。所以觀察十二緣起以後，知道蘊處界都是虛妄的，也知道十二緣起法每一支都是假名之法，但是卻要具足這五逆，保持這個邪見，才是眞正的菩薩行。**殺無明父**，是第一逆。菩薩的第一逆，是逆於眾生。眾生都在無明之中，卻不知道自己有無明，他們總是覺得自己很聰明，完全沒有無明，所以個個都很寶愛自己的五陰，任何一陰都捨不下，這其實正是被無明所籠罩。可是菩薩要把這個無明父殺掉，才能成爲實義菩薩。

害貪愛母，無明父與貪愛母正是眾生輪迴生死的根源。貪愛爲什麼稱之爲母？因爲眾生都是從貪愛而來，如果不是貪愛三界的境界，就不會有眾生，所以要把貪愛母害死。但這是眾生所不能接受的，所以菩薩幹了這個大業以後，眞的是大逆不道，這是第二逆。

殺阿羅漢，世間阿羅漢是誰在當阿羅漢？是五陰在當阿羅漢。當你把一一陰加以現觀而勘破了：了知阿羅漢五陰中的每一陰都虛妄不實。阿羅漢既然是由五陰在當，而五陰是虛妄的，哪裡還會有眞阿羅漢？阿羅漢們被毀謗時都會去敲雲板集眾，當眾糾舉：「某某人毀謗我不是阿羅漢，他要當眾懺悔。」那表示他認爲自己是阿羅漢，而阿羅漢之所以成爲阿羅漢，就是斷除五利使、五鈍使而成爲阿羅漢；可是菩薩卻不斷五鈍使，不當阿羅漢，他會跟凡夫眾生一樣說：「你不是阿羅漢。」但菩薩是說：「因爲你其實是如來藏，如來藏離見聞覺知、離一切法，怎能說祂是阿羅漢；你這個五陰斷了結使，正在擔任阿羅漢的身分，而五陰卻是虛妄的、結使也是虛妄的。」這是從兩個層次把五陰殺掉，所以沒有阿羅漢可說了。所以菩薩說：「所謂阿羅漢，即非阿羅漢，才是眞阿羅漢。」所以菩薩這樣把五陰阿羅漢殺掉，成就第三逆罪。菩薩必須要犯這個逆罪，不然就始終是個凡夫菩薩或是聲聞人，所以菩薩要進入這個邪見中安住。

破和合僧，請問：「和合僧是誰在和合？」還是五陰。因爲一個又一個的僧人五陰和合在一起才叫作和合僧；可是每一僧人都是由色受想行識和合而成，但因爲五陰和合而成就的僧，應該滅除或否定，所以菩薩這樣把和合僧破了。如果要說和合僧，應該說每一個如來藏都是眞正的僧，每一個如來藏藉著五陰和合而共住於世間，卻又沒有住可說，沒有和合可說，也沒有眾僧可說，那你說還有什麼僧能和合？所以從如來藏的自住境界來看，沒有五陰僧可和合，把自己和合僧給破了。這是佛子們的大逆罪，菩薩犯了以後絕不捨離，也不懺悔，而且覺得是應該的；乃至見了佛也這麼說：「這是我應該要破的和合僧。」這是第四個逆罪。

最後，菩薩還得要**出佛身血**。如何是佛的血脈？從二乘人來講，佛的血脈就是緣起性空、蘊處界皆空，這就是佛的血脈；可是菩薩卻說緣起性空是虛妄法，不是佛的眞血脈。爲什麼緣起性空是虛妄法？因爲它不是實相，只是虛相。緣起性空是依附於蘊處界而有，但蘊處界是虛妄的，因此蘊處界的緣起性空當然也是虛相法。譬如說，因為牛有角，所以我們看見兔子時才會說兔子無角；所以兔無角是依牛有角而有，如果沒有牛有角、羊有角，就不會有兔無角法相待於牛有角而存在；但牛角是緣生而虛妄的，那麼依牛有角而有的兔無角，當然更加虛妄了。同樣的道理，蘊處界是緣生而虛妄的，依虛妄的蘊處界而有的緣起性空當然更加虛妄，所以緣起性空是虛相法，不是眞實法；菩薩就這樣把緣起性空破了，這是第一部分的出佛身血。菩薩是依能出生蘊處界的如來藏而說蘊處界緣起性空，這樣才是眞正的解脫道正法，眞實的佛法應當如此；所以菩薩說緣起性空是虛妄法，這叫作**出佛身血**。再從如來藏自身所住的境界來看，五陰的我們有般若、種智可以實證，而如來藏及祂含藏的一切種子是我們五陰所應證的法，如來藏自身卻是不了知也不實證般若與種子智慧的，所以祂不加以了知，也不加以實證；對祂而言，沒有如來藏及般若、種智可證。我們五陰轉依祂的自住境界以後，也說「沒**有如來藏可證、沒有如來藏含藏的一切種子可證**」，如同大般若經中的說法一樣。這是破壞大乘血脈，當然更是出佛身血。這樣一來，具足出佛身血，具足成就第五逆罪；當今全球佛教，就只有我們做得到；其餘眾生雖然也如此說，卻只是依文解義而錯會涅槃實際中的正理。

這五逆罪，菩薩都要具足而犯。所以你們破參了以後，可得要把這個五逆罪好好整理。自己把它整理清楚以後，出去遇到佛教界的學人們、大師們，你就爲他們談這個五逆罪，你說：「我如今已經具足犯了五逆罪，但是我永不入地獄，並且還要憑著這個五逆罪來成佛，我入於這種邪見裡面永不悔改。」要有這個現觀與膽識，入於這個邪見永不悔改，才是眞行菩薩行。佛門中最重大的惡見就是我見，凡是學佛人都說：「諸法無我，我是虛妄的。」但是你來到正覺以後卻要顚倒過來，正因爲我們正覺的法和外面不一樣，所以會被虛妄誹謗，所以你才要來學；如果是跟外面四大名山一樣是意識境界，你又何必來正覺修學？

我們不一樣的地方就是不斷我見：他們斷不了的我見，我們已經斷了；但我們卻另外提出一個主張，說另一種我見不可以斷。那就要談談「我」到底是什麼了？他們所不能斷的我，而我們已經斷的我（那個我見的我），講的就是五蘊我、六入我、十二處我、十八界我；如果講細一點，是說六根我、六思我、六受我、六想我、六識我、六行我，這個是他們所無法斷的，但是我們在禪三前就得要斷除掉。如果自己還斷不掉，去到禪三時我還要再殺你；假使還殺不掉，就拿「鋸子」

一分一分再鋸掉，一定要把你的我見鋸掉。可是這個我見殺了、鋸斷了以後，卻要你去找另一個眞實我：先把妄心、妄識殺死了，然後要使你法身再活過來。蘊處界我是一切佛弟子都應該殺掉的，但是想斷我見而斷不了，所以他們證不了初果。你要是路上或到佛教道場去，不論是遇見了哪個人，你問他說：「請問你的我見斷了沒？」如果他腦筋不靈光，就會跟你講：「我斷了。」如果他比較小心，就不敢說他斷了，因爲你第二句會問他：「那你是初果人了？」他若說：「不是！不是！」那怎能是斷我見？如果斷了我見，爲什麼不敢承擔是初果聖人？如果他說他是初果聖人，你又請問他：「你這樣是不是斷滅空？」他一想：「不是！不是斷滅！因爲入涅槃後還有離念靈知常住不滅。」那就顯然是我見沒有斷，因爲離念靈知正好就是意識。所以我見在他們來講是無法斷的，他們想要取證最基本的初果都是不可能的。

可是正因爲這個我見一定得要斷、自我的執著一定得要斷，所以佛在初轉法輪時重複的、再三再四的宣示：諸法無我、緣起性空。但緣起性空的蘊處界都是虛妄法，蘊處界「我」都是虛妄的，可是這個虛妄的我斷了以後，說它無我時卻又不是斷滅空，因爲蘊處界斷滅以後入了無餘涅槃，無餘涅槃中有**本際**、**實際**、如、我常住，所以佛說涅槃中是常住不變，這是阿含期時就已經很清楚說過的。因此從蘊處界來現觀固然是緣起性空而無我，因此說解脫道爲無我法；可是蘊處界總不能無因而起，一定有個根本因存在，那個根本因是常住、不滅、金剛性的常住法。既然祂是常住不滅，怎麼不能說有實我呢？虛妄無常的蘊處界當然說是無我，而眞實常住的實際當然是我。我們證得如來藏我以後就說：「法身慧命活過來了。」禪宗祖師就說你是絕後再甦。悶絕以後醒過來成爲另一個不死的人了。從此以後就說這如來藏是眞實常住的自內我，因爲祂是金剛心，永遠無法毀壞祂。有了這個現前體驗親證的境界以後，才是眞實不壞我，這種「我見」生起來了就有般若實相智慧；但是這個我見的我是指第八識如來藏，不是離念靈知意識心，是從來不了知、不執著自我的，只因現觀證實祂是常住法而名之爲我；認定祂常住不變而且是眞實的自我，就是維摩詰大士講的「我見」。這個我見可不能斷，斷了就變成斷滅法，正因爲有如來藏這個「我見」，才能成就二乘涅槃不會墮於斷滅空。所以菩薩斷了我見，重新再入另一個我見，從文字表相的我見名相來看，不正是邪見嗎？當然是入於邪見。但是菩薩入於這個邪見時卻很歡喜，永遠不想斷除這個邪見。能夠這樣的人，才能向人說：我是眞實在行菩薩行。所以菩薩雖然現觀緣起法，知道蘊處界全部虛妄，邪見斷了（因爲邪見是在五利使當中，它是見道所斷；三乘菩提中不論哪一乘，只要見道了，邪見都斷），可是菩薩斷了解脫道所斷的邪見以後，重新又入另一個「邪見」中，這個邪見卻是不能斷的，因爲這個**邪見**才是法界實相的**正見**，是成佛的依憑；能如此才是行菩薩行，不應該以凡夫的見解而妄言說他眞實行菩薩行，妄言他的菩薩行能成就佛道。

「雖攝一切衆生，而不愛著，是菩薩行」：菩薩證悟之後，不急著去斷我執，反而是從習氣煩惱先開始斷，是從般若見地的通達上面在努力用心。不斷我執的目的就是要生生世世攝取眾生（無量的未來世中不取涅槃而與眾生廣結法緣——攝取眾生），就是在攝取自己將來成佛時的佛土。可是菩薩攝取一切眾生時卻不對眾生起貪愛和執著。如果攝取眾生以後，對眾生有貪愛與執著，就是落在眷屬欲當中，就無法攝取到將來成佛的佛土。如果有人不能斷除眷屬欲，假設火星同樣有眾生，你說：「下一輩子你去火星度眾生吧！」他說：「我才不要，我在這邊攝取了那麼多人，爲什麼要放捨掉？」他不肯放捨，但是這樣就不是眞的菩薩。眞的菩薩，假使今天 佛來指示說：「你現在去英國度眾生，台灣度了那麼多，已經不需要你了，有人可以接替你，你另外去開疆闢土。」那你就得去，不能有第二句話。如果你不去，說：「我在那邊人生地不熟，又要從頭開始，只能開始度一個、兩個、三個、五個，那多辛苦，又不光彩。」我告訴你：「你不是實義菩薩。」所以菩薩攝一切眾，但是不愛著。你可別在捨報後拒絕佛的指派，你不可以說：「我在這裡已經過了幾百世了，我已經度了幾萬人。」如果是搞世俗法，也許說：「我已經度了幾十萬人當信徒了，爲什麼叫我去別的星球？我又要從頭開始，一個一個來。」捨不下這裡的信徒，那就不是菩薩，那叫作世俗人。所以菩薩攝取一切眾生以後，不該有眷屬欲，有眷屬欲就是心中有愛著，就不是菩薩行。

「雖樂遠離，而不依身心盡，是菩薩行」：菩薩的證境，一般人很難想像。一般眞正努力修行的人所知道的佛法是要遠離，看見五欲時怕得要死，最好一個人躲到深山裡面去，妻子不要了，孩子也不要了，財產也捨了，他一個人躲到深山去修行。有的人則是家人苦苦哀求：「請你不要出家。」他偏要去出家，自己一個人走了；家人不讓他走，他三更半夜溜走了，自己應盡的義務沒有完成就走了。甚至於有的人到寺院裡面住下來以後，他發覺：這邊還是太吵，一天到晚有香客、信徒、學徒來，太煩了！一個人躲到深山裡面去靜坐不是很棒嗎？這就是貪求寂靜。貪求寂靜的人，假使有一天他把我見斷了，就會趕快想要斷盡我執，然後就急著要入無餘涅槃，這就是**依身心盡**。

假使有個人來求法，但是被我發覺他是這種人，我會從禪三道場把他趕下山；因爲我錄取了這種人去禪三，眞的沒道理，佛也會在背後笑：「**這個蕭平實眞笨，錄取了這種聲聞人，想要給他菩薩法。**」所以，一旦發覺錄取錯了，就趕快把他趕下山去；他若因此而要離開同修會，就趕快走，我不留人；因爲聲聞人，我度來沒有用，幫他明心以後他還是會入涅槃的，度了他做什麼？這種人依於**身心盡**的境界而修，是永遠不能成佛的。他不能盡未來際行菩薩道，就不能利樂無量無邊的眾生，我們給他菩薩道的無上大法就沒有意義了。所以菩薩雖不貪著一切法，樂於遠離而不攀緣，卻不會一天到晚想要滅盡身心、入涅槃，所以菩薩要發大心。

譬如 釋迦佛成佛之前，他曾經有一世爲了度一個女人，就陪她一輩子，跟她當一輩子的夫妻，讓那個女人愛他愛得要死，下一輩子重新再來時菩薩不跟她結婚了；但是教她要學佛，她不得不聽，因爲貪愛的種子流注出來而使她不能不聽話來學佛；可是菩薩上一世給了她好感，這一輩子卻故意不跟她生活。是上一輩子故意讓她愛得不得了，下一輩子教她學佛，她就不能不學。沒來由，不曉得什麼原因，只要是他講的，她就聽。就這樣子，爲了度一個人，用一世的時間陪她，讓她心中絕對的歡喜——見了菩薩就歡喜；但是下一輩子再來找她，教她學佛，她就不能不學。菩薩可以用一世的人身時間，專爲使某一個人對他生貪，而在來世度了對方學佛，所以菩薩都不該是自了漢。

菩薩遠離了世間諸法之後，都是爲度眾生而重新投入世間法中，所以有人說：「我們正覺寺蓋好以後，我要去出家。」我說：「好啊！歡迎！但是先把你的人間義務完成了。你可別拋家棄子要來出家。」如果妻子、子女滿心歡喜說：「你趕快去出家吧。」那就沒問題，但是如果有一個人不答應，那你就別來；因爲菩薩不是自了漢，不是自私自利的人。對不認識的眾生，你願意負責度化，可是對你身邊最親近的眾生，卻不肯負責，這道理講不通。所以菩薩樂於遠離，卻不依身心盡，是要生生世世和眾生同在一起，這樣在煩惱當中漸除習氣種子，最後才能成佛；因此，樂於遠離而不依身心盡，才是眞正的菩薩行。

可是這個境界，眾生無法想像，總是尙未離欲而想出家受人供養、禮拜，或是想要逃離世俗法中的煩擾。所以菩薩的心境不但眾生無法想像，乃至你悟後三、五年了還是無法想像的。這部分留到未來《鈍鳥與靈龜》連載到最後有一篇贈言登出來時，你們再去讀，才能少分瞭解；要悟後起修幾年以後再去讀，才能少分瞭解這種雖樂遠離而不依身心盡的菩薩境界。不過你們要讀到那個部分，連載下來大概是三年後的事了，因爲它的篇幅只比《識蘊眞義》少一點點而已，有四百二十幾頁，所以篇幅也是蠻大的（編案：已連載完畢出書爲一巨冊）。因此這種境界是眾生無法想像的，但是無法想像的境界才能說是菩薩所行的境界；雖然在表面上看起來，菩薩跟一般凡夫是一樣的，你看不出他是一位深行菩薩，但是他的心境就是如此。如果不能這樣，那麼後面天女散花，花落下來時都會在你身上粘得緊緊的，縱使你已證悟般若了還是一樣。

「雖行三界，而不壞法性，是菩薩行」：菩薩生生世世都是在人間的，很少在天上；縱使在天上，譬如兜率陀天、色究竟天，那也還是三界中的境界。如果離了三界，就沒有菩薩行可修了，所以還是得要在三界中行，行於三界中卻不壞法性。二乘人是要毀壞法性，所以他們依於寂滅境界而住，斷了我見、我執以後，他還想要求證滅盡定；這樣成就慧解脫、俱解脫以後，他每天用過齋，經行一會兒就一定要入滅盡定中：滅盡一切法性，不讓一切法性現前。但是菩薩不然，菩薩行於三界中固然要和二乘人一樣現觀一切法虛妄，乃至六地滿心時不得不證滅盡定了，卻仍然不壞法性：不得不證滅盡定，卻不樂於常常入滅盡定中。

菩薩三地滿心就能取證滅盡定，卻一直不取證；在六地滿心時不得不取證滅盡定，但是轉入七地以後就不再入滅盡定了，都在無生法忍上努力修行，以方便波羅蜜多的緣故，最後卻能念念入滅盡定；可是他的念念入滅盡定，是諸法仍然現前而沒有一法滅除，二乘聖人再怎麼想也想不通。所以菩薩行於三界中能滅盡一切法性，卻仍然不壞任何一法，繼續在三界貪瞋等諸法中打滾，與眾生廝混在一起；這樣不滅除一切法性而行於菩薩行，才是真正的菩薩道，這也是我們大家都要修證的境界。念念入滅盡定，是很值得大家嚮往的，我們今天只能想像，無法理解，因為七地滿心時念念入滅盡定，卻不是在阿羅漢或六地的滅盡定當中，而是諸法繼續現行，一法都不滅。這是菩薩們悟後，或者一大阿僧祇劫、或者將近二大阿僧祇劫，應該進修的一個目標；雖然很不容易，但是諸位也別放棄希望。

就好像我出來弘法以前，大家都說真正的開悟明心是不可能的，見性更是不可能，大家總是自暴自棄的放棄了；現在正覺弘法十餘年，被諸方檢驗下來，還是屹立不搖，諸位已經有這個信心了：**明心是可能的，見性也是可能的**。同樣的，明心者今天來看七地的念念入滅盡定，好像是不可能證的，但還是要保持著那一分希望；不管那一分希望多麼小，還是要保持著。有希望總比沒希望好，佛既然不誑語，而佛已經說了這些無生法忍境界的層次出來，我們當然應該把它放在心中作爲一個目標；今世不能達成，沒關係，未來還有無量世，所以未來世一定會有希望，除非你一直無法明心。行於三界中不壞任何一法的法性，才是菩薩行，不能像二乘人一樣要壞掉一切法性而入涅槃。

「雖行於空，而植衆德本，是菩薩行」：二乘人也行於空，菩薩也行於空；可是二乘聖人行於空，不肯努力修集福德，他想的是：「我這一世捨報的時候到了，就入無餘涅槃了，來世又不用再來，我修福德做什麼？」所以他們不努力修集福德、不努力度衆生，是隨緣而修、隨緣而度。但是菩薩不然，菩薩修福德是努力修；不但努力修，修到成佛了還是樂修福德。有一天阿那律尊者因爲袈裟破了，想要縫衣服，可是他的眼睛壞了，雖然他用天眼也可以看、可以縫，可是那個針眼實在太小了，線又粗，用天眼來穿針，太辛苦了，他就開口說：「哪一位阿羅漢想要修福？來幫我穿針。」那時旁邊沒有別人，佛在遠處以天耳聽見了，就說：「我來幫你穿針吧！」阿那律尊者聽到是佛的聲音，覺得奇怪：「佛啊！您還要修福嗎？」佛說：「修福還嫌多嗎？我無量劫以來都努力修集福德，從來不嫌多福。」所以修福是不嫌多的。佛陀都仍然樂於修福，我們尚未具足修集成佛的福德，爲什麼拒絕修福呢？

二乘人成爲阿羅漢以後，都不積極修福，因爲他們認爲福德也是緣起性空：福是依五陰而有的，五陰都空掉了，我還修福幹嘛？可是菩薩不一樣，菩薩雖然現觀「五陰皆空，福德依五陰而有，所以福德也空」，如是行於空；但是菩薩的空並不一樣，菩薩的蘊處界空中是同時現觀如來藏的空性，而如來藏這個空性眞實不空，因爲祂蘊藏一切諸法的種子，由於**空中有性**故名**空性**，所以具足空與不空；然後來觀待成佛之道所應修集的大福德，所以菩薩植眾德本，從不停息：由於這一世能有八暇之身，可以修證佛菩提道，可是來世如果沒有福德資糧，一生奔忙而沒有辦法滿足溫飽，還能具足八暇而修菩薩道嗎？菩薩生生世世都在人間，當然得要有道糧；若沒有道糧，每天得要爲衣食溫飽去奔忙，就無法修學佛菩提道了，也無法利樂有情了。

所以菩薩世世修集福德、植眾德本，但每一世都只享用一小部分福德來生活，但是每一世都修集很多、留下很多，所以福德累積越來越多。菩薩因爲這個緣故，捨報以後能生欲界天享福而不去，能生色界天享福也不去受生，永遠選擇在人間；因爲生到欲界天、色界天中，想要修福德很困難，幾乎是沒有福德可修的。在人間修福德太容易了，即使遇到一個冒充的乞丐，你也可以修福德，你給他十塊錢也是福德；他的福德損失了，他卻不知道；他被你種了福田而他不知道，還洋洋得意的想：「這傢伙又被我騙了。」他一面向你點頭：「感謝啊！感謝啊！」心裡面卻在笑你被騙了；可是在法界眞實因果中，誰騙誰？還不知道呢！他不知道未來無量世要怎麼還這個債，所以聰明人不隨便當人家的福田給人種。

所以菩薩每一世修集很多的福德，每一世都只用掉一點點：每一世修集一百份的福德以後卻都只用掉一份，不斷的累積下去，成佛就快，每一世的道糧都用不完；用這些福德道糧才能修佛菩提道，才能攝取眾生，攝取眾生就是成就自己未來成佛時的佛土。因此菩薩行於空，與聲聞不同；聲聞聖人不再植眾德本，菩薩行於空，卻更努力的植眾德本，這才是菩薩行。

「**雖行無相，而度眾生，是菩薩行**」：有一些人，他們很聰明，他說：「你不是證得實相了嗎？實相無相，也沒有眾生相，那你還度什麼眾生？你應該隱居起來。」表面上聽起來，他說的好像有道理，但其實沒道理，他其實只是怕你弘法以後會間接地顯示他悟錯了。證悟般若以後並不是像阿羅漢一樣灰身泯智的，禪門不是有一句名言嗎：「森羅萬象許崢嶸。」並不是悟了以後要滅掉一切法，反而悟了以後可以如實看待一切法，何妨萬法同時現前，但是老僧照樣如如不動。那個老僧是誰？是如來藏嘛！祂依舊如如不動，但又無妨萬象森羅、萬法崢嶸。所以如來藏這個實相雖然無相，但祂卻又具足一切法，使你可以因此漸漸圓滿一切種智，因爲祂的種子流注能出生一切萬法。由這個緣故，菩薩行於無相，卻在無相中度眾生——無妨在無相當中具足萬象來度眾生，這樣才是眞正的菩薩行。

「雖行無作，而現受身，是菩薩行」：凡是有作的都是菩薩法，不能離有作而行菩薩道。世俗諦，是一切世俗法中的眞諦，所以叫作世俗諦。世俗法的眞諦，是說蘊處界都是緣起性空，世間一切法都是緣起性空。有情眾生不管多麼有智慧，都無法推翻這個事實，因爲不論三惡道或三善道，下從地獄上至無色界，所有一切眾生所現行的一切法，都是有作之法。有作之法，意思是說它們都是屬於五陰所攝。五陰不管是哪一陰，六入不論是哪一入，十二處、十八界不管是哪一處、哪一界，都是有作之法；有作之法會導致生死的輪迴，所以二乘聖人都急著要滅除它。可是菩薩不然，菩薩照樣作這樣的現觀，現觀完成之後還要現前觀察到另外有一個無作之法——如來藏。這個如來藏是無作之法，因爲祂離六塵見聞覺知，所以從來不分別，從來不思量（不作主），所以祂眞實無作；但祂雖然眞實無作，卻又能夠爲有情作一切法、一切事，使有情眾生能在三界六道中不斷的輪迴而不斷滅。祂這個作，有許多方面的差別；在這一句經文裡面說「而現受身」，眾生受身也是祂的作；可是祂作了眾生的身以後，自己卻又是無作性：從來不於六塵諸法起任何的貪著。菩薩就依這個親證的現量境界而行於無作之心行，卻示現世世在人間接受人身來自度度他，這樣才是菩薩行；所以菩薩們都不會想要證阿羅漢果，不想入涅槃，這就是行於無作而現受身示現有作，這才是眞正的菩薩行。

「**雖行無起，而起一切善行，是菩薩行**」：菩薩於三界中自度度他的過程，有一個行會起，另一個行則是不起；起的是意識心的悲心之行，不起的是如來藏於一切諸法中從來無動於衷的無行。無動於衷，聽起來好像很無情、很冷酷，但我告訴你：「如來藏就是這麼冷酷、這麼無情，祂才是最酷的人。你向祂說好話也沒用，你對祂恐嚇也沒用，祂最酷了。」如果有人作大惡業了，跟祂說好話：「你眞好！如來藏啊！請你下一輩子不要爲我造地獄身。」講不通！你如果對祂恐嚇：「我雖然做了惡事要下地獄，但是你如果爲我造了下輩子的地獄身，我就把你殺掉。」祂也不聽你的，絕不接受恐嚇，所以祂最酷。

這意思是說，菩薩證得如來藏以後，現前觀察到祂於一切法中都是不起貪瞋等心行，意識有喜怒哀樂的境界現前時，祂照樣不起心行。可是菩薩現前證實：祂在不起一切心行的狀況下安住著，卻無妨支援意識心來起一切善行；但是當意識正在利樂眾生時，祂卻又不起任何念頭心行，這樣生生世世利樂有情。能夠行於無起，卻能夠同時起一切善行，這才是菩薩行。

「雖行六波羅蜜，而遍知眾生心、心數法，是菩薩行」：菩薩行六波羅蜜，但是在六度到彼岸的修行過程當中，菩薩能普遍了知眾生的心與心數法，二乘聖人做不到。二乘聖人，假使他十智具足，他所知的眾生心與心數法，是只知道六個識及六識的心數法而已，他對於意根及意根的心數法，就已經不很瞭解了，何況是更深的心與心數法。所以在二乘聖人的智慧上，他知道眼識以及眼識的心數法，知道眼等六識心與心數法，這是十智具足的大阿羅漢。如果像周利槃特伽，他不知道心數法，他只知道把自己所有統統滅盡了就成爲涅槃，他只是八解脫、身證；若是談到六識心的心數法，他就無法爲你開示了。然而俱解脫十智具足的大阿羅漢雖然知道心與心數法，也只知道六識所有的心數法，意根的部分卻只能知道一點點，至於第八識如來藏心及如來藏的心數法，就完全無所知了。即使極少數大阿羅漢能有所知，也都是後來聽聞 佛說大乘經典時，記持一小部分而非親證，所以不能像菩薩一樣為人廣說，故說不是「遍知」的，除非後來迴入大乘而悟入。

因此菩薩和阿羅漢不一樣，菩薩對於八識心王一一心的作用及體性都要了知。不但如此，對於八個識各有什麼樣的心數法，其中有異有同，也都得要了知。對於我們會中的明心者來講，我們總是這樣要求。為了讓諸位破參以後能夠了知八識心王不同的心數法，我們才會有《瑜伽師地論、成唯識論……》等課程，在這些悟後起修的課程中明說般若密意中的種種深細密意。但是對於八識心王的心數法，不能苛求外面的大師與學人如實了知，因為他們連意根、連如來藏的所在都不知道，如何能要求他們了知七、八二識的心數法？即使是三明六通的大阿羅漢也做不到，何況那些大師們還只是我見未斷的凡夫，所以我們不能苛求他們。

但是對於已經明心的諸位來講，我們就必須要求你了；所以《瑜伽師地論》估計再十二年後能夠講完了，還要回頭再以四年時間重新再講一遍《成唯識論》；你們那時候再來學《成唯識論》時就會變得很明確了，成佛之道的次第就能了然於心，具有初地入地心應有的智慧了，就完全不一樣了。所以菩薩行六波羅蜜的目的，固然是要到達解脫的彼岸，因為波羅蜜就是到解脫彼岸；行六度波羅蜜要到解脫的彼岸，卻能普遍的了知一切眾生的八識心王，一一現前觀察，並且要現前觀察八識心王各有哪些不同的心數法。心數法的意思知道嗎？心數法就是心的所有法，心有些什麼樣的體性以及功能差別，這就是心數法。所以能夠這樣遍知眾生的心與心數法，而生生世世行於六波羅蜜，才是眞正的菩薩行。

「雖行六通，而不盡漏，是菩薩行」：這有兩個層次，六通是五神通加上漏盡通。菩薩從什麼時候開始行六通？從七地的滿心開始（七地滿心前故意不盡諸漏故）。可是從這個境界來看，好像初地到七地住地心的菩薩都很差勁，其實不然；菩薩是有所不爲而不是不能爲，因爲菩薩的道和二乘聖人的道截然不同。初地滿心可以斷盡我執而成就慧解脫的漏盡通，卻沒有五神通；但是他們都不想斷盡思惑，故意留著最後一分思惑，潤未來世生，否則捨報後一定會入無餘涅槃。所以初地滿心時不是不能證漏盡通，他可以取證慧解脫果，但是故意不取證，因爲他的目標不在解脫分段生死上面。所有菩薩們都把解脫果的取證當作佛菩提道的副產品，聲聞果本來就不是他所想要的，那只是佛菩提果中附帶產生的副產品。所以繼續進修到三地滿心時已經得到四禪八定、四無量心、五神通了，這時是隨時隨地可以證滅盡定，隨時可以提前捨報而入無餘涅槃的，可是他懶得入滅盡定，也不想取證三明六通的俱解脫果。

慧解脫阿羅漢只要具足四禪八定時，就能同時證得滅盡定；或者說，凡夫已經具足四禪八定時，只要斷了我見就可以證滅盡定。而菩薩在無量劫前的第七住心時就已經斷我見了，現在三地即將滿心時又有四禪八定具足了，他怎麼不能證滅盡定呢？他隨時都可以證。可是他懶得入滅盡定，因爲他覺得入滅盡定中無所事事是沒有意義的，既不能自利也不能利他，所以他繼續在無生法忍上面進修，繼續在習氣種子的斷除上面努力，所以三地滿心是可以盡漏、可以六通具足的。可是三地滿心菩薩不樂於入滅盡定，六通之中只顯現五神通，沒有漏盡通；但他不是沒有能力得，只是他不希罕，因爲他沒有涅槃貪。菩薩又繼續進修到六地滿心，不得不取證滅盡定了，可是他取證了滅盡定時，還是故意再起一分思惑，還是沒有漏盡通。阿羅漢們不能想像：**斷了我見又具足四禪八定時怎麼不取證滅盡定？怎麼可能證了滅盡定以後竟然不斷盡思惑而沒有漏盡通？不可能啊！**但菩薩就是這樣。到了七地滿心時是念念入滅盡定，阿羅漢們無法想像：**怎麼念念入滅盡定？**阿羅漢是入了滅盡定時諸法都不現前，這七地滿心菩薩念念在滅盡定當中，卻無妨諸法照樣現前，阿羅漢眞的無法想像。這時菩薩有漏盡通沒有？還是沒有！還是故意留著一分思惑。後來是爲了進入八地的入地心中，才終於把最後一分思惑斷除了，才算有了漏盡通。

所以七地以下的諸地菩薩智慧與禪定境界，阿羅漢們無法想像。且不說諸地，光說諸位開悟實相的明心智慧只是三賢位中的第七住位，你們已知道法界實相及無餘涅槃中是什麼，阿羅漢們卻都不知道，已經是無法想像了（因爲他們不知道如來藏的所在），何況是諸地的智慧？所以菩薩到了八地之後才具足行於六通（七地滿心前都不具足漏盡通，卻早已開悟、已在斷除習氣種子了），可是由於大悲願而不盡諸漏——留惑潤生——繼續在三界中自度度他。初地滿心時已經可以盡諸漏，三地滿心已經可以具足六通，卻都故意不盡諸漏而擁有漏盡通的功德，故意留著一分思惑而具足六通的功德；這樣生生世世在人間自度度他，這才是菩薩行。

「雖行四無量心，而不貪著生於梵世，是菩薩行」：假使有人證得初禪不退，雖然不是刹那遍身發的初禪，只要他初禪不退，進修四無量心中的慈無量心具足圓滿，捨報後就有資格去初禪天當大梵天。初禪有三種天，大梵天是初禪圓滿而得慈無量心，就可以當大梵天王；他的手下有梵輔天，爲他統攝梵眾天。可是菩薩修得慈無量心以後，他根本不想生到梵天去，他對大梵天王的位子完全沒興趣。證得二禪以後，他可以加修悲無量心，悲無量心圓滿了就有資格去當二禪天的天王，菩薩也不想要。乃至在第四禪時再加修捨無量心成就，可以當四禪天的天王，他也不想要，菩薩對這種名位沒有興趣。諸地菩薩如果到人間來，想要當國王、當總統，福德絕對夠。但是這種人很奇怪，從小就對這個沒興趣，不論你怎麼鼓勵他，他都沒興趣，這就是菩薩行：有能力獲得三界中的可愛異熟果報，但是菩薩們不想要。

如果有個菩薩，他能生到初禪天去當大梵天，他心中也想要去當，那他的佛菩提道修行就會障礙連連；因爲娑婆世界有百億大梵天，每一個大梵天王都在提防他，只要他修福德時都會來障礙他，他想要提升禪定證量時也會來障礙他，因爲大家心裡都在想著：**他的福德越來越大，我們這些大梵天不曉得哪一個人要被幹掉**。所以修行的障礙就會很大。如果你心裡完全沒有想要這些名位，他們對你是完全放心的，他們幫你都來不及了，怎會障礙你？希望你趕快修得越好，福德越來越大，可以幫助他們提升佛法證量。所以遮障或助益的產生，都只在菩薩一念之間。新學菩薩就會想：**「我去當大梵天王也不錯。」**久學菩薩一想到這個，就說：**「千萬別送給我這個位子，你們百億梵天王來求我，我還不要哩！」**因爲那只會使自己的道業成就更慢、遮障更多。所以菩薩三地滿心前已經證得四無量心，但是絕不會貪著生於色界天中來取得諸天天主的寶座，這才是菩薩行。

「雖行禪定、解脫三昧，而不隨禪生，是菩薩行」：禪定三昧與解脫三昧是兩個法。有的菩薩在賢位就已具足證得四禪八定，不一定是到了三地時才滿證。雖然佛菩提的道次第是在三地住地心才開始實證二禪以上的禪定和五神通，但是菩薩不一定都照這個次第修，有的人是從聲聞法中轉過來的，因此有的菩薩在地前就有禪定的證量，可是證得禪定之後卻都不樂於隨禪受生——都不會生到色界天去。外道們如果證得禪定，捨報時禪定的境界相現前了，他們看了會喜歡，因爲喜歡所以就生到色界天去了：他捨報後親近、進入那個境界中，就生到色界天去了。這個知見，諸位要在心中先建立起來、憶持不忘。也就是說，捨報之後，由於他曾造善行三業：有十善業而不造惡業，捨報之後會看見欲界天的境界。特別是你們這些男眾們要注意，如果看見欲界天的境界，心想：「五百位天女那麼漂亮，都在等著我，每一位天女又都各有七位欲界天的婢女在侍奉她們。」如果你好奇而去靠近這個境界，就會受生於欲界天中，下一世比皇帝的三宮、六院、七十二嬪妃還要享受。當你的中陰身靠近那個境界而進入欲界天宮中，就生到欲界天去了，以後離佛法就很遠了，要小心啊！

如果你證得禪定，捨報之後會看見初禪天的境界是這麼清淨、這麼殊勝。假使你沒有警覺，靠過去想要瞭解，你就會被吸引而生到禪定天去了。在色界天中想要聽聞佛法不容易，因爲色界天只有在五不還天之頂的色究竟天宮才有佛法，下四天則都是聲聞法中的三果人所受生處；可是色究竟天你去不了，因爲得要有種智才能往生那裡：得要有初地以上證量及福德，你才能去到那裡。所以在中陰境界看見了禪定天的境界時不要嚮往，應該要記住：「**我還要在人間繼續學佛法，我不要去色界天。**」我先爲諸位打預防針，要記住：**將來捨報時不要進入那種境界去**。如果證得禪定以後捨報，色界天的境界相就會現前，那時不要貪著，就不會隨禪受生；隨禪受生時，就難行菩薩行了，道業的進展將會很緩慢。

還有，剛剛講的是禪定三昧，經文中卻還有一個解脫三昧的禪思境界。解脫三昧就是說，你已斷了我見，或者說進一步斷了一分、兩分、三分的我執，這是解脫三昧。得解脫三昧者死後也會生到天界去，譬如說初果人，我們常常說初果人是喝七喜汽水的——Seven-up。七次的人天往來受生而出三界，這不是喝七喜汽水嗎？那表示他在人間斷我見的解脫三昧，會使他生到欲界天去；即使進斷一分我執而成爲二果人，也還是會生欲界天中，因爲他只是薄貪瞋癡，尚未斷盡貪瞋癡，心境仍在欲界境界中。如果是三果人，生到五不還天的下四天裡面，還是在色界天中，仍然是隨禪受生；等而下之，則只能出生於初禪到四禪天中，是極鈍根的三果人。這些都不如在人間再去投胎，因爲以目前的狀況來看，這地球還不錯，還有正覺同修會的正法繼續在弘傳著；雖然將來我走了，未來世不一定會出來弘法，但還是會回到娑婆來，這裡也還有親教師們一代一代的傳下去。

如果你覺得地球上只有我們同修會有親教師，但你都看不上眼，因爲蕭老師未來世可能隱居著不出來弘法，那你也可以求生極樂世界，再不然也可以求生兜率陀天，千萬不要生到天界去。最好是與各位親教師共同弘法利樂眾生，福德增長最快速。如果是生到兜率陀天，可要警覺一點，不要在外院就被聲色犬馬給勾引走了，千萬要記住：**我是要去見 彌勒菩薩學法的**。有很多人發願去兜率天，卻始終進不了內院，因爲他享受外院的五欲都來不及了，早忘了內院的妙法。至於生到色究竟天，諸位的機會不大；所以有兩個地方可去：一是去極樂世界，另一是去兜率陀天彌勒內院，這兩處都可以去。其他處所則是因爲解脫三昧而得的，可以生到欲界天、色界天，但這個福報你千萬別取受來享用，因爲會障礙你的佛道修行。當某甲生到欲界天一生，別人在人間不曉得已經投胎過幾遍了，不曉得已經進步多遠了，而某甲生到那邊欲界天中還在享福，都沒有進步，眞是沒智慧；而且解脫三昧也是由禪思（靜慮）而出生，不是由禪定境界而生。所以菩薩雖能行於解脫三昧中，而且已證禪定，卻不隨禪受生，而是世世繼續在人間辛苦的受生，繼續利樂眾生而快速增長道業，這樣子才是菩薩行。

「雖行四念處，而不永離身受心法，是菩薩行」：四念處，諸位耳熟能詳，特別是修學二乘法的人：觀身不淨，觀受是苦，觀心無常，觀法無我，常常念著這四處而作如法的觀行。色身當然是不淨的，色身不淨最好的觀行法就是九想觀。但菩薩不想作這樣的觀行，菩薩有時候去外面看看車禍就夠了，人是會被車子壓死而血肉模糊的；不然如果電視報導有人臥鐵軌自殺，去瞧一瞧也好，瞧過以後對色身就不會再貪愛了，原來色身都是這樣子：都因爲一層薄皮包裹著，才不覺得色身不清淨。四念處觀的第一個觀行就是觀身不淨，看到血肉模糊時就不會再貪愛色身及飲食了。四念處的第二觀就不好觀、不容易觀，要有人指導，可是能指導的人現在就只有我們同修會有，外面沒有。他們聽了又會生氣：「蕭平實講話好狂！」但事實如此。簡單的說，受爲什麼是苦？苦受當然是苦。可是樂受、不苦不樂受呢？也苦啊！這在我們禪淨班裡都有教。樂受，樂受也是無常，爲什麼無常？因爲它是行陰所攝。不苦不樂受呢？也是無常，也是行陰所攝。行是無常，無常故苦，所以一切受都不離行陰，當然一切受是苦，這是四念處觀的第二種。

第三、心是無常的，因爲四念處觀講的心是六識心，大不了加上個意根，共有七識嘛！六識心都是無常法，無常當然也是苦，是苦就不必把祂認定是眞實不壞的我。如果這個我是永遠都無常而會壞，那我就不必認定這六識是眞實法、眞實我。意根呢，意根的體性不是恆審思量嗎？那祂是恆啊！爲什麼又說無常、無我？因爲意根仍然是可以滅的；取證無餘涅槃時，意根就得滅掉，所以這個心也是無常法，也不離行苦，七識心都無常。第四是諸法無我，三界萬法中不論哪一個法都是無常的，無常的怎麼會是眞實不壞的我？所以諸法也是無我，這是修學二乘法的人都知道的。以上只是概略的說明，但是四念處觀，菩薩也同樣修證，所以不被三界諸法所羈絆，才能超然於三界諸法、解脫於三界諸法。

可是菩薩行於四念處，卻不會像二乘聖人一樣的一心只想入於涅槃。菩薩發願生生世世與眾生同在一起，不離身、受、心、法；既然要成就究竟的佛道，既然要攝取眾生、利樂眾生，當然生生世世都要具足五陰十八界。既然具足五陰十八界，怎麼能夠依照二乘法的四念處觀去遠離身、受、心、法呢？當然要繼續維持身受心法，但卻不受到身受心法的繫縛。這就好像說，不犯罪、不被關進監獄裡面，但是無妨常常進入監獄裡面跟囚犯共住來教化他們，這就是菩薩。眾生都被關在三界牢獄裡面，菩薩以前雖也住在三界牢獄裡面，但是他觀察以後能夠出離三界牢獄，而他想要救三界牢獄裡面的眾生，就不能離開三界牢獄，當然要跟三界監獄中的眾生一樣保有身受心法，不像二乘聖人活著時不斷的禁制身受心法的現行，一心想要在死後捨棄身受心法，所以說：不永離身受心法而仍然實證四念處觀，才是菩薩行。

「雖行四正勤，而不捨身心精進，是菩薩行」：四正勤又稱為四意端。也就是要端正心意：已生惡令滅除，未生惡令不生；未生善令生起，已生善使增長。這樣很好記，就是善惡兩法已生、未生，應當如何應對。凡是惡法已生起時要趕快滅除它，未生起的要讓它不生起；凡是善法已生起時要繼續保持，未生起的要趕快生起，這就是四正勤。勤就是努力去做，正確的修行之道，努力去做就是正勤。可是菩薩行於四正勤，卻不捨身心來精進修行。如果是以二乘法行四正勤，那就一定要捨身心，不想保持身心繼續存在，是不使任何一法現行而時時住在寂靜境界中的。可是菩薩所行的四正勤跟二乘法不同，是永遠不滅除身心的，是時時使一切法現行不斷來修學種智、來利益眾生的，因此而保持著身心繼續精進的行於四正勤，這才是菩薩行。

「**雖行四如意足，而得自在神通，是菩薩行**」：四如意足，第一是欲如意足，「欲」當然不是講五欲的欲，也就是說菩薩心中想要的就能得到。譬如說，你來到正覺同修會，你想要明心而你得到了，你就得到這一分的欲如意足。如果明心之後你希望不會退轉，結果你也眞的不退轉了，這也是一分的欲如意足。乃至你進一步說：「我想要眼見佛性，這佛性無形無色而竟然可以在山河大地上看見，嗯！我想要。」努力修行的結果，後來你也看見了，這也是欲如意足。如此類推，你就知道它是什麼意思，總而言之，就是善法欲能得如意滿足。

第二是精進如意足，有的人也許想：「這還不簡單？我只要下定決心，就可以精進了。」其實不然，有很多人下定決心要精進，結果不精進還好，一精進時什麼奇奇怪怪的事都來、什麼遮障都來了；若是不精進而放逸的過日子，那些遮障就消失了；所以這個精進，他沒辦法做到，這表示他沒有精進如意足，就是說他親證實相的福德還不夠。又譬如有一種人，什麼遮障都沒有，但是他心裡面就是懶懶散散的提不起勁來，這也表示他沒有精進如意足；他心中很想要精進如意，可是精進時就是不能如他的意。第三種是念如意足，念如意足是說，凡是所修學的法，學了以後就能夠記持不忘。有許多人說：「**我去同修會學法了，上課的時候我都聽懂了，可是回去都忘光光了。**」忘光了，這表示你沒有念如意足。這個念如意足是從哪裡來呢？從念心所來，也就是意識的五個別境心所法中的一個。這個「念」是講：**於所經事已得勝解以後，憶持不忘**。換句話說，如果你來聽了以後，回去都忘光光、都記不住，那表示對於你所聽的法，沒有如實的生起勝解——你沒有眞的懂；要是眞的懂，你不必背誦，一旦人家問起來，你就會講。

譬如說眞如，眞如這個法是什麼？當你明心了以後，你現前觀察到：這個如來藏眞實存在，所以**眞**；祂於六塵萬法都如如不動，所以祂**如**。現觀祂有**眞**也有**如**就是**證眞如**，你明心以後都不用靠記憶。以後人家問你：「**如何是眞如？**」你就爲他說明「如何眞、如何如」，都不用背、不用記，就能爲人講。爲什麼能爲人講？因爲你對眞如的**念如意足**出生了。爲什麼有念如意足呢？因爲你能夠記持不忘。爲什麼能記持不忘呢？因爲你對於「眞」與「如」眞如法，聽了就能現觀而有了勝解，是能隨時現觀而不單只是聽來的。所以，念如意足要怎麼去達到？就是要先生起勝解。如何生起勝解？你得要親自經歷它，要有佛法中的宗門體驗。

這就是念心所講的：於所曾經境生起勝解，憶持不忘。起了勝解以後認爲是重要的法，就能憶持不忘，能夠把它記憶、執持住，不會忘失了。所以當你有了眞如的念如意足，不管去到什麼地方、不管多久以後，你講的永遠都會一樣正確，不會前年講一種，今年講的卻是互相矛盾的另一種。所以我書上寫的法義，十年前跟現在還是一樣，只有淺深廣狹的差別而不會改變其意涵，所以我講的眞如永遠如此，這是因爲對眞如有勝解而能憶持不忘，這就是念如意足。

第四是思惟如意足。思惟如意足是很多人得不到的，他對某一個法想要思惟清楚，可是怎麼思惟都弄不清楚，都沒有辦法。有一天他來問我，我提示一下，他就通了，不必怎麼思惟就通了！這是因爲我有這個部分的思惟如意足，他沒有。所以很多人去參加禪三共修時入了小參室，在小參室裡面，這個問題也不通，那個問題也不通；我提示一下，他就通了！通了就能講出一大篇道理出來，自己也覺得奇怪：「爲什麼我竟然能講出這麼多道理？」可是若沒有給他一句提示，他就講不出來，完全弄不懂。當我給他一個提示以後，他在某一個法上的思惟如意足就有了，所以禪三回來以後說話就不一樣了，這就是思惟如意足。可是三地滿心以後的菩薩們行於四如意足時，本來是應該住在寂靜法中的，卻又無妨把所證的自在力與神通力顯現出來，不妨礙四如意足而把世俗法中的神通力、自在力顯現出來，與佛法的出世間正見不相妨礙，這樣才是真正的菩薩行，不該如同二乘聖人每天只想住在寂靜的滅盡定中無所事事。

「雖行五根，而分別衆生諸根利鈍，是菩薩行」：五根是三十七道品裡面的五法，三十七道品在二乘法中也有，在大乘法中也有。同樣三十七道品，在小乘與大乘中，法義會有淺深廣狹的不同。在二乘法三十七道品中的五根，是一般人所認知的。但是一般人並不瞭解，在大乘法中的五根和二乘法有什麼不同，所以一般人說五根時都是依二乘法來解釋；同樣的，這裡講的五根也是這樣講。五根就是信、進、念、定、慧，這五根的目的是在修學不貪著世間種種我所及五蘊我的種種法；也就是說，目的是在解除分別與執著。在一般大乘法中，講到五根的時候也是如此；可是菩薩的法函蓋了三乘菩提，所以在修學五根時，在五根的法上運行時，固然也是要在修除分別與執著上面來用心，可是在五根上面修行而修除分別與執著時，菩薩反而同時在觀察他所面對的衆生根性，在另一方面生起更多的分別來瞭解衆生的五根是否具足，但在分別時卻是無著的。

有很多人誤解佛法，總是認為「經論都說實相無分別」，所以他就想要把自己的覺知心常常住在無分別中。如果有人悟後知道這個錯誤而告訴他：「你這樣的知見錯了。」他就反而質難你：「你這樣講就已經是在分別了。」我們倒要請問那些人，佛的境界應該是最具足成就無分別境界的人，可是有眾生來了，佛說：「這個人適合學大乘法，那個人適合學小乘法。」那到底 佛有沒有分別？又如 佛是具足究竟無分別的人，可是 佛去托缽時，人家給祂好吃的食物，祂很清楚的知道；而且 佛也不會因爲肚子餓了，地上抓起屎就吃，顯然 佛是有分別的。所以大乘法中無分別與分別的意思，是很多人常常誤會的地方，因此在沒有瞭解大乘的眞實義總共有八識心王之前，落在六識論中的所有人，都無法避免會誤解這個意思，就認爲：「心就只有一個，叫作覺知心，覺知心若要證法就得要無分別。」

所以有一些野狐禪師就弄出一些花樣，吃飯的時候他故意裝來一碗屎放在餐桌上，叫大家不要起分別。有人告訴他：「你這樣做是錯會佛法了。」他又罵人：「你這樣講，就是分別！」其實佛所講的無分別，是指實相心本來就無分別，不是要把本來就一定會分別的覺知心變成無分別的白癡。實相境界就是第八識境界，祂是從來都與時時分別的意識心（離念靈知心）同時並行運作的。所以證得無分別的實相境界而稱爲智慧，就叫作無分別智；既然無分別而又稱爲智慧，顯然是有智慧在分別的；也就是用時時會分別的覺知心自己來證得本來就無分別的第八識心，證得以後就知道第八識心從來無分別，觀察祂是法界的實相，因此意識覺知心就有了實相般若智慧——這意識心證得第八識的無分別境界時就有了無分別的智慧，簡稱爲無分別智。所以，悟後意識仍舊能分別，卻懂得實相無分別的境界、轉依實相心無分別的境界，才能說是有實相智慧，這才是大乘佛法般若的究竟義，不是硬要將時時分別的意識壓抑在不許分別的白癡境界中。

在三十七道品中的五根的修行上面都是要離分別、離執著，可是菩薩有了無分別智，反而能夠在五根的修行上面同時具足了分別的能力，並且比凡夫大師們更能分別眾生的根性是猛利或是遲鈍，能這樣同時存在著無分別、無執著的修行，不離五根而同時能分別眾生的諸根利鈍（諸根就是講眾生的根性是三乘菩提中的某一種根性，或只能修人乘、天乘的根性），也能分別他們在這五乘法中的根性是猛利或是遲鈍，所以行於五根而能同時分別眾生諸根的利鈍，這就是菩薩行。

「雖行五力，而樂求佛十力，是菩薩行」：五力其實還是五根，只是五根已經生起了作用力，所以稱爲五力，所以五力仍然是信、進、念、定、慧，只是把信根改爲信力，精進根改爲精進力，乃至最後的慧根改爲慧力。那麼根與力之間有什麼差別？譬如說當你還沒有開始學佛，有的菩薩看見了你，會說你很有慧根，因為他知道你的根性與三乘菩提的某一種菩提很容易相應，所以說你有慧根。當你開始學佛之後，不久斷了我見，三縛結斷了，聲聞菩提的慧力就出現了，不再稱為**慧根**了。如果不久又證得如來藏了，大乘菩提的慧力接著又出現了，那就說你有了三乘菩提的慧力了，這時不叫作慧根了。所以五根與五力的差別，只是在於那個根性有沒有發起力量來；這五種功能若是本來就存在，就叫作五根，這五種力量還沒有發起時就叫作五根。

有沒有「無根」的人呢？也有。譬如說一闡提人名為無根，他根本沒信根、也沒有精進根、念根、定根、慧根。所以一闡提人在這一世是不可能學佛的，不管你說學佛是如何的好，他是絕對不會相應的，因為他沒有五根；換句話說，他往世沒有熏習過，或者他往世雖然熏習過，但曾經造下五逆重罪，特別是謗法、謗方廣經、謗賢聖，所以說他五根不具足或者五根完全欠缺。如果沒有這些惡事，那麼一般人的五根是多少都會有一些，或者說他有信根而沒有精進根，那麼他會相信三寶，可是他沒有辦法精進修行，總是很懈怠；這是因為他往世初始修學佛法以來不超過千世、百世，所以五根還欠缺很多。或者說有信根、有精進根，可是念根不具足，聽法總是不懂，不懂所以記不住，雖很精進可是學不上手，這就是他沒有念根。乃至定根、慧根等等，都是有次第性的。這五根具足了，漸漸的就可以發起五力，所以就有了信力、精進力、念力、定力乃至慧力。現在這一段經文是講五力，五力發起了以後會產生一個現象，就是不喜歡分別世間法的利害關係，不喜歡在世間法上貪著，這就是五力開始現行了。若是往世不曾熏習過三乘菩提的人，就說他們還沒有五根，當然更沒有五力。

菩薩有了五力，所以他對世間法不樂於分別和執著，可是他卻有另外一個執著：樂求佛十力。這二種心態看來似乎是互相顛倒的。對世間法善能分別的力量出現了，對於遠離世間法執著的力量也出現了，所以有五力；可是卻產生了另一個執著，就是求佛十力，這卻是菩薩道行者應有的執著。佛的十力，第一是處非處智力，也就是說，什麼地點、處所是佛應該降生、應該說法、應該做某種事，都很清楚；譬如什麼地點是應該去的，什麼地點是不應該去的，諸佛都很清楚。乃至眾生什麼時候應該生到哪裡去，什麼時候的什麼地方某一類眾生不應該去，佛都很清楚，這就是處與非處的智力。另外在利樂有情上面，什麼法可以施設為處？什麼法不能施設為處？佛也是很清楚的，這叫作處非處智力。

這個智力，菩薩證悟明心以後開始出現，要到佛地才能具足；而這個處與非處的分別，顯然與五力的離分別執著不一樣，所以是與五力相反的。譬如聲聞人，二乘菩提的五力出現了以後，他就什麼都不關心了；當他肚子餓了，去托鉢回來，用過齋了，經行以後他又入定去了，什麼事都不關心；處與非處的瞭解，對他來說並不重要。但是菩薩不然，菩薩五力出現以後卻反而要進求佛的十力，處非處智力則是一種分別的功能，也是進求佛十力的基礎。又譬如業異熟的智力，你們明心之後還要想想看：**下一輩子你的果報是什麼？**你得要先思量一下，不能說悟了就沒事了；悟後事情才多呢！所以悟了以後下一輩子你的異熟果報如何，你心裡要先有個底，這樣才具有另一種開悟的功德。如果悟了以後不知道自己下一輩子的異熟果是什麼，那你這個悟可就太虛假了；這個業異熟是從悟了以後就開始要漸漸發起，可是這個智力要到佛地才能具足圓滿，這是佛的第二力。

還有第三力，是靜慮、解脫、等至、等持的智力，諸佛都得要有這個智力。明心開悟後對於解脫的智力是有一些了；因爲至少分證解脫了，已斷我見、斷三縛結了，所以解脫智力是有一點的，但仍不具足，還要進修才能具足。至於靜慮的智力，一般人是沒有的，明心了以後也仍沒有，除非因爲明心之後轉依眞如，使得心漸漸清淨而離欲了，然後再因爲有一些定力而發起了初禪，終於知道第一個靜慮是什麼境界，然後才能漸漸的瞭解初禪的等持與等至有什麼不同，這是第三力中最基本的部分。但是明心後不一定會有這個智力，要看轉依成功或不成功，心地有沒有清淨而離欲了，以及有沒有時間再修定。修定以後發起初禪了，這個靜慮的智力能否增長，還要看有沒有發起無覺有觀三昧？然後有沒有再進一步發起無覺無觀三昧？無覺無觀三昧的二禪等至發起之後，接下去三禪、四禪以及四空定是否發起了？這些靜慮又各分爲等持與等至，等持與等至中又有什麼不同，也得瞭解。接著這些禪定境界與解脫之間的關聯又是如何？這些實證也都瞭解，就是第三種智力。這也不是明心後馬上就知道，所以這個智力也是要悟後慢慢進修，到達佛地時才具足圓滿。因爲這個靜慮不光是等持與等至，它還包括辦事靜慮；辦事靜慮，等覺菩薩還是及不上佛，所以要到佛地才究竟圓滿，諸地菩薩距離佛地的功德還遠著呢！所以說唯佛有這個智力。

第四種是根勝劣的智力，眾生的根性屬於哪一種？是殊勝或是低劣？都得要知道，這也是佛的智力。這些智力也都是要有分別的，不是住在什麼都不分別的狀態中而能有這個智力的，凡是智當然就是分別。第五是種種勝解的智力，也就是說，不論什麼法，佛都能為人宣說，因為已對種種法都有了勝解。等覺菩薩還有不知的部分，唯有佛能具足了知，這個叫作種種勝解的智力。

第六是種種界智力：「界」叫作界限、侷限。界限、侷限，其實就是功能差別。比如眼識有界限，就是只能了別色塵，不能超出色塵之外，所以對色塵的了別就是眼識的功能差別，這就是眼識的界。十八界就是這樣定義的，也就是說十八界的六根、六塵與六識功能各有侷限。六道眾生法界，或者四聖六凡總稱為十法界，一樣表示各有侷限。所以九法界中的有情都不能知佛法界，佛法界對菩薩而言也是一種界限，所以菩薩法界仍有侷限，只有佛法界不受侷限。每一法界的功能差別各不一樣，具足了知這些就是有種種界智力。種種界智力，只有佛地具足圓滿，所以能普入一切眾生心想中，運用四悉檀方便而為眾生宣說五乘佛法，從人乘、天乘講到一佛乘；這也是分別，看來似乎與五力的不分別執著是相反。

第七是知至處道的智力，是了知到達究竟境界的方法的智力。到達究竟境界的智力，比如說人乘、天乘、聲聞、緣覺、一佛乘的究竟境界，如何達到這些境界的方法與原理，也都如實知道了；就是知至處道的智力，佛地才能究竟了知。

第八種是無邊宿命智力，三明六通大阿羅漢的宿命智只能往過去世看到八萬大劫，八萬大劫再過去就看不見了。可是諸佛的宿命智沒有侷限，只要看見一個有情，就可以了知他過去的無量世。有一次佛指著地上一隻螞蟻問一位大阿羅漢：「你看看這隻螞蟻，牠過去無量世當螞蟻已經當多久了？」這三明六通的大阿羅漢說：「這隻螞蟻，我看牠過去無始劫以來就是螞蟻，從來沒有變過。」因爲他只能看到八萬大劫，八萬大劫以來一直是螞蟻，所以這樣說；還眞的是可憐，都沒機會當人。可是佛說：「其實不然，這隻螞蟻在以前多少阿僧祇劫以前，曾經幹了某某惡業以及謗法，所以到現在還是當螞蟻。」已經過了幾個阿僧祇劫了還在當螞蟻，是阿羅漢所不知道的，佛都知道，這叫作無邊宿命智力，這種宿命智是沒有時劫限制的，不像三明六通大阿羅漢只能看見往世八萬大劫的事。

第九種無礙天眼智力，三明六通大阿羅漢能夠看到未來世的事，最多也只是八萬大劫，不超過八萬大劫。但是佛所看的並沒有侷限，只要某一個人的修道已經定案了，譬如說某人修菩薩道已經到了決定性的階段而必定不退了，佛就可以爲他授記。當然授記有四種，是與顯授記、密授記有關的，這個暫且不談。佛只要看某菩薩到了決定性的階段以後，就可以授記：「這位菩薩未來多久以後成佛，佛世界是什麼名稱，他叫作什麼佛號，有哪一類的弟子，幾轉法輪，聲聞弟子多少人，菩薩弟子多少人，正法、像法、末法住世各多久。」就可以授記了，這是很多劫很多劫以後，通常是超過八萬大劫的事。也許你們哪一天有個人會被佛授記，但一定是密授記：天界的菩薩們都知道了，而你自己不知道。也許哪一天我會知道你什麼時候會成佛，佛會告訴我，但你自己不會知道，那叫作密授記；而我也不可以講出來，否則你就會懈怠，成佛時程就會延遲了，將會變成似乎是授記有誤，所以必須密授記，不可以為你明授記。這一種迴無時劫限制的無礙天眼（天眼是看未來，宿命是看過去），這個無礙天眼的智力，也是佛地才能具足。但這也是分別，與五力修行所求取不分別的智慧是不一樣的。

最後是漏盡究竟智力，是佛地才能具足了知的；等覺菩薩知道了絕大部分，但還有一部分是仍不了知的。漏盡的究竟，是習氣種子以及所知障的上煩惱隨眠全部究竟斷盡的境界。這是只有佛地才有的，但這個智力也是有分別性的（諸佛的十力都是有分別性的）；既是智慧當然是有分別性，但五力卻是無分別的，只是顯示五根生起了作用的力量，所以是無分別的。大乘道的行門顯然跟二乘道不一樣，雖然菩薩同樣在修五力、在捨離分別與執著，但在出世間法的實相境界智慧卻反而是有分別、有領受的。離開對於佛地十力境界的追求與領受，就不是菩薩；一天到晚只是打坐求一念不生，不想分別諸法的實相，一定是聲聞人。綜而言之，菩薩雖然修行五根、五力，卻不滿足於所生起的五力，反而進求佛位的十力功德。

「雖行七覺分，而分別佛之智慧，是菩薩行」：七覺分，又叫作七覺支，因爲他有七支定法。這七支定法是說：當你修到某一個程度時，這七覺支已是不會改變而得到決定性了，所以叫作七覺支。七覺分又叫作七菩提分，也就是對於三乘菩提有所覺悟而能夠獲得功用。菩薩行於七覺分，意思是說：在二乘菩提的七覺分上面，菩薩已經有所修證，但是菩薩卻也同時修證大乘菩提的七覺分，所以菩薩同時在修三乘菩提的七覺分。

七覺分，譬如說念覺分，是對於三乘菩提的證境已經親自體驗，有所體驗所以能夠憶持不忘，就是**念**覺分。有了念覺分，所以當別人說出三乘菩提的道理時，就能夠抉擇：哪個部分是正確的，什麼部分講錯了。他有了擇法覺分，不管是對二乘菩提或大乘菩提，都有**擇法覺分**。有了這兩個覺分就更能精進，所以他有了**精進覺分**。這個精進覺分也是在求證**分**別的**遠離**及**執著**的**遠離**。有了精進覺分，法的證量更高，所以他就有了**喜覺分**，心很歡喜而分明了知。譬如說，初地叫作極喜地，可是極喜地的菩薩，你不可能看見他每天笑嘻嘻的，因爲那個歡喜是在心裡面而不顯現於外的。所以如果有人因爲行善而使自己每天笑嘻嘻的，就自稱是初地菩薩，你就給他一巴掌，管你沒罪，因爲那都是假的初地——大妄語。極喜是因爲他對於三乘菩提已經通達了，對於三界中所有人天所說的三乘菩提，不論對或錯，他都能具足簡擇，因爲他已經通達般若了，由這個通達而歡喜；可是這種歡喜是很深沉而恆住的，不顯露在外，才是眞的極喜地。雖然這個喜不容易顯露在外，但是他每天總是因爲有法樂而心中很歡喜，這就是大乘法中的**喜覺分**。

喜覺分是從**無分別**、無執著的證量越來越高而產生的。可是這個無分別、無執著的境界，卻產生更細膩的分別以及更高層次的追求，就是分別佛地的智慧，所以求證佛地的智慧。接著是**輕安覺分**，輕安是未到地定的定力所產生的現象，所以到達初地以前都會有一些定力出現，雖然他不努力修定，卻也有定力存在，這就是他的輕安覺分；這是由於離欲而斷了欲界煩惱，所以產生了輕安覺分。這時只要有基本的未到地定功夫，初禪就會自然而然發起，於是就有了胸腔中的樂觸，這時又有了**猗覺分**。所有三果人及初地菩薩一定都有這個覺分，否則就不可能是三果人或初地菩薩，天下沒有不離欲的三果人或初地菩薩，也沒有不證頂級三果的初地菩薩。接下來就有**定覺分**，定覺分不是指初禪等禪定的證得，而是指**心得**

決定的意思；由於他在三乘菩提中已經心得決定，不會被轉移而改變或退轉，就叫作**定覺分**。這個定覺分看起來似乎也是跟佛菩提的智慧有所衝突的，因爲定覺分出現時就不想再對世間法有所分別了，也不想再轉變自己的認定，可是菩薩此時卻同時對佛菩提智做了更多的分別與了知，也是與五力功德的不分別自性相反。

最後是**捨覺分**，捨覺分是在捨除三界中的境界貪愛。譬如說，有人很喜歡初禪中的境界，因爲初禪有胸腔中之清淨無染快樂，可是菩薩卻要把它捨掉，不因爲這個境界是否可以繼續留存而有所牽掛，這就是捨覺分。乃至諸地菩薩都有能力取證無餘涅槃，卻都捨了涅槃貪，從悲願中再生起一分思惑而留惑潤生，這也是捨覺分。捨的定義當然很廣，我們這裡沒有時間去廣說它。這七覺支的目的都是在讓佛弟子們遠離世間法的分別與執著，可是菩薩行於七覺分時，卻同時能夠對佛菩提的智慧作更加深入的分別。所以，在大乘法中，分別與無分別是同時存在而越來越深入的：對世間法貪著的不分別性越來越深入，但是對三乘菩提法性的分別也是越來越深入，所以對世間法、出世間法、世出世間法的智慧越來越勝妙。這樣才是眞正的菩薩行：「雖行五根，而分別眾生諸根利鈍，是菩薩行。」

「雖行八正道，而樂行無量佛道，是菩薩行」：八正道，諸位耳熟能詳。可是八正道的修行，依二乘人來講，越修行到最後就越不想跟眾生接觸，這是二乘菩提。譬如說**正見**，正見在二乘菩提來講就是親自深入觀察一切是苦，當他深入觀察五陰無常、一切是苦，就會變得很消極；所以二乘人一旦看到一切是苦，他就急著要出家去了，不管家人怎麼樣痛哭流涕，他都不管，就出家去了，這是二乘人。然而菩薩行於八正道中的正見，卻同時要「樂行無量佛道」，不是叫你出家了住在寂靜的地方，而是出家後反而要全心投入去利益眾生，與二乘菩提不同。

第二是**正思惟**——正志，是要能夠分別**一切知覺都是苦——願意遠離苦的來源**。這是一般人做不到的，一般人總是說：「我上館子，廚師們為我煮得好好吃，花一點小錢吃到這麼好吃的東西，這個知覺是很快樂的，你怎麼說是苦？」也就是說，他不懂得三苦；其實不管是苦、是樂，都不離行苦，乃至不苦不樂的知覺也是行苦，因為都是無常法。一切知覺是苦，這是二乘聖人的正思惟，二乘法中的凡夫大師們是完全不懂的。然而菩薩並不排斥二乘法，不是修大乘法就不修二乘法了；菩薩修二乘法時也修正思惟，也能詳細分別一切是苦，卻不會趣寂取空，仍然樂行無量佛道，不因為一切是苦就急著要入無餘涅槃，這才是菩薩。

正語，就是離開妄語。在二乘菩提裡面，正語是很容易的；但是你如果要當菩薩，有時還特地要妄語，這也是正語。譬如，當初學者說：「一切法無我。」你也為他說：「對啊！眞的是一切法無我。」可是眞的無我嗎？不！無我是因為五陰十八界無常、虛妄，所以叫作無我。但如果如來藏是眞實常在，祂是眞正的十方常住，那祂到底是有我、還是無我？（眾答：有我。）有我啊！可是你遇到一般人，不能一開始就為他講：「大乘法是眞實有我。」你若一開始就這樣講，他一定說：「你一定是個未斷我見的外道。」他轉身就走了，不理你的。你只好先為他說：「對！無我，確實無我。」怎麼無我？你就五蘊、十二處、十八界、六入一一為他解說，他一想：「喔！你們能夠講到這麼深入，我都不懂，今天眞是大開耳界。」他對你有信心了，你告訴他：「眞的是無我。」等他親證了無我，現觀十八界無我，證初果了，你再問他：「那麼請問：你將來這樣子斷了我執，入了無餘涅槃以後是不是斷滅？」他一想：「對啊！那不是斷滅了嗎？那該怎麼辦？」喔！原來不能只信無我，這時候你再告訴他：「眞實佛法叫作常、樂、我、淨。」所以你剛開始要騙他說：「無我。」你明知有我，卻騙他是無我，這不是妄語嗎？是妄語啊！那你到底有沒有正語？沒有嘛！但這才是大乘法中的正語。

如果你不知道有常住眞我，而對他說無我，你說的無我才叫作正語；可是你明明證了如來藏，明明知道有眞我常住，《楞伽經》不是講了嗎：眞我常熾然。（編案：「說眞我熾然，猶如劫火起，燒無我稠林，離諸外道過。」《大乘入楞伽經》卷七）是有眞我嘛！可是你卻對他說無我，那你就是非正語。可是你同時要修八正道，得要正語，卻同時要對他妄語，附和他說：「對啊！是無我啊！」等他親證了無我，再告訴他有眞我，這就是菩薩的方便善巧正語（編案：「說無眞我者，謗法著有無；比丘應羯磨，擯棄不共語。」《大乘入楞伽經》卷七）。所以有時候說，不可以做五逆罪，五逆罪做了要下地獄，但是有時候你卻說：「不！菩薩專要幹五逆重罪，幹了五逆重罪不下地獄，還能成佛。」所以行八正道時必須講正語，有時候你卻一定要妄語，因爲你明明知道那大乘五逆罪做盡了才能成佛。所以行於八正道卻要樂行無量佛道，無量佛道就要看你怎麼說了，從這個立場來說是妄語，從另一個立場來說則是正語，所以你仍然要行二乘法的八正道，卻同時要樂行無量的佛道。

又如正業也是一樣，正業就是離殺、離盜。可是菩薩最樂殺了，遇到眾生就要殺；因爲一般世俗人殺了人不過殺他一世，菩薩則要殺他無量世，他無量世中一遇到佛法時都會記起來：「原來我是假的。」他又要自己再死一遍：我見一定會再度死掉。菩薩最喜歡殺別人的五陰我見，這一殺就是無量世，你說：菩薩到底能不能行於正業？當然是行於殺業。離盜業也是一樣，一般人說：「不可以偷盜。」但是菩薩卻不一樣，他從你心中不斷的把你自己的東西偷盜出來送給你，也是偷盜。那到底是要怎麼樣才能叫作正業？無量佛道本來就是這樣做的。有時候要欺騙眾生，既是欺騙眾生，那當然是盜。為了讓眾生得到好東西，就欺騙他、引導他，說要給他一個最寶貴的東西，最後原來是他自己的，結果是菩薩並沒有給他，是他找到自己的東西。「你要永遠不壞的摩尼寶珠，好啊！我給你摩尼寶珠，你來跟我學，我就給你。」最後得到的時候，原來菩薩並沒有給他，是得到他自己的寶珠，菩薩是拿他的東西送給他。你們來同修會不就這樣嗎？我還是拿你的如來藏送給你，我沒有給你另一個如來藏，我給你的是你本來就有的。你不能來責怪我說：「你又沒有給我什麼，這是我自己的，為什麼要叫我浪費這麼多時間跟你學？」你就是要浪費這麼久，而我給你的，結果還是你自己的。就是本來自己的東西才珍貴嘛！別人的東西都不珍貴，因為都是從外而來的，一定是生滅法。

正命，是要離五欲而住。二乘菩提一定得要離五欲，所以如果你今天還在上班謀生，還沒有出家，你去到自助餐館看到食物：「哇！這個很好吃。」但因為要離五欲，所以好吃的不許吃，特地排斥而不吃；學二乘菩提就是要這樣，不然你就是貪。菩薩卻不然，菩薩不管它多好吃，照吃不誤，吃了沒有貪罪；因爲會貪的是覺知心，是假有的，而覺知心轉依的眞如心沒有在貪，那麼何妨依沒有在貪的眞如心而繼續去吃它，好吃的照吃，不好吃的也一樣吃，二乘菩提中是永遠沒辦法像菩薩這樣的。所以我以前去台中帶第一班禪淨班，帶了三年，因爲課程內容講不完，所以後期每一次上課都連續講三個鐘頭，但還是很快樂，法樂無窮。而且我們回程時夜深了，我跟大家一樣輪流買點心一起吃；每一次回程一上車坐定了，就是「享受」這個吃，吃完了卻說沒吃、沒享受到。那你如果是二乘菩提行者，該怎麼辦？過午不食，上課後回到台北時是夜半十二點多、凌晨一點鐘，餓死了，又不能吃食物，把胃弄壞了該怎麼辦？還能安然弘法嗎？得要忍到明天早上。而且有許多人肚子餓了就很不容易睡著。可是菩薩才不管這個，照吃不誤，所以菩薩不離五欲而離五欲，所以等覺菩薩來到人間受生時還要娶個老婆再生個兒子，甚至於還有父王給他很多婇女——漂亮的女孩子，這就是菩薩。所以正命是離五欲而住，雖然菩薩一樣依正命而活，卻同時住在五欲境界中而能離欲，這就是菩薩道。

譬如說**正精進**好了，正精進——正方便，目的是要求解脫的。可是菩薩能出三界以後，卻刻意保留一分思惑以潤未來世受生的種子，繼續再來人間；他不求無餘涅槃，叫作離涅槃貪、斷涅槃貪，這才是菩薩。你想要樂行無量佛道，就是得要這樣行，這與二乘菩提的正精進——正方便勤求解脫出三界，剛好相反。

又譬如**正念**，正念是念四個法，叫作四念處。阿羅漢的正念是滅掉自己，所以雖然諸法無我、觀身不淨，菩薩卻反而要投入諸法裡面，要記得每一世再去取得一個不清淨的人身，用來利樂眾生，行無量佛道，剛好與二乘菩提的正念顛倒。

最後一個是**正定**：心要定於四聖諦中永不退轉。二乘無學聖人定於蘊處界四聖諦的結果是要取涅槃的，但是菩薩心定於大乘四聖諦：依常住的如來藏而知苦、斷集、證滅、修道，統統具足，可是卻永遠不入無餘涅槃，還是繼續樂行無量的佛道，這與二乘菩提八正道行者想要速取無餘涅槃的決定不變剛好相反。可是雖然相反，並不衝突，這就是大乘菩提的勝妙所在，是二乘聖人所無法想像的。因此說，菩薩雖行八正道而實證寂靜無貪，卻樂行無量佛道，這才是菩薩行。所以如果有人來同修會學法，學到後來若是一天到晚想要打坐，什麼事都不管；讓我知道了，我就把他趕出去，我說：「你不要再來學了，我不接受你這個人。」這是聲聞種性，不是菩薩種性。想要具足菩薩性，並不是這樣修的，要樂行無量佛道。

菩薩奉行八正道卻樂行無量佛道，不是為自己求取安靜寂滅的境界。

「雖行止觀助道之法，而不畢竟墮於寂滅，是菩薩行」：止觀只是助道之法，用來幫助三乘菩提的實證，所以四禪八定的修證並不是目標，只是工具，用來幫助自己成就究竟佛道。所以菩薩雖然也修止、修觀，可是不會執著禪定中的寂靜境界。聲聞人不同，他們托缽回來，用過齋，洗過缽，經行一會兒消食，然後是山洞、樹下一坐，又入了滅盡定，到明天早上十點鐘才會出定。菩薩則是努力營生而求什一之利，求得財物以後要用來利益眾生；菩薩修了止、觀，卻要把止觀帶在日常行住坐臥當中，繼續利益眾生；這個很難，二乘人無法想像。所以菩薩不會畢竟墮於寂滅，卻同樣修止觀、證止觀，這才是菩薩行。

「雖行諸法不生不滅，而以相好莊嚴其身，是菩薩行」：聲聞所修的法是將滅**止生**，禪宗六祖很早就斥責過了：**把蘊處界滅了以後不再出生蘊處界，入了無餘涅槃，說這樣是無生，這其實是將滅止生**。是用滅盡一切法來停止未來重新出生五陰，這是二乘菩提的證無生。可是大乘法講的是本來就不生不滅，諸法都是不生不滅的，不需滅盡諸法而說無生。也許有人會抗議：「**明明蘊處界是生滅法，你怎麼說是不生不滅？**」但從菩薩看來卻是不生不滅的，因為蘊處界都是依如來藏而有，蘊處界的出生與消滅都只是在如來藏的表面出生與消滅，只是個影像而已，看來是有蘊處界等影像在如來藏心體表面上不斷的出生又消滅。譬如說，一顆摩尼寶珠的表面上，胡來胡現、漢來漢現，胡去胡滅、漢去漢滅。二乘人落到那個寶珠的影像中，就說：「那個胡人影像滅了，漢人影像滅了。」都是在如來藏所出生的五陰來觀察緣起性空；可是你如果沒有落在那個影像上，你是依止寶珠整體，以寶珠整體來函蓋珠面的那些影像，請問你：「這影像有生滅嗎？」沒有生滅嘛！影像雖然一直不斷來來去去，可是影像一直都在，而影像只是屬於寶珠的一部分；只要寶珠常在不滅，影像也就跟著一直存在不滅；而影像是寶珠的一部分，所以影像也是不生不滅，菩薩是從寶珠實相來看待影像的。

所以菩薩看一切蘊處界的生滅，都只是在如來藏的表面生滅而已；世世的蘊處界都是屬於如來藏的一部分，可是如來藏從來不生不滅；將蘊處界攝歸如來藏時，蘊處界等一切法就跟著不生亦不滅了；這是菩薩依實相所看到的，跟二乘人所見不同。所以菩薩行於諸法不生不滅中，卻能用生滅法所攝的五陰相的種種相好來莊嚴他的報身、色身、化身、應身，這就是菩薩。換句話說，菩薩依止於空性的理，但是依於空性時卻又不壞種種法相：無妨世間法的種種法相繼續存在，無妨在世間法五陰的種種法相上加以莊嚴，但是卻不毀壞對於空性實相的轉依，這就是大乘菩提特別與二乘菩提不同的地方。

二乘菩提聖者一定會灰身泯智，所以出家以後去屍陀林中撿拾裹屍布回來，洗乾淨以後還要用灰或紅土染成壞色（讓人家不會欣賞的顏色），然後才穿它，這就是二乘法。因此二乘法中絕對不許莊嚴身相的，既不需莊嚴今世、後世的身相，也就不必再去辛苦修福了。可是菩薩如果想要成佛，就得要有三十二大人相、八十種隨形好，一一好還要有無量好。爲了成就有爲性的**相好**而在世間法中廣修無量福德，正是菩薩所行。可是明明親證一切法都無所得（因爲所轉依的如來藏具足一切法，而祂從來無所得），卻要去修有所得法的**相好**——在諸法不生不滅中來修生滅有爲的相好；永遠示現於三界中廣利眾生而使相好永遠不滅，這才是菩薩行。

換句話說，菩薩轉依了空性正理，卻不妨礙保有一切莊嚴，這才是菩薩行；所以出家度眾的 文殊、普賢、觀音、勢至，都示現在家相而穿得很莊嚴。因爲他們都轉依實相而對莊嚴及相好都無恐懼。天女散花下來，十大弟子都趕快用手撥掉，因爲他們很怕天花黏在身上；要是黏在頭上、肩膀上沒有掉下來，那怎麼辦？「眞不像話！我是出家人，怎麼渾身都是花！」他們害怕花著身，所以花都著身。

菩薩卻無所謂，花黏上身也沒有關係，戴幾朵花也是很漂亮；因爲菩薩不害怕，醜與美都無所謂，所以天花反而不會黏在身上，這天女還眞會搞鬼。菩薩都無所謂：「價值百千兩金的瓔珞，我都在戴了，我還怕什麼天花？天花還眞漂亮呢，有什麼關係！」有也好、沒有也好，都無所謂。因爲無所謂，所以天花掉到菩薩寶冠、掉到肩膀時都掉下地去了。阿羅漢卻怕死了：「這些天花如果黏在我身上，那還像樣子嗎？我就不像個聲聞出家人的樣子了。」二乘人遠離五欲中的種種莊嚴，怕對五欲再生貪著；因此從二乘菩提來講，只要住山洞、樹下就好。菩薩卻無妨大莊院就這麼住，不曾覺得有不適合的地方；這就是行於諸法不生不滅之中，無妨以種種相好來莊嚴其身，這個才是菩薩行。

「**雖現聲聞、辟支佛威儀，而不捨佛法，是菩薩行**」：這是講大乘法中示現聲聞相的出家菩薩。你們示現聲聞、辟支佛形像的出家菩薩們可要記得了：你們雖然示現了聲聞法相，但是不跟聲聞人一樣求取無餘涅槃，不要跟他們一樣每天一定持午。出家菩薩不論是現菩薩相或聲聞相，都與聲聞出家人不一樣：聲聞聖人一定要持午，如果不持午就犯戒了；但是出家菩薩不必持午，除非因爲某種特殊因緣而決定有時要持午，才要過午不食，但是最多只以六齋日來持就可以了。如果我平實現在出家了，仍然不會去求受聲聞戒，仍然會穿著唐裝，因為不想示現為聲聞相的出家菩薩，所以效法 文殊、普賢一般不穿僧衣。假使求受聲聞戒而穿上僧衣時，當我去台中上課回來，深夜在火車上時也會照樣吃點心，不因為示現聲聞、辟支佛威儀而捨棄大乘佛法，因為菩薩為了眾生可以忙到三更半夜。聲聞人可不是這樣的，聲聞人日落時一定會休息，不是睡覺就是打坐入滅盡定。菩薩卻是不捨佛法，往往到了三更半夜還得要為眾生說法；佛則是具足聲聞與菩薩二法，所以無妨剃了頭率領聲聞僧團，可是佛在晚上不一定入定或睡覺，有時候整夜不睡覺，因為前半夜鬼神要來請法，後半夜天人要來請法，往往都不能睡覺的，這就是不捨佛法，菩薩要這樣效行。

如果是聲聞法，到晚上一定是寂靜而不許說話的，一定是要入定或安靜的經行；凡夫聲聞或慧解脫阿羅漢就一定要睡覺，不許再說話。但是受聲聞戒的出家菩薩卻不同，正是現聲聞、辟支佛威儀而不捨佛法，這才是菩薩行。所以，如果我們同修會出家法師們說：「我到晚上十點以後繼續為眾生工作時就不許說話了。」這就不如法：如聲聞法，不如菩薩法。菩薩行不是這樣修的，為佛教、為眾生忙到三更半夜，該說話時還是繼續說話，只是不說無意義的話。

「雖隨諸法究竟淨相，而隨所應為現其身，是菩薩行」：菩薩所證的是諸法究竟清淨的法相，因為諸法都是依如來藏而有，而如來藏本身是究竟清淨的：如來藏的心行從來沒有不淨過，從來就是清淨的。既然是這樣，應該是比聲聞阿羅漢還要清淨，可是菩薩卻又每一世都繼續在人間出生：有時候他示現一個惡人的形狀，有時候示現妓女的形狀，婆須蜜多不就是這樣嗎？是高級妓女啊！可是她的證量很高，當代那些凡夫大師們都不知道。所以，菩薩有時觀察因緣適合時就這樣顯現，就應現其身示現在人間，不會執著一定要示現為清淨的模樣。所以有時菩薩示現為國王，示現為宰官或販夫走卒，這就是菩薩行。若是聲聞人而隨於究竟的法相，就會遠離一切，絕對不會示現為世俗相的在家人或出家人。菩薩就不一樣，有時候甚至於示現在外道之中，華嚴五十三參中的許多菩薩不就是這樣嗎？薩遮尼犍子菩薩不正是這樣嗎？所以說隨於諸法究竟清淨的法相，卻隨所應而為眾生示現種種不淨的身相，這就是菩薩。

「雖觀諸佛國土永寂如空，而現種種清淨佛土，是菩薩行」：諸佛的眞正國土是常寂光土，常寂光土是諸佛第八識無垢識的自住境界，那是永遠寂靜猶如虛空一樣，可是卻無妨繼續顯現各種清淨的佛國淨土，讓不淨的眾生往生到祂那裡去，這看來也是與聲聞道顛倒的，但這正是菩薩行。不管你今天的證量有多高、有多清淨，都必須回頭去跟污濁不堪的眾生同住，去攝受他們；這是你必須要做的，因為你必須攝受了這一些眾生，才能成就你將來的佛國淨土；無相的常寂光佛土永寂如空，卻要示現有相的各種清淨佛土，藉以利樂有緣眾生，所以菩薩所行與聲聞法表面上往往是互相顛倒的。

「雖得佛道、轉于法輪、入於涅槃，而不捨於菩薩之道，是菩薩行」：所有菩薩都一樣，過去諸佛也都如此，未來諸佛的你們也要如此。你們將來成佛了，三轉或一轉法輪之後，應身示現入於涅槃；可是入無餘涅槃以後不是像阿羅漢一樣永遠不再出現於三界中了，而是繼續出現在三界其他有緣眾生處，成佛說法圓滿以後又再度示現入涅槃。佛雖然同樣是以獅子奮迅三昧來取涅槃，看來是與三明六通大阿羅漢一樣，卻只是示現，其實是在無住處涅槃中示現的，這表示 佛的涅槃境界比阿羅漢更高。佛入涅槃時，與三明六通大阿羅漢一樣，從初禪入二禪、三禪、四禪，然後空無邊、識無邊、無所有而到非想非非想定、滅盡定，然後再一一退回來，回到初禪中，再從初禪而次第進入第四禪，然後從第四禪入涅槃；入了涅槃以後，三明六通的大阿羅漢們看見了都是說：佛已經入涅槃而永滅了。

然而佛示現入了無餘涅槃，其實 佛還是照樣在三界中出現，又到另一個小世界去受生，再示現出家、成道、轉法輪、入涅槃，而祂的莊嚴報身永遠不入涅槃。可是莊嚴報身，阿羅漢們看不見，所以他們不知道，都誤以爲 佛眞的入無餘涅槃而滅盡了。這就是說，諸佛得佛道、轉法輪、入涅槃，卻仍然不捨菩薩之道。菩薩之道，是在第一次入初地時發了十無盡願，那十無盡願主要的意思是說：虛空無盡，眾生無盡，所以我願無盡。這種無盡大願共有十個，所以叫作十無盡願。當虛空壞了，我這個願就盡了；當眾生度盡了，我的願就盡了。請問你：「當你成佛以後，這十無盡願是不是要捨掉？」捨掉就變成有盡願了。所以成佛以後，這十無盡願還是永遠不捨，當然成佛以後還是繼續在行菩薩道，不捨悲願。所以，諸佛示現入涅槃，其實並沒有滅，還是繼續在三界中示現受生、修行、成佛、轉法輪；這樣入涅槃之後，仍然不捨於菩薩之道，才是菩薩行。當 維摩詰菩薩說完以上這些法，文殊師利菩薩帶來的大眾們，其中有八千位天子聽了就發起無上正等正覺之心，也就是說他們因此而發起了願意成佛之心，不再行聲聞行、不再單修解脫道了。爲什麼會這樣？因爲大乘佛法實在是太妙了，不可思議啊！

〈不思議品〉第六

【爾時舍利弗見此室中無有床座，作是念：「斯諸菩薩、大弟子衆，當於何坐？」長者維摩詰知其意，語舍利弗言：「云何仁者爲法來耶？求床座耶？」舍利弗言：「我爲法來，非爲床座。」維摩詰言：「唯！舍利弗！夫求法者不貪軀命，何況床座？夫求法者非有色受想行識之求，非有界入之求，非有欲、色、無色之求。唯！舍利弗！夫求法者不著佛求、不著法求、不著衆求。夫求法者無見苦求、無斷集求、無造盡證修道之求，所以者何？法無戲論；若言我當見苦、斷集、證滅、修道，是則戲論，非求法也。唯！舍利弗！法名寂滅；若行生滅，是求生滅，非求法也。法名無染；若染於法乃至涅槃，是則染著，非求法也。法無行處；若行於法，是則行處，非求法也。法無取捨；若取捨法，是則取捨，非求法也。法無處所；若著處所，是則著處，非求法也。法名無相；若隨相識，是則求相，非求法也。法不可住；若住於法，是則住法，非求法也。法不可見聞覺知；若行見聞覺知，是則見聞覺知，非求法也。法名無爲；若行有爲，是求有爲，非求法也。是故舍利弗！若求法者，於一切法應無所求。」說是語時，五百天子於諸法中得法

眼淨。】

講記：從這一段開始就進入〈不思議品〉，這已是第六品了。上一品說有八千位天子發起無上正等正覺心了，接下來說舍利弗尊者看見維摩詰菩薩的房間裡面沒有床座。在印度講的床，是指椅子；所以禪宗祖師坐的禪床，不是眠床，而是禪椅；從天竺傳過來時都叫作床，所以就譯爲床。這句經文說菩薩的房間裡面沒有椅子讓大家坐，所以他心裡面就想：「我們一起來的這些菩薩們與諸大弟子們應當要坐在哪裡？」維摩詰長者知道他在想什麼，就向舍利弗尊者說：「仁者啊！你是爲了法而來的呢？還是爲了求椅子可坐而來的？」在等覺菩薩面前不能隨便起心動念，因爲起心動念他都知道。等覺菩薩們有一個能力：他如果要告訴你什麼，不必用語言文字來告訴你，諸佛也都這樣。所以舍利弗念頭一動，維摩詰菩薩就這麼問了。舍利弗尊者總不能夠說：「我爲了坐椅子而來。」他就說：「我是爲法而來的，不是爲了椅子。」維摩詰菩薩就說：「喂！舍利弗啊！所謂求法的人，他是不貪著色身生命的，何況是怕腳酸累而求床座。假使是眞正求法的人，他一定不會在色受想行識上面有所求的，也不會有十八界六入的追求，也不會有欲界、色界、無色界境界的追求。」先講這幾句。

「色受想行識之求」，譬如很早期我們剛搬到這邊來（剛從中山北路地下室搬來承德路時），有一個人聞名而來，他看到我的書，心想：「這個人一定很有法力。」所以他來到小參室，那時我們只有九樓講堂，他一進來就求我為他加持，我說：「你求我加持什麼呢？」他說：「我覺得身體不太好，請師父為我加持一下。」我當場回絕了。以前我曾為人家加持過，加持以後都好了，都沒事了。有一個人更奇怪，醫生醫不好的，也檢驗不出病來的，我一加持他就好了。可是他好了，我不好啊！因為我要擔因果。這個因果在什麼時候要還？不知道！我為別人加持，就表示我要為他挑起因果債，可是我還有許多任務尚未完成呢！

就好像說，你現在一件事情不能解決，拜託某位黑道大哥幫你解決，事情調解了以後那位大哥就要幫你挑起責任，以後你這件事情人家會直接找他。同理，你為人加持就是干預因果，除非你知道他那個病在過去世是什麼因果，能同時教他把那個因果解決掉。所以後來我都不做這種事情。那個人來要求我加持，他是為什麼而求呢？他正是**色求**——為色身來求。如果說：「請師父幫我加持，讓我聰明一點。」那正是**事求**，這不該是來到正覺學法的人該有的心態。**界**、**入之求**也是一樣，希望求六入清淨一點，但是自己卻不努力修行，只求人家加持讓他清淨，這都是不對的。如果是欲界、色界、無色界境界的求，那也是求。這都是三界有的追求，這是菩薩不應該有的心態；眞求法的人，不該求這類有爲法。

接下來還要說一個心態：求法者不可以執著於佛而求，不可以執著於法而求，也不可執著於僧眾乃至佛門四眾而求。有的人禮佛，他求什麼呢：「佛陀啊！我希望每一世都可以跟著您，您每一世都要攝受我。我如果沒有感應到佛的話，信心就會退失掉了；我看到佛就很歡喜，請您攝受我，讓我每一世都感應到。」這就是著佛而求；若是感應不到，他就灰心喪志，不學佛了：「佛都不靈感！」走了！不學佛法了，這正是著佛而求。第二種人是著法而求，著法是指執著世間種種法，想要追求聰明伶俐、口才好、世間智慧好，這叫作著法而求；若有人是求名聞而求說法的口才，也是著法而求。著眾而求，是求什麼呢？他是求：「有沒有什麼法讓我每一世徒弟都有幾十萬人。」這就是著眾而求。這種凡夫大師們，總是希望徒弟好幾十萬乃至幾百萬。

但我沒求過這類東西，我生生世世學佛以來沒有向　佛求過；如果有求，都是爲眾生求，不爲自己求。我沒有爲自己求過說：「求佛加持我，讓我趕快開悟。」我沒有求過。我也沒有求過　佛幫我事業好好發展，我從來不爲自己而求佛，如果有求，都是爲別人求。所以不要去求說：「請佛加持我、教導我一個法門，讓我可以每一世徒眾廣大。」那就是著眾而求。求法時應該自己努力求證解脫法、佛菩提法，不應該求那些事相，所以說：求法者不著佛求、不著法求、不著眾求。

「不著佛求」這一句話，在禪宗裡很有名；唐朝大中皇帝即位前落難時，剃髮爲僧而逃難，所以沒有被人認出來殺死。他在一個寺院中，有一天剛好黃檗禪師（那時黃檗悟後還沒有出道弘法，在同一個寺院裡面掛單）正在禮佛，大中皇帝那時還只是沙彌，在旁邊就講：「『不著佛求，不著法求，不著眾求』，你禮拜佛，求個什麼？」沒料到黃檗禪師禮拜了起來，猛的就給他一掌，意思是：如是而求！這大中沙彌發問了以後又挨一掌，轉頭就走。這是禪門裡面一件很有名的公案。以後當你正在禮佛時，如果有人跟你講：「你們不是悟了嗎？《維摩詰經》不是說『不著佛求，不著法求，不著眾求』，你還求什麼？」你起來就放他一掌。你悟了當然知道用意所在，對方還沒有悟入以前，當然不知道這一掌是什麼意思。

維摩詰菩薩說求法者不應該有這三種求，他又說：「求法者不可以『見苦』而求、不可以『斷集』而求、不可以造『盡證、修道』之求，爲什麼呢？因爲法無戲論。」如果這段話是由我來講，人家可要罵我：「大逆不道！誹謗正法。」好在這是等覺菩薩講的，不是我講的。因爲這句話是在罵二乘菩提行者，罵那些執著緣起性空的解脫道行者。二乘菩提修行人就是要見苦，就是親見苦聖諦；要斷集，是斷除苦集而見苦集聖諦；要證滅，就是親見滅諦，了知苦滅的境界相是要滅盡五陰十八界自己，這是證得苦滅聖諦；還要修道，就是發起道聖諦而以八正道來斷盡我執、我所執。可是 維摩詰菩薩卻說：「**求大乘法的人不可以像二乘聖人一樣『見苦、斷集、證滅、修道』，因爲那都是戲論。**」

這明明是聖諦、聖道，爲什麼他稱之爲戲論？譬如台灣佛教界六十餘年以來，普遍認爲見苦、斷集、證滅、修道就是無上的聖諦，就是成佛之道。印順法師並且把這個四聖諦聲聞解脫道，判爲第一義諦；他認爲四聖諦的緣起性空就是成佛之道，所以各大山頭大多認同而跟隨；連號稱禪宗臨濟正統繼承人的星雲，以及教禪的聖嚴、惟覺，竟也認同印順的六識論，同以意識作爲禪宗祖師所悟的實相心如來藏；慈濟功德會的證嚴當然更是如此奉行，所以各大山頭「所悟」的差別只在於意識是否有語言妄念、是否放下世俗煩惱而已。但是只有台灣如此嗎？不然！數十年來的大陸也是如此。除了西藏密宗所弘傳的地區因爲加上雙身法而更低劣以外，幾乎所有的佛教弘傳都是如此；不止台灣、大陸如此，全球佛教都是如此，而且還誤解了四諦八正。但若從第一義諦來說，對二乘四聖諦的理解即使正確無誤，都還是戲論，因爲只是世俗諦。此段經文若沒有這麼講，而由我提出來講，不但會外的人要罵我，你們諸位之中大概也會有三分之一的人在背地裡偷罵我。好在這是經文講的，是維摩詰等覺菩薩講的，卻是眞正而究竟的佛理。

爲什麼二乘的四聖諦會是戲論？咱們先來看見苦。四聖諦的第一諦是苦聖諦。苦，一般說八苦，但八苦裡面的前七個苦統統要歸納到最後一個苦，叫作五陰熾盛苦；若不是五陰熾盛苦，就不會有前面的生老病死等七個苦。但是有人也許說：「我打坐進入一念不生當中，離開五塵了，在二禪等至位以上的境界中就沒有苦了，哪裡還有苦？」可是事實上仍然是苦，因爲他色陰的行陰仍然在，意根與意識的行陰也都在，行陰既然都在就一定有受陰，而行陰、受陰本身無常，無常就是苦。這時好像沒有身行，其實身行也在，因爲住、坐本身也是身行，息與脈等身行也俱在，終究也都會壞。因爲他如果起了一個念，坐不住了，就要下座了；下座時身行變了，安靜不動的心行也壞了，最後死時全都要滅壞，所以行陰與受陰也是苦。靜坐時口行也是在，口在那個當下是不做行爲的行，不做行爲的行也是行；覺觀若在，那也是口行（編案：詳見《阿含正義》中的開示）；等他下座以後又要跟人家講話，不動的口行也跟著壞了，還是行，行就是苦。色身如此，心行如此，最後總得要死吧！等到死的時候還是苦，因爲是無常。

有很多人不能眞實理解**壞苦**、**苦苦**與**行苦**。能夠看到這三苦的人，才知道五陰的虛妄；八苦與三苦都了知了，才知道五陰的虛妄，才能確實知道意識離念時也是不離行苦。意識即使到了非想非非想定中也是不離苦，這時仍然是虛妄心，因爲非非想定中的意識不可能永恆不壞，還是不離壞苦，而且未壞之前仍然不離行苦。當有人觀行到這個地步時，才算確實知道五陰眞是虛妄，這叫作苦聖諦的成就，說他已經確實**見苦**了。當然這裡面還有很多細微的部分需要一一觀行，我們不在這裡講，這要等到進階班裡面再去問你們的親教師了，請他們教導如何觀行（編案：《阿含正義》中也有詳細的解說）。這個苦聖諦的觀行成就時，那就是見苦；見苦了，就表示已證得聲聞解脫道的見道了，兩個道（到）字都可以用，也就是說苦聖諦的見地你已經到達了，那也就是斷我見、斷三縛結，又叫作聲聞乘中見道位的初果人，這叫作見苦。見苦是不是聖諦？當然是啊！所以是苦聖諦。

不過這個聖諦，它是世間聖——三界世間裡面的聖諦——爲什麼呢？因爲它雖然能使人完成出世間的初步功德，但它所觀行的法是五陰的一一陰、十二處的一處、六入的每一入、十八界的一一界。然而所觀行的這些對象與內涵全部都是三界中的世俗法，所以這個苦聖諦是世間法中的聖諦，當然攝歸世俗諦。因爲所觀行的對象是蘊處界、陰界入，都是在世俗法中來作觀行：觀破蘊處界等世俗法，從此以後不再被蘊處界世俗法所繫縛而流轉生死，終於可以生起初分解脫、斷三縛結，最多七次的人天往返就可以成爲阿羅漢。可是這個苦聖諦所觀行的對象與內容，都是三界中世俗法的蘊處界，依第一義諦來說並非眞正的聖諦。

菩薩的聖諦不是這樣觀行。聲聞人說：「陰界入都虛妄，都應該滅。」但是菩薩卻說：「一切法攝歸如來藏時就成爲不生不滅，而陰界入都攝在一切法中。」菩薩因此說：「所以陰界入也是不生不滅。」從聲聞法來講：「能見之性是眼識的功能，乃至能覺之性是身識的功能、能知之性是意識的功能，都是虛妄法，都應該滅除；滅除以後才能取證無餘涅槃，出三界生死。」但是菩薩卻說：「眼識能見之性乃至意識能知之性，本如來藏妙眞如性，所以不用滅。你們聲聞人說要滅陰界入、滅除一切法，我們菩薩說：這一切萬法本來就是如來藏所含攝的法，歸屬於不生滅的如來藏，所以一切法不生不滅。」依止於如來藏的從來不生不滅以後，又何必去滅掉如來藏所生顯的種種法呢？就因爲有這些種種法，才能成就一切種智，而這一切法莫非是如來藏所生、所顯的種種性用。依如來藏來看，這一切法從來不生不滅，又何必要滅？

出現了蘊處界等一切法以後，看來眾生是有生死之苦，可是這個生死之苦只是在如來藏的表面出現、又消失了，世世不斷的出現又消失，但是諸法本際的如來藏從來沒有生死，從來沒有苦痛，那你要見什麼苦呢？有什麼苦可見呢？所以從第一義諦來講是無苦也無樂。從四聖諦聲聞法的見苦（苦聖諦）來講，五陰莫非是苦，只要有一陰存在就不離八苦、三苦；然而菩薩固然也看到這些苦都是無常的，卻是附屬於無苦而常住的如來藏，所以菩薩所見根本沒有苦可說；所以布施時沒有布施者，也沒有受施的人，更沒有布施這回事，三輪體空，有什麼苦可說？正當受苦的當下已離苦，正當受樂的當下也離樂，正當住於不苦不樂境界中時也離不苦不樂的境界受。勝義諦中本來如此，本來無苦，何必強要見苦做什麼？所以菩薩說：**阿羅漢見苦，是戲論**。因爲跟法界實相的勝義諦無關。所以見苦是戲論，菩薩不說見苦。菩薩如果說見苦，那一定是爲了接引初機，但是會爲初機學人聲明：這是世俗諦，不是第一義諦。所以說：二乘人的見苦是戲論。菩薩若是求證眞正的第一義諦，應當在見苦以後，求證無苦、無樂的實相智慧境界，不應見一切法是苦，所以維摩詰菩薩說：「夫求法者，無『見苦』求。」

二乘人因爲看到一切是苦，所以去探討：這苦是怎麼來的？探討的結果是：因爲往世收集了種種成就後有諸苦的因，譬如說我見、我執、我所的貪愛，也因這三個原因而造作種種惡業，或造作了種種善業而執著善業果報，被無明種及業種牽累；往世有邪見及不斷造作這些事情，就是苦集——苦種不斷的在修集。不斷修集苦的種子就是取受後有的種子，所以捨報了不能入無餘涅槃，因此又投胎去了。因爲我見沒有斷，所以苦集的現象不斷存在，就不斷的造作收集後有種子的愚行；因此他們想要離開這些苦，就要把斷集的方法以及集的狀況弄清楚：集的內容如何？如何才能把集斷了？苦因種子的收集當然是應該斷除，他們就去觀行，把斷集的內容觀行清楚；觀行清楚以後，不再造作任何積集後有苦種的行爲，那他就是斷集了；斷集之後，當然可以成就二果解脫了。

可是二乘人這麼看，菩薩卻不這麼看；菩薩看待一切後有的種子，全部都是不生不滅、無苦無樂的如來藏所收存的，都是如來藏的附屬品。可是如來藏從來不造作收集後有種子的事業，都是意根與意識在造業而導致後有種種苦樂受的種子產生。所以二乘人爲了離開三界生死，他必須斷集：造作有記業的愚癡行爲要全部斷除，如來藏才不會繼續收集後有種子。菩薩雖然也看到這個現象，也了知這裡面的情形，但是菩薩卻進一步證得實相心如來藏，發覺：這些後有種子的造作都是六、七識作的，可是六、七識正在造作時，如來藏仍然保持祂的無作之性，祂從來不曾造作；我只要轉依如來藏就好了，不要放任意識意根自己去造作貪染等業。轉依了如來藏以後，如來藏本來就是無作之性，意根、意識就不再造作導致收集後有種子的業，而能遠離後有。

　　無作性是如來藏性，諸佛求「無如來藏之性」不可得。這是阿含部的《央掘魔羅經》講的，並不是在大乘經中才這麼講。聲聞人結集的阿含部《央掘魔羅經》卷二就這麼說了：「復次，諸佛如來所不得者：謂過去一切諸佛世尊，極方便求如來之藏**作**不可得；如來性是**無作**，於一切眾生中無量相好，清淨莊嚴。現在一切諸佛世尊，極方便求如來之藏**作**不可得；如來性是**無作**，於一切眾生中無量相好，清淨莊嚴。未來一切諸佛世尊，極方便求如來之藏**作**不可得；**無作**是如來性，於一切眾生中無量相好，清淨莊嚴。**三世一切聲聞緣覺，有如來藏而眼不見，應說因緣。**」自心如來即是如來藏，三世諸佛於蘊處界中觀察如來藏的有作之性，決定不可得；找不到祂有一絲一毫的有作之性，祂永遠是如如不動的。所以有爲有作的是意識與意根，如來藏從來無作；但是三世一切聲聞、緣覺聖人卻都看不見如來藏的所在，當然不能生起般若實相智慧，所以不能爲他們說般若智慧，只能爲他們傳授因緣法。意識與意根由於修學聲聞法而知道要怎麼斷集，然而斷集其實是戲論，因爲只要依止如來藏，如來藏本際從來沒有任何善惡業行爲的有作之性，轉依祂以後又何必去將祂斷集呢？意識與意根轉依祂這種本來清淨的自性以後，也就不再造作後有種子聚集的業行了，集諦不斷而自然斷。

如來藏本來就不集，爲什麼要斷集呢？如來藏雖然收集了種種苦因的種子，可是這些苦因的種子都是意識、意根去執取來，才讓如來藏收集到心田中，如來藏從來沒有想要。祂從來不造作種種善、不善業，都是因爲意識與意根不斷去作了這些業，所以才把如來藏裡面七識心自己的種子給染污了。所以都是眾生害如來藏中的種子不清淨，如來藏沒有害過眾生，祂只是依照眾生給祂的種子而在捨報後自動的加以執行罷了。如來藏本身既然沒有種種苦因的積集體性，這些積集苦因的都是意識與意根，當我們轉依如來藏之後又何必去斷集？你只要轉依如來藏就好了：**如來藏性如何，我就如何。**就成爲無作性的清淨意識、意根，那就沒有集可斷了，這才是勝義諦。

有集可斷，是世俗法的意識與意根。如來藏本來無作，沒有集可斷，你要將祂斷什麼集呢？所以從實相、從第一義諦來說，斷集眞是戲論；因爲都落在世俗法裡面，所以是戲論：所說言不及義。也就是說：阿含道的見苦與斷集等法，不管你說到如何的深入，始終都講不到第一義的眞實義裡面來，講不到第一義就是言不及義，所以菩薩說二乘的見苦與斷集是戲論。正因爲聲聞、緣覺聖人沒有證得如來藏，不能理解一切法界的實相，所以不能修學第一義諦，所以不能爲他們說如來藏第一義諦，只能爲他們說解脫道因緣法，所以佛在阿含中說：「**三世一切聲聞緣覺，有如來藏而眼不見，應說因緣。**」

「**證滅**」，要怎麼證滅呢？二乘人進入三果以後一定要證滅，否則進不了三果，他要從現實當中去把自己種種我所的貪著斷除，也要把自我作更深入的觀行而滅除我執，滅除了以後至少意識不再貪著五陰了，這時他可以現前觀察：自己對蘊處界及我所的貪愛已經滅除了，這樣他就是證滅。證滅了，所以五下分結斷盡，他成了三果人，這叫作離地；因爲他已經遠離欲界生了，不像二果人捨報以後還會生到欲界天去，這就是證滅。可是，如來藏本來都沒有我所的執著，如來藏也無我性：不了知自己、無自我執著。如來藏既不是眾生我、蘊處界我，也沒有我見，請問：你要祂證什麼滅？轉依了祂以後，你根本不需要滅什麼，原來都是意識與意根自己需要滅除，如來藏根本用不著滅什麼。二乘聖人所應該證的蘊處界滅相，是依如來藏所生的蘊處界諸法而說的，如來藏本身都沒有生滅法可滅：不是修道以後才沒有，是無始劫以來祂就一直都沒有。那你又何必去證滅？

菩薩從這第一義諦的現觀來看二乘聖人：那些三果人所證的滅，無非就是我與我所的貪愛。是斷除我對眾生、我對十八界、我對自己的貪愛。滅的是這個，可是所滅的這些貪愛的對象都是世俗法三界有；既然是世俗法，不是法界中的第一義諦，當然是戲論。所以證滅雖是世俗諦中成就的二乘聖境，但這個聖境從菩薩的證境來看，仍然是戲論。因為無法達到第一義諦的境界，所以二乘人說出來證滅的境界以及所有的言語，也是言不及義，當然是戲論。所以 佛只為聲聞羅漢宣講因緣法，不為他們宣講第一義諦如來藏妙法。

第四是修道，是苦、集、滅、道的最後一個。修道完成了，四果便成就了。修道是修八正道，可是八正道，看看它的內容是什麼？正語、正命、正業、正精進：等等。你且看這八正道修行的對象是什麼？還是五陰、十八界的範圍，還是三界世俗法，這叫作有修有證。有修有證就是戲論，第一義諦中沒有修也沒有證可說，現觀無修無證了，才是眞實證。可是外面人聽到這一句話時就說：「好極了！這是蕭平實講的，那我每天喝酒、吃肉，不必修行，我一樣可以是阿羅漢，因爲我無修無證。」可是菩薩說的無修與無證，是指出生意識的第八識如來藏不必修行證道；而他們講的是第六意識不修行證道，這不是同一件事。佛陀講的如來藏是第八識，外道的神我、梵我是第六意識，印順卻混淆視聽說：「如來藏富有外道神我色彩。」我們就不免要請問他和門徒們：「如來藏是什麼地方富有外道神我色彩？」我眞的不懂！本來應該找機會去問他的，可惜他死了，沒機會問了；但他的門徒們還在，可應該正式在書中向我們佛教界回答這個問題。

不過我很早就寫在書裡面了：「如來藏離見聞覺知，從來不思量、不作主，隨緣任運、應物現形；可是外道的神我，是有見聞覺知的、會作主的、常常在思量的，不能隨緣任運，也無法應物現形。」可見外道神我、梵我，根本是與如來藏背反的體性，但他們爲什麼要故意顚倒佛法的大是大非而說如來藏富有外道神我的色彩呢？那就好像有人向金舖老闆說「你們所賣的黃金富有爛鐵的特性」，眞是胡說八道！印順又不是胡人，卻是一生專講胡話！因此說，苦、集、滅、道，都是意識、意根所修的，可是意識、意根所修的都是針對五陰、十二處、十八界、六識而修，都是在三界世俗法上。而如來藏從來不需要修八正道，祂本來就涅槃了，何必再去修八正道！二乘聖人修四聖諦、八正道，是要取證無餘涅槃；可是如來藏從無始劫以來就在涅槃中，不需要修祂才得涅槃，涅槃是祂本來就有的。而二乘人把四聖諦、八正道修完了，所證的涅槃仍然是如來藏的自住境界；所以從實相來看涅槃，是本來就已涅槃，不是修行以後才有的，所以經中才會說：一切眾生本來常住涅槃。既然本來就涅槃，不需要你修祂，無妨你繼續輪轉生死，而這個生死也在涅槃之中。所以二乘聖人修道完成後，成就四果羅漢的聖位，仍然是戲論，因爲他們都落在世俗法上面，都沒有觸及到第一義，所以不管他們把解脫道說得多勝妙，還是言不及義。

因此假使有人來到你面前，示現是阿羅漢，他如果說：「我已經見苦、斷集、證滅、修道。」你就說：「你都是在講戲論！」他如果不服，你就把今天我爲你講的法講給他聽，他也只好乖乖的聽你的話；縱使他三明六通具足，也只能聽你說話，他沒有插嘴的餘地。他只能請問，不能反駁；因爲這是事實，因爲你現前看見他自己的涅槃本來就在，可是他看不見他自己所證的涅槃所在。你若證悟明心了，就知道我沒有說謊。所以你問他：「請問羅漢聖人啊！你現在還沒有入無餘涅槃，涅槃裡面的境界如何？你現在看得見嗎？」他會對你搖頭說：「我看不見。」那你再請問他：「你入了涅槃以後，能看得見嗎？」他只能說：「我入了涅槃以後，也看不見涅槃。」因爲他十八界都滅盡了，自己已經完全不存在了，還能看見什麼涅槃？你就告訴他：「你現在還沒有入涅槃，我卻已看見你的涅槃實際。」所以他眞的只能聽你說法。

所以，如果有人說：「修學佛法之道，我知道啦！我應當要去見苦、斷集、證滅、修道。」那你就說：「你這一些話都是戲論！」今天不必我來講，維摩詰大士早已經幫我講了。如果我說：「四聖諦是戲論！」那些大、小法師們不曉得有多少人又要罵我；好在這是等覺菩薩講的，有種，他們去罵維摩詰。所以說，如果專在四聖諦、八正道上面用心，來見苦、斷集、證滅、修道，都是戲論，與第一義諦無關。那些人自稱在大乘法中求法，其實是在求戲論，不是在求法。從這段經文中，你們來斷看看：印順法師把二乘菩提世俗諦當作成佛之道，有沒有道理？（眾答：沒道理。）是沒道理嘛！因爲都是言不及義，因爲緣起性空只是二乘菩提道，更何況他把二乘菩提的緣起性空也都給弄錯了。因爲佛講的緣起性空是依如來藏實際（名爲本際）眞實不壞我，來講祂所生的蘊處界我緣起性空。結果他把涅槃實際大前提否定了，當然是連二乘道的解脫道都弄錯了，而說那種誤會後的二乘菩提解脫道就是成佛之道，眞是太荒唐了！可是他走了以後，他的門徒們竟然高捧他：「印順是玄奘以來第一人。」

可是問題來了，玄奘大師專門弘揚如來藏妙義，印順卻是專門否定如來藏，如何能跟 玄奘搭上線呢？竟然這樣暗示說他是眞正繼承 玄奘的人，所以我們只能把他加兩個字：印順是 玄奘弘揚正法以來的破法第一人！事實是這樣。當他把如來藏否定時，是在否定 玄奘大師的第八識妙義，也直接加害了二乘涅槃成爲斷滅法；然後他怕落到斷滅空，又建立一個常住不壞的意識細心，再額外建立一個滅相眞如來避開斷滅空。可是意識心，佛早在阿含開示過了：「諸所有意識，彼一切皆意法因緣生故。」意識本是藉意、法爲緣生的，是生滅法，怎麼可能是阿羅漢入涅槃以後剩下的常住不滅的本際呢？印順竟然主張生滅性的意識細心常住。而「滅相眞如」的施設建立就更荒唐了！他說：蘊處界都滅了以後，成爲滅相，這個滅相不可能再被滅壞，永遠存在，所以叫作眞如。那麼眞如倒是變成斷滅空了！

也應該說：他身上有一千萬元，要好好的保管，讓他的一千萬元永遠不會滅失。怎麼保管呢？放一把火燒掉。因爲燒掉以後這一千萬元的滅相永遠不滅，所以一千萬元永遠存在，這叫作眞如常住。但這是哪一國的邏輯呢？所以這些說法都是戲論，都是狡辯之辭；因爲他所說的成佛之道是依蘊處界來講的；而蘊處界全都是緣起而其性無常空，說得再多都只是斷滅空，所以般若就被他定位成爲**性空而唯有名相**，**性空唯名**當然是毫無實質的戲論，所以他判斷般若是虛相法，不是實相法，所以他認爲般若即是性空唯名的戲論！今天好在有你們當我的知音，知道那果然是戲論；可是外面有很多人還是相信他的戲論，還是把那個戲論當作第一義諦。他在解脫道上面作學術研究而不肯實際修行，卻說他是在尋求眞實的佛法；其實都不是眞法，都是虛妄法，因此 維摩詰菩薩說：「是則戲論，非求法也。」印順及他的所有門徒們，都逃不過 維摩詰菩薩檢點的。

維摩詰菩薩又說：「**唯！舍利弗！法名寂滅；若行生滅，是求生滅，非求法也。**」法叫作寂滅，二乘人可能會說：「法怎麼會是寂滅？蘊處界諸法明明不寂滅啊！」所以他們所謂的寂滅，是把一切法都滅掉以後，成爲無餘涅槃才叫作寂滅。但我們不一樣，我們無妨追趕跑跳碰而正在喧鬧時也是寂滅；因爲五陰正鬧的時候，如來藏本際還是寂滅的，祂仍然離見聞覺知，那才是眞的寂滅；所以如來藏是寂滅性，這就是**法名寂滅**的眞義。因爲眞實佛法就是如來藏，如來藏就是眞實佛法，離如來藏而想要尋求眞實佛法，永不可得；否定如來藏而修證的二乘涅槃就成爲斷滅空。所以「法」，你如果知道祂是什麼，你就知道《維摩詰經》的眞實意旨：如來藏名爲寂滅——法名寂滅。

如果有人修行一生，所有修行的過程、心行，都是在生滅法、六塵法中，他其實是求生滅法的人，不是眞正在求佛法的人。這樣講可能太空洞，舉個例子：最有名的就是離念靈知，很多人說：「我們只要心靈離念，即名開悟；離念五分鐘，叫作小悟；如果能夠離念一個鐘頭、兩個鐘頭，就是大悟；如果心靈永遠無念，就是大悟徹底。」請問：「他到底悟了沒有？他又怎麼能離念而寫書？」這就是以定爲禪者。但菩薩不是這樣，菩薩所謂的離念是本來就離念，不是修行以後才離念的。你所應證悟的心是什麼心？你求開悟想要明白的心是什麼心？當然是本來寂滅的心。若是有生滅的心，一定不是寂滅的；因爲有生滅的心，一定會跟六塵相接觸；就算是修得二禪以上的等至，也還是會與定境中的法塵相應，仍然不是絕對的寂滅。更何況現在那些大法師、大居士們，他們所謂開悟的離念靈知，都還是跟六塵具足相應的，並且是連二禪的等至都沒有證得，都還不能離開五塵。所以落在離念靈知心中，都是落在生滅法中，因爲離念靈知心晚上睡著就滅了，明天早上起床前祂又生起，每天一直都這樣生滅不停。如果所證的心都是在生滅法當中運行的，卻當作是開悟了，其實是在求生滅法，不是在求眞正的佛法。修學佛法者要追求的眞正的法，是無染的法。

「法名無染；若染於法乃至涅槃，是則染著，非求法也」：法叫作無染，所以什麼是無染呢？是說：祂無始劫以來對一切法都不加以了知，都不了知任何一法時自然就無染了。就好像說：「你如果不想被一桶染料所染，你這手就不要去接觸染料。」你不能夠說：「我這個手不戴手套，也不做任何防護措施，我要去接觸染料，但我仍然無染。」這不可能，接觸了當然就是染。同樣的道理，如果對世間的苦樂法等六塵想要無染，必須是不接觸；不接觸苦樂法六塵、不接觸世間法，才是眞的無染。可是離念靈知離不開世間苦樂法六塵，既然接觸而了知苦樂了，當然就一定會有染。

如果這個離念靈知有一天眞的無染(假設眞的能無染)，那也是修來的，不是本來無染。凡是修來的，未來緣散時還是會壞掉，因爲這個後天的無染是有生的法；所以有一天被影響了，又吃喝玩樂去了，又有染了。所以修來的離染，都不是可以永遠如此的，是變異法。實際上可不可能修成眞的無染？凡夫不可能。二乘聖人可能嗎？也不可能，只有一種聖人能：到達佛地時的六識聚、七識聚究竟純淨。

在等覺位以下，多多少少都有染，只是染多染少的問題而已，可是眞正的法卻是本來就無染。爲什麼無染呢？因爲祂離六塵見聞覺知，所以離苦樂。樂是你意識在樂，如來藏沒有任何樂觸可得，所以祂根本不用去起貪染；苦是你在苦，所以你想要逃避苦，祂卻不需要爲了逃避苦痛而去造作惡業，所以祂是本來就無染的。

「若染於法」，這裡說的是法，不是說染於五塵；如果染於五塵就容易瞭解，如果染於法，譬如說你對世間法有所貪著，或者對出世間法有所貪著，那還是染，就是染於法。可是染於法又是誰在染呢？仍然意識與意根。

今天諸位來這裡聽聞勝義諦，請問：「你的意識、意根對勝義諦有沒有染著？」當然是有，這叫作法貪，這也是法愛。可是你的如來藏從來都不理會勝義諦、世俗諦。你努力追求勝義諦，祂奉陪，可是祂不接觸勝義諦，所以祂對勝義諦都無染著，何況是二乘世俗諦？更何況是世間種種染污法？所以乃至二乘聖人所證的涅槃：「捨報入無餘涅槃。」祂也對涅槃遠離，祂不染著涅槃，祂根本不必去執著，因爲祂自己就是涅槃，不論什麼情況下祂都是涅槃。涅槃其實是以祂的境界而命名的，那祂還要去執著涅槃做什麼？假使你本身就是涅槃，你何必還要再去追求涅槃？正是如此啊！所以乃至涅槃的染著也都還是染著，表示仍然住在意識心境界中，那就不是求眞實法了，因爲眞實法對涅槃並不染著。眞實法是如來藏，對一切法都不染著，對智慧也不染著；你求智慧，祂不求智慧；你所求的智慧都從祂而來，但祂不求智慧，所以《心經》說「無智亦無得」。《心經》當然是講心，不然怎麼叫作《心經》？如果講的是緣起性空，那就該改名《緣起性空經》，不該叫作《心經》了。可是《心經》講心的自性，爲什麼到最後無智也無得？但沒有智慧的心才是眞智慧所悟的心，你證得這個沒有智慧的心，你就有般若智慧了；如果你證的心是有智慧的覺知心，那你就沒智慧，這樣的開悟才是眞正佛法。正因爲祂無智也無得，所以你才能夠有智亦有得，才能成佛；如果祂有智亦有得，你證得祂，就換你變成無智亦無得，永遠成不了佛。這就是法界的眞相。所以，如果於法於涅槃有染著，那個心是染著心，那不是求眞實法。

「**法無行處；若行於法，是則行處，非求法也**」：眞實法，你找遍一切法中，都沒有一個地方是祂所行處，祂不在色塵中行；再從聲塵、香塵、味塵、觸塵、法塵中去找，六塵境界中都找不到祂，祂不在這六塵上面運作。祂供應六塵給你，可是在六塵中打滾、運作的，都是意識與意根的你；祂只給你六塵，祂卻不在六塵裡面了知，所以你從六塵之中去找祂的心行，一定找不到，所以說祂沒有行處。

如果有人說：「我很清淨，我每天都在佛法的法塵裡面用功，我都沒有攀緣五塵。」這個人仍是行於法，還是有行處，落在行裡面，仍然是在六塵中的法塵上面運行，這樣求來的是有心行的妄心，不是眞心；他落在行處裡面，那就不是求眞實法了。六塵裡面找不到如來藏，如來藏在了別運作，在六塵裡面了別運作的都是有念或離念的靈知心，如來藏不在這裡面運作。離念靈知是落在行陰裡面的，從來沒有離開過行陰，所以求離念靈知心境界的人都不是眞實求法的人。

「法無取捨；若取捨法，是則取捨，非求法也」：眞實法沒有取與捨，這才是眞實法；想要尋求眞正的佛法，應當如是求。可是以離念靈知爲悟的人，他們常常說：「我們都沒有取與捨啊！」你就說：「你這個人胡說八道！」他臉色馬上變了：「你怎麼罵我胡說八道？」你就說：「你離念靈知不是沒有取捨嗎？爲什麼我講胡說八道你就取了呢？」他說：「我沒有取啊！我反對你的說法。」「你反對就是已經有取了嘛！」這意思就是說：有觸知就會取捨，只有不觸知才不取捨。當觸知時就已經是取了，因爲這就是了知，知就是分別，沒有人能說「知而不分別」的，假使有人說：「我了了常知而不分別。」你就給他一巴掌，他生氣的質問：「你爲什麼打我？」「你不是了了常知而**不分別**？怎麼知道我打你？你知道我打你，就已經是**完成分別**了。」如果他有智慧，會馬上道歉：「啊！我錯了。」如果他沒有智慧，就會繼續跟你狡辯，那你以後就甭跟他講佛法了。因爲他沒有智慧，你再爲他講很多也沒有用，只會辯個沒完沒了。所以有取有捨都是妄心，有取有捨就會取清淨法、捨染污法，離念靈知正是如此：我不要打妄想，打妄想是染污法。但是不打妄想時就是捨妄想，會捨的心正是有取捨的心，會取捨的心就是虛妄法，那不是在求眞實法。

「法無處所；若著處所，是則著處，非求法也」：眞實法不會落在十二處裡面，落在十二處中的都是虛妄法。誰會落在十二處中呢？還是離念靈知啊！因爲離念靈知不離六根與六塵，永遠不離十二處；即使睡著了，都還有意根落在五色根與法處裡面。可是講這個道理，那些以離念靈知爲悟的人就聽不懂了，因爲那時離念靈知已經不見了。連這個境界都不懂卻說他開悟了，也太荒唐了！所以凡是對法能覺能知，對染法、淨法能覺能知，那就是取捨的心；因爲有取有捨，所以才懂得要離念，這就是取淨捨染的心。眞實法從無始劫以來就沒有染沒有淨、沒有念也沒有離念，這樣的清淨法，你要祂離念做什麼？祂何必取捨？這才是眞實法啊！所以落在有取有捨的心裡面，就是意識境界，就不是求眞實法了。

有取有捨是在哪裡取？當然是在十二處中取。如果要捨，捨的也是十二處的法。所以，落在十二處中，是取捨心的標準模式；有取有捨的心一定不離處所，這就是著於處所的人，不是眞實求法的人。阿羅漢說：「我是一心要入涅槃的，我入了無餘涅槃，哪裡還有處？」可是我們卻向他講：「你還是落在處所裡面，因爲你心中有處——你怕有十二處。怕十二處，所以要趕快離開；如果你心中對十二處沒有任何恐懼、取捨，又何必離開十二處？」他一想：「也對！我就是怕十二處，顯然我心中還有十二處。」他就問你：「那你呢？」你說：「我心中無所謂有十二處、無十二處，因爲如來藏本來就無所謂十二處或者離十二處，所以我們不需要去滅十二處，想要滅除就是對十二處有恐懼，就是心中有十二處。我們本際對十二處沒有恐懼，本來就不在十二處裡面，何必要離十二處？」他一聽：「菩薩還是厲害，眞的不著於處，原來我阿羅漢還著於處。」所以說他不是眞實求法。

「**法名無相；若隨相識，是則求相，非求法也**」：眾生所知道的法都有相，不論是從六塵來講，或是從六識、六根來講，都有相。如果是十八界輾轉所生的種種法，那就更有相了。譬如說，諸位搭車來到這裡，那車是從哪裡生出來的？如果不是十八界和合運作，根本造不出車來，所以這車也是相。如果你說：「不談外面的，心總該無相了。」這得要探討：「心有八個心，你說的是哪個心？」有人故意說：「離念靈知啊！」你說：「你認為離念靈知沒有相嗎？可是明明離念靈知有很多相，離念靈知離開語言文字妄念時，本身就是一個清淨相。」可是離念靈知只有清淨相嗎？不然！當一個人保持離念時，縱使他定力很好而一直離念，你打了他一巴掌，他雖然還是離念的，可是已經生氣了；是在離念中生氣，沒有語言文字而在生氣，臉開始脹紅了。他知道面對你時，不可以有語言文字出現，所以他不能罵你；因為罵你時就有念了，那就離開悟境了（他們認為有念時就是離開悟境），可是他離念時卻繼續在生氣，所以離念靈知顯然也有瞋相。然後你說：「不好意思，剛才不小心打了你一巴掌，我這個珍寶送給你，表示歉意。」他的臉色變緩和了，然後他在沒有語言文字相當中已經了知：「這寶物很珍貴！這個人還是不錯。」雖然心中沒有語言文字，卻已這樣了知，他心中開始生起歡喜相。可見離念靈知有喜相、樂相、瞋相，所以離念靈知有很多相，從來不是無相心。

有時離念靈知說：「我不可以貪五塵。」所以他走路時都只看前方地上，剛好有一張壹仟元鈔票，他也不管，故意直接踩下去，這就是離念靈知的清淨相，怎能說是無相呢？明明是刻意的清淨相嘛！但真正的法是永遠無相的，祂被叫作無相（如來藏又名無相）；這麼講就很容易懂，因爲祂離六塵中的見聞覺知，怎麼可能生起貪、瞋、捨相呢？所以祂無相。如果隨於**相識**——隨於有相的識，那就是求相而非求法。什麼是**相識**？就是有種種心相的識。那些「大悟」者所說的離念靈知，一直都有清淨相、離染相，也有瞋相、喜樂相、捨相，是有種種相的，所以就稱爲**相識**。如果有的人沒智慧，隨著有相識運轉而當作是眞實法，這個人其實是在求相：他求清淨相、求法樂相，離不開相，當然不是在求眞實法的人。

「法不可住；若住於法，是則住法，非求法也」：法也不可住，我們修學佛道無非就是想住於佛法中，可是想住於佛法中就不是住於佛法中；因爲想住於佛法中的心，就是有住的心住於法中，不是眞實法，因此你必須要尋找一個不住於佛法中的心。祂既然不住於佛法中，當然也不會住於世間法中；不住於一切法中的心，才是眞實法。所以，求法反而要去求一個無法的心（不住於法的心）；這就是般若經的模式，所以這經講的跟般若經完全一樣。你如果把般若經的公式套在這一句經文上來講：所謂眞實法，即非眞實法，是名眞實法。就是這樣，因爲眞實法不接觸一切法，不屬於一切法所攝，祂不住在一切法中，祂都不在貪瞋癡慢疑中，也不在智慧中；祂不住於種種法中，當然是講如來藏，不是離念靈知意識。

如果有人悟得如來藏（或者悟得眞如、悟得眞心，不管他講什麼名稱），如果他所悟的法是可以住下來的（會住於六塵的某一個境界中，住於某一層次當中），那是住在法中；住在法中就是有所住，不是無所住的心。菩薩應當怎麼樣安住其心？應當無所住而生其心。但離念靈知永遠都是有所住的，永遠都住在六塵當中（至少是住於法塵中），離念靈知無法能有一剎那離開六塵，連一剎那的短時間都做不到；因爲六塵是出生祂的助緣，所以離念靈知心永遠不能離開這個緣而存在，所以祂顯然是住於法中。既然是住於六塵萬法中，就是虛妄法，求這個心當然就不是在求眞實法了。而眞實法如來藏從來不住於任何法當中，但是祂又源源不絕的出生一切法，所以祂雖然於一切法都**無所住**，卻不斷的在運作；不斷運作就叫作**生其心**，祂不是斷滅空無。如果找到一個眞實法，結果卻是有住的法，或住在六塵中的法，那是有所住的法，就不是眞實法，眞實法不會住於六塵當中。

「法不可見聞覺知；若行見聞覺知，是則見聞覺知，非求法也」：眞實法是不可能住在見聞覺知當中的，所以那些自稱開悟的大法師們不敢講《維摩詰經》，因爲講到這裡時不知道該怎麼講。以前常有大法師說：「離念靈知是開悟的眞心，住於離念當中就是開悟境界。」現在經文說「不可見聞覺知」，該怎麼講呢？因爲離念靈知還是有知。也許他想：「我應該這麼解釋：此時改爲不在六塵中的離念靈知，改爲離五塵的離念靈知。」可是徒弟們如果又問：「師父啊！我們離五塵而住在定中時，有沒有知？」那又要怎麼回答？還是要口掛壁上！因爲等覺大士說眞實法不可以有見聞覺知，在二禪等至位中還是有定境法塵上的知啊！只是不覺知五塵而已，定境裡面還是有知。那徒弟就說：「師父！你這樣還是行於見聞覺知，那就是求見聞覺知，不是求法。」那就只能滿臉通紅，不知所措。所以，有這些經典在，他們眞的很苦惱；可是又不能把它否定掉，他們唯一能做的，就是把它曲解，附和自己六識論的邪見，妄稱他們的法與《維摩詰經》完全相同，繼續騙人。所以凡是證悟之後，一定要去檢查：所證悟的眞心能不能在六塵中見聞覺知？如果是能在六塵中見聞覺知的，那就是行於見聞覺知中，不是眞實法。求眞實法的人，所求得的眞心是不在六塵中見聞覺知的，那才是眞實求法的人。

「**法名無爲；若行有爲，是求有爲，非求法也**」：如來藏是無爲性的。這個無爲性是講祂的無漏性，祂不會去追求三界萬有的任何法，祂不行於求。於種種行有所追求就是有爲性，而如來藏永遠離開一切法的追求，所以從來不會想要做什麼，也不會想要離什麼，祂是無爲性。可是無爲性中卻能出生無漏有爲法（不是有爲有作那個有爲法，而是說祂能夠實現一些事情，是你做不到的；而祂從來沒有任何的執著，這叫作無爲性），也能出生七識心等有漏性的有爲法。因此凡是會在六塵當中去做取捨的，那就是有漏有爲的心，都是七轉識所攝的妄心；如果落在這種有漏有爲的心裡面，那是求有爲法，不是眞實求法的人。所以維摩詰居士總結說：「舍利弗啊！如果是眞實求佛法的人，於一切法應該都無所求。」

諸位！你就反觀一下你的如來藏：你轉依了祂，你這個如來藏對一切法有沒有求過？那你就知道：原來我這個好朋友從來都對我無所求，可是我每天都有求於祂，祂也都不抱怨，從來不曾跟你求：「你今天讓我輕鬆一點兒好不好？」祂都不會，這才是眞正的求法，所以眞實求法的人，於一切法應無所求。當維摩詰菩薩說這法時，五百位天子在諸法中得法眼淨，就是在大乘法中見道了！這不是於世俗諦蘊處界中得法眼淨，而是於諸法繼續存在之中得法眼淨，所以這顯然不是聲聞法中的見道；因此這五百位天子就成爲菩薩了，不會再墮於二乘空法中，因爲他們已經知道了：「原來我們身中這個如來藏心才是眞實法。」已經知道諸法本來不生了。諸法表面上看來有生有滅，但其實若從如來藏來看，諸法都不生不滅，這就是大乘的見道。

【爾時長者維摩詰問文殊師利言：「仁者遊於無量千萬億阿僧祇國，何等佛土有好上妙功德成就師子之座？」文殊師利言：「居士！東方度三十六恒河沙國，有世界名須彌相，其佛號須彌燈王，今現在。彼佛身長八萬四千由旬，其師子座高八萬四千由旬，嚴飾第一。」於是長者維摩詰現神通力，即時彼佛遣三萬二千師子座，高廣嚴淨，來入維摩詰室。諸菩薩、大弟子、釋、梵、四天王等昔所未見，其室廣博悉皆包容三萬二千師子座，無所妨礙；於毘耶離城及閻浮提四天下亦不迫迮，悉見如故。爾時維摩詰語文殊師利：「就師子座！與諸菩薩上人俱坐，當自立身如彼座像。」其得神通菩薩即自變形為四萬二千由旬，坐師子座；諸新發意菩薩及大弟子，皆不能昇。】

講記：維摩詰菩薩說了以上的法，並沒用去多少時間，但是我們已經講解很久了，得要諸位一週又一週來聽。講到這裡，他想：談話有一會兒了，也該讓大家就座了。因為他把椅子雜物都移出去了，現在室內空無一物。而且舍利弗尊者也說：「大家來到這裡，是要坐哪裡？」所以維摩詰菩薩引生這段話來訓導舍利弗尊者，訓完之後也該讓大家就座了。所以就故意問文殊師利：「你啊！遊行過無量千萬億的無量無數佛國。」不止是無量千萬億佛國，是無量千萬億的無量無數佛國，「你應該最知道：什麼佛土中有最上妙功德成就的獅子座。」這有意思啊！不是由我維摩詰指定用什麼座位給諸位，而是由你們去選，不管你們選到哪裡的最上妙獅子座，我都能借來。他的意思就在這裡：顯現等覺菩薩的威德之力，使諸地及諸阿羅漢對諸佛起信。所以就讓文殊師利來說，看哪個佛土的獅子座最好，就把它借來。這就好像說：你們大家都問，不管什麼問題，我都爲你們公開回答。一般大法師可就不敢了，萬一被人問了卻答不出來，怎麼辦？他們都有壓力。

維摩詰居士就是沒有這個壓力，不管你知道哪裡有最好的，我反正都能借來。不必故意說明：我跟每一尊佛都有交情。文殊師利就說：「居士啊！往東方去，經過三十六個恆河沙數國。」糟糕啦！過一個恆河沙數就不曉得經過多少世界了，他說經過三十六個恆河沙數的世界，「那裡有個世界叫作須彌相，那世界的佛名爲須彌燈王佛，如今還在說法，須彌燈佛的身長有八萬四千由旬。」一由旬大約二十華里，二十華里大約是十公里，八萬四千個十公里就是八十四萬公里的身長；從台灣頭到台灣尾也不過四百公里，祂的身長竟有八十四萬公里。「祂有很多的師子座（獅子座），師子座直徑也一樣是八十四萬公里，而且裝飾得最莊嚴，十方世界中就屬祂的師子座最莊嚴。」條件開出來了，做不做得到？就看你維摩詰了！

這時候長者維摩詰就現神通力，向須彌燈王佛稟白說：「我需要三萬二千個獅子座，請您借給我。」這時須彌燈王佛知道了，就遣送三萬二千個獅子座來，眞的是又高又廣又莊嚴又清淨，進入維摩詰房間裡面來了。你想：那個房屋不過才多大？一個獅子座——不要說一個獅子座——連一個獅子座切下一角都塞不進去，結果全都放進去了。從這裡來看，顯然你若是剛才開悟的，當然做不到（雖然阿羅漢聽不懂你在說什麼，沒有開口的餘地，可是你仍然做不到這個事情），這顯然證明了一件事實：不可能第一次悟時就成佛啦！所以才會有大乘菩薩的五十二個修證階位與過程。三萬二千個獅子座都是八萬四千由旬那麼高廣，結果竟能送進維摩詰菩薩的房間裡面來；諸菩薩、十大弟子、釋提桓因、大梵天王以及四王天的四位天王，以前都沒有看過這麼高廣嚴淨的獅子座，也沒有看見過這麼小的一個房間竟然可以變這麼大，把三萬二千個八萬四千由旬高廣的獅子座，都容納進來而沒有妨礙。這時對於毘耶離城以及閻浮提四天下也都沒有迫迮，都沒有互相擠壓的狀況，全部也都看得見，毘耶離城也還是存在不壞啊！沒有被這三萬二千個高廣的獅子座壓扁，四天下也沒有被擠壓到。

這時維摩詰菩薩就向文殊師利說：「上師子座吧！跟所有的菩薩上人一起都

坐上去！但坐上去之前，你要變化自己的身量如同那個師子座一樣高廣嚴淨。」換句話說，你得要變成四萬二千由旬的身量才能坐，不然怎麼坐得上去？就算你有神通，以眼前這個身量坐上去，就像一顆灰塵在桌子上一樣，大眾都看不見你。這時，已得大神通的菩薩就變形為四萬二千由旬（佛才可以是八萬四千由旬），坐到獅子座上去了。可是新發意菩薩（就像正覺海會中剛才開悟的你們一樣，叫作新發意菩薩），可就沒有辦法坐上去了！因為你還沒有修練神通，變不了。十大弟子也一樣變不上去，即使是目犍連，也沒辦法變到四萬二千由旬。到這時當然還有下文，再來看下文怎麼說吧：

【爾時維摩詰語舍利弗：「就師子座！」舍利弗言：「居士！此座高廣，吾不能昇。」維摩詰言：「唯！舍利弗！為須彌燈王如來作禮，乃可得坐。」於是新發意菩薩及諸大弟子，即為須彌燈王如來作禮，便得坐師子座。舍利弗言：「居士！未曾有也！如是小室乃容受此高廣之座，於毘耶離城無所妨礙；又於閻浮提聚落、城邑及四天下諸天、龍王、鬼神宮殿，亦不迫迮。」維摩詰言：「唯！舍利弗！諸佛菩薩有解脫，名不可思議；若菩薩住是解脫者，以須彌之高廣內芥子中，無所增減，須彌山王本相如故；而四天王、忉利諸天不覺不知己之所入，唯應度者乃見須彌入芥子中，是名不可思議解脫法門。又以四大海水入一毛孔，不嬈魚鱉黿鼉水性之屬；而彼大海本相如故，諸龍、鬼神、阿修羅等不覺不知己之所入，於此衆生亦無所嬈。又舍利弗！住不可思議解脫菩薩，斷取三千大千世界如陶家輪，著右掌中，擲過恒河沙世界之外，其中衆生不覺不知己之所往；又復還置本處，都不使人有往來想，而此世界本相如故。又舍利弗！或有衆生樂久住世而可度者，菩薩即演七日以爲一劫，令彼衆生謂之一劫；或有衆生不樂久住而可度者，菩薩即促一劫以爲七日，令彼衆生謂之七日。又舍利弗！住不可思議解脫菩薩，以一切佛土嚴飾之事，集在一國示於衆生。又菩薩以一佛土衆生置之右掌，飛到十方遍示一切而不動本處。又舍利弗！十方衆生供養諸佛之具，菩薩於一毛孔皆令得見；又十方國土所有日月星宿，於菩薩一毛孔普使見之。又舍利弗！十方世界所有諸風，菩薩悉能吸著口中而身無損，外諸樹木亦不摧折；又十方世界劫盡燒時，以一切火內於腹中，火事如故而不爲害；又於下方過恒河沙等諸佛世界取一佛土，舉著上方過恒河沙無數世界，如持鍼鋒舉一棗葉而無所嬈。又舍利弗！住不可思議解脫菩薩，能以神通現作佛身，或現辟支佛身，或現聲聞身，或現帝釋身，或現梵王身，或現世主身，或現轉輪王身。又十方世界所有衆聲，上中下音皆能變之令作佛聲，演出無常、苦、空、無我之音及十方諸佛所說種種之法，皆於其中普令得聞。舍利弗！我今略說菩薩不可思議解脫之力，若廣說者窮劫不盡。」】

講記：獅子座已經借來了，維摩詰菩薩就向舍利弗尊者說：「請上去師子座安坐吧！」諸大弟子們都沒辦法坐上去，舍利弗就說：「居士啊！這個師子座又高又廣，我坐不上去啊！」維摩詰菩薩就教他：「喂！舍利弗！你只要向須彌燈王如來禮拜，就可以坐上去了。」這些大弟子們及剛悟的菩薩們聽了，就趕快向須彌燈王如來的方向頂禮，頂禮以後就已坐在獅子座上了，這還是佛力加持。舍利弗就說：「居士啊！從來都沒有看過這個現象，你一個小小的房間竟然可以容納、接受這麼多高廣的師子座，可是卻又對毘耶離城沒有任何的妨礙；而且也沒有擠壓到我們閻浮提洲所有的聚落、城市、鄉邑；甚至四天下的諸天、龍王、鬼神宮殿都沒有被擠壓到，這眞的不曾有啊！」他沒有看過，換了我們也是沒看過。

這時維摩詰菩薩就說：「喂！舍利弗啊！諸佛菩薩有解脫，這個解脫叫作不可思議的解脫。」換句話說，二乘人的解脫是可思議的。諸位！你們悟了如來藏，這個如來藏的解脫是二乘人不能思議的，但是你們互相之間仍然可以思議；可是諸佛菩薩這種解脫，卻是連你們都無法思議的。

「如果菩薩是已經住在這種不可思議解脫中，他可以把又高又廣的須彌山放進一個芥子裡面」，芥菜的種子是非常微細的，能把那麼高廣的須彌山容納於芥子當中，「但須彌山沒有減，芥子也沒有增，而須彌山王的本相仍然還是與原來的狀況一樣；住在須彌山腰的四王天所有眾生、住在須彌山頂的忉利諸天眾生，他們也都不知道自己被移進芥子裡去了，都沒有感覺到。只有應該被度到這種不可思議解脫境界中的菩薩們，才會看見須彌山被放進芥子裡面了，這叫作不可思議解脫的法門。而且菩薩還能把四大海水放進一毛孔中，不會擾亂到四大海水中的魚鱉及大鱉大龜等水性一類的眾生。而那個大海的本性仍然還是跟以前一樣，海中的龍、鬼神、阿修羅還是不知道自己已經被放入菩薩毛孔中了，對這些眾生根本就沒有任何的擾亂。」

這種不可思議解脫的境界，我們大家就想像吧！因爲這個境界離我們畢竟是太遠了。但不可因爲我們做不到，就說這是瞎掰的神話。就好像那些不信有如來藏的人，他們說：「如來藏是虛設的，實際上沒有如來藏。你們正覺說有如來藏，又說可以親證，都只是籠罩我們罷了！」他們不信有如來藏，也不信可以實證，就說是我們自己編造出來籠罩他們的；但他們否定了，並不等於沒有，如今諸位已經親證了，可以確認是實有而可證的。同樣的道理，這種境界我們不知道，但不可因爲不知道就否定祂，我們就暫且把祂留著，當作將來自己也可以實證。如果將來確定沒有這種不可思議境界，我們也沒有損失；因爲我們未來總會證得，將來總會成佛，成佛時不就證得了嗎？所以寧可信祂有，不要隨便誹謗祂無。

接著 維摩詰菩薩又說：「另外，舍利弗啊！住在這種不可思議解脫境界中的菩薩，可以把一個三千大千世界從別處虛空中斷取過來，就好像玩陶家輪一樣，」陶家輪可以用來把多餘的泥土除掉，當輪子快速運轉時，手卻不必有什麼大動作，只是這樣捏著捏著、摸著摸著，就把一部分土拿掉了。同樣的道理，「這種不可思議解脫境界中的菩薩，能這樣斷取三千大千世界，就好像從陶家輪上用手摸一摸，就可以斷取一團泥土；等覺菩薩也一樣，這麼一把就將很遠的某個三千大千世界拿過來，丟過恆河沙世界之外。可是這被移動到另一個處所的三千大千世界裡面的眾生，根本不知道自己被移到別的地方去了。」

這也容易理解，譬如說有一隻螞蟻，牠住在一堆食物裡，那個食物你如果輕輕的把它拿到別的地方，牠也不知道被移動了；如果是講那個食物中的細菌，細菌更不會知道。你身中有許多共生的細菌，你從家裡來到這裡，牠們都不知道。我們就像細菌一般住在這個三千大千世界裡面，如果這個不可思議解脫菩薩把這個世界拿到別的地方去，我們也不會知道。所以說「其中衆生不覺不知己之所往」；「然後再把它拿回來放到原處，都不會使這世界中的眾生知道有去往、有回來；而這個世界仍然還是原來的樣子，並沒有變動。」

維摩詰菩薩又說：「舍利弗啊！假使有的眾生喜歡長久住在世間，」其實他不必很久就可以得度，他只要七天就可以得度，但他總是想：「若要開悟，一定是要很多劫、很多劫，不可能幾天就悟了。」有些眾生這麼想，這是哪一類的人呢？他知道可以開悟，可是他認為開悟是要很久、很久的，不信短時間內可以開悟。就像我們以前《念佛三昧修學次第》即將要出版時，有位法師找張老師一起來見我，聲稱是要請法，所以我接見了他；但他的目的原來只是要遊說我不要出版，因為書中講到虛空粉碎、大地落沉不是開悟，這會影響到他的師父。但是因為我沒有承諾，所以他就這樣說：「你們講：半年就明心了，一年就見性了。」因為我們當初都是這樣，半年明心、一年見性；可惜有一大部分退轉掉了，奉送的都沒用。他說：「這個我不相信，我認為努力精修三十年後只要能明心就夠好了。」張老師好慈悲，那時候也還沒有成立同修會，也沒有施設規矩，她就出手一個機鋒，準備要給他，想幫他明心；我當時一個手刀就砍下去了（直接反應就砍下去，跟一千年前我師父克勤大師一樣），我一掌就砍下來說：「還早咧！」（千年前，我是要對我的師兄——這一世的師父——給他一個機鋒，證明確實是可以開悟的，那時我的手剛動，還沒使出去，我師父手刀就砍下來說：「還早咧！」）我那天也是一樣，一個直覺出來就搶在張老師之前，一個手刀砍了下去：「還早咧！」然後我就對那位法師說：「好！那你就三十年開悟吧！」所以他如果真的要開悟，最快也要二十七年，快不過二十七年。他希望三十年後開悟，我就爲他記三十年，那他最快就是二十七年，不可能超前。

這表示他認爲：一定要在世間很多世很多世，不斷的修下去，然後才可能開悟；今世若是參禪三十年可以眞的悟了，也就值得了。他不知道開悟只是一念相應而已，一刹那間就解決了。遇到這樣的人，表示說他有福德，世間智慧也不錯，就只是知見被人教錯了。這時菩薩該怎麼辦呢？「就把七日拉長爲一劫」，其實他七天就可以開悟了，打一個禪七就能解決了。可是他想：要很久才有可能開悟，七天就可以悟的法一定是假的。所以「就讓他對這七天感覺到是過了一大劫，這樣讓他悟了就不會退轉。」這就好像說，將來彌勒菩薩晚上出家，夜半就成佛了，那時大家都會信受；如果釋迦佛沒有修六年苦行給大家看，就說開悟成佛了，大家不會相信的，因爲現在的眾生總是認爲：沒有經過苦行是不可能悟的。好嘛！既然這樣，我就示現六年苦行給你們看。六年當中入定，每天不吃東西，一入定就是一個月；一個月後出定時，一看頭上被鳥做巢了，巢裡面還有雛鳥呢！那時就不許動了，否則母鳥就不敢來餵牠們了；只好再入定去，等那些小鳥被餵大了、會飛了，再出定；這樣子苦行而成佛，眾生就會信受。這個世界眾生就是這樣，所以有的菩薩有福德、有智慧，但知見錯了，大菩薩就要幫他把七天弄得好像一大劫一樣久，讓他心想：「我參禪已經過了一大劫了，應該悟了。」終於認定自己可以開悟，這時候才幫他悟，所以「**演七日以爲一劫，令彼眾生謂之爲一劫**」。這樣幫他悟了，就可以接受。如果讓他七天悟了，他會說：「這樣就開悟了，太容易了！哪有可能？」就退轉了，這就是根性的問題。

有時因爲某些眾生根性較爲遲鈍，卻有大福德，是久修以後可以被度而證悟實相的，或者可以取證涅槃的，但是他不耐煩在人間久住才取證佛道，所以菩薩就把很長的一劫時間縮短爲七天，讓他誤以爲這整整一劫的時間只有七天。這就是說：有的菩薩或者聲聞人有大福德，知見也是正確的，知道不論是聲聞菩提、緣覺菩提或者佛菩提，都一定是可證的，但是不太耐煩修行很久，他們希望很快的就能夠成佛，或者很快就證得阿羅漢果。但是其實沒有速成班，因爲成佛所證的是一切種智，它不是短時間所能證的。光說想要眼見佛性就好，這個做看話頭的功夫，很精進用功至少也要半年，假使不太精進用功的話，這看話頭的功夫至少也得要三年、四年，更何況他沒有慧力與大福德，也是不可能看得見的。所以七天之內根本是不可能的事，因此他必須要以一劫的時間來取證聲聞阿羅漢果、或者取證大乘通教菩薩的阿羅漢果。這時菩薩就以他的大神通，把整整一劫讓他感覺到只有七天，這樣一來，他就眞的可以取證解脫果。

但是除了解脫果以外，佛菩提果的究竟果是不可能在短短一劫中完成的，因爲太深妙、太廣大了；不說佛菩提的究竟果，光說菩薩初地滿心做猶如鏡像的現觀，或者二地滿心所做的猶如光影的現觀，都不是短短三、四十天就可以完成的，每一個現觀都是要兩個多月不斷的思惟後入定觀察實行；如果沒有禪定的功夫，一定還要更長，所以不可能七天就完成的；何況想要做這種現觀時，還得要許多條件的配合。因此如果他不樂於久住，可是他有得度的因緣，等覺菩薩就以他的功德，把一個大劫的時間縮短，讓學人感覺到只有七天，其實仍是整整一個大劫。所以有些經典，像《華嚴》或北傳本的《大般涅槃經》，你光是閱讀就得要讀上十五天、一個月，但卻只是 佛陀臨入涅槃時講的，才不過兩、三個小時，可是爲什麼講得完？祂就是能夠這樣，讓你覺得是在這麼長的時間裡講完的。但其實那是 佛的大神通力，把整個時間做一個很快速的過程，可是你不覺得它很快，你覺得是正常的時間在過去。祂是把它變化成看起來是很短的兩、三個鐘頭，其實是很長的時間，因爲祂把它壓縮了，好像現在電腦資料可以壓縮一樣；這樣加持了大家的聞法能力而在短時間內以很快的速度聽完了，這就是等覺菩薩所有的功德，就是**促一劫以爲七天**。

接著舍利弗又被 維摩詰菩薩呼喚了一次說：「舍利弗啊！住在這種不可思議解脫境界的菩薩，能以一切佛土莊嚴的裝飾，都集合在一個佛國之中來示現給眾生看見。」這種事相是屬於無漏有爲法的功德，這不是六地、八地菩薩做得到的，這是等覺菩薩才能做到。所以集一切佛土裝飾莊嚴之事於一個國土中，來示現給眾生親眼看見，以這種大功德來發起眾生對佛菩提的大信心。而且不可思議解脫的等覺菩薩們，他們也能以一個佛土（也就是一個三千大千的佛世界），連同裡面的眾生都放在右掌之中，飛到十方一切世界普遍去示現，可是其中的眾生並不覺得他們有被移動，這種功德力也是我們無法想像的。就譬如說一個花盆上面有許多的微生物細菌，你把它從台北送到台南去，那裡面的細菌也不知道牠們被移動。同樣的道理，因爲我們在三千大千世界裡面太渺小，附著力也很強，所以根本不知道自己被移動了，這是同樣的道理。

維摩詰菩薩又說：「舍利弗啊！十方眾生用來供養諸佛的種種供養具，不論有多少種類，菩薩都能夠在他的一個毛孔裡面顯現出來，讓眾生可以看見。」這也不是我所能想像的，所以這個地方我是無法發揮的，因爲我沒有親證這種境界；如果想像而去發揮，可能哪一天有個等覺菩薩來，可要罵我：「你怎麼亂講一通！」所以這個地方我們就依文解義，得要遵從孔老夫子講的：「知之爲知之，不知爲不知。」這才是有智慧的人。接下來又說：「十方國土所有的日月星宿，也能夠在菩薩的一毛孔中普令眾生看見。舍利弗啊！十方世界的所有風，大菩薩也能夠把它吸進口中，而他的色身並不會脹破、沒有損害，身外的樹木也不會因此被摧折。而且十方世界住劫已經完了，進入壞劫了，這時候從一個太陽、兩個太陽、一直到七個太陽出現焚燒一切的時候，菩薩把劫火全部收納在他的肚子裡面，那一些大火繼續在燒而害不了菩薩。」這樣講可能太抽象了，我們無法想像，但不能因爲自己不能親自證實就去否定它，不該像某些人證不到如來藏就乾脆否定祂。我們不學那種愚癡的行爲，但我們可以舉個例來說。

譬如經中說，法身佛毘盧遮那的身量無邊廣大，這個是講祂的自受用自性法身。如何廣大呢？我們先從地球說起，我們地球以光的速度從台北出發，繞地球七圈半，那時落地應該是在美國再過去一些，這樣是光的速度跑一秒鐘。可是從我們這個地球穿過我們這一個三千大千世界的中央（因爲我們是在邊邊）到達另外一邊的邊緣，以光的速度要跑十萬年，諸位想想看：我們這個娑婆世界是多大？可是這個很大的娑婆世界，在華藏世界海裡面的第十三層中，只是很細的一點，幾乎看不見。

華藏世界海是一個倒三角形，我們是由下往上算到第十三層；第十三層中有無量無邊的三千大千世界，我們的三千大千世界在這第十三層中只是很細的、幾乎看不見的一點；那個世界海有這麼大，所以我們這個世界在其中，不容易被看見。極樂世界也在同一層，距離我們多遠？十萬億個佛土之遠。那你想極樂世界也是幾乎看不見的，我們娑婆世界一樣幾乎看不見。這樣大的華藏世界海，只是一個法身佛的化土，而毘盧遮那是以這個華藏世界海做祂的蓮花座，這個華藏世界海跟祂的身量是一樣的，如果祂要把其中一個世界拿到另一個地方去，那有什麼困難？這樣說明，諸位就容易懂了。

虛空中是不是有很多的三千大千世界？以前的人是不信的，不管一神教或佛教徒。古時一般佛教徒嘴裡信、心中不信：「哪有可能這樣？如何想像？」現在太空望遠鏡就已經拍攝一部分出來了：好多的星雲漩系。一個星雲漩系，就是一個三千大千世界。可是科學家、天文學家說：「還有好多星雲漩系，是我們目前的科技所無法看見的。」所以前面所說的這些等覺菩薩的境界，諸位想一想，那就知道是可能的；只是我們不可能，不是人家不可能。維摩詰菩薩又說：「又於下方過恆河沙等諸佛世界取一個佛土，」就是取一個三千大千世界，「把它拿來上方超過恆河沙數的無數世界中安置；就像用一根很細的針把一片棗葉刺著拿起來，那些螞蟻不會被你干擾到，牠還是繼續在棗葉上過牠的生活而無所嬈，被移置的三千大千世界中的眾生就像這樣的無所覺知而無所嬈。」對被移置的三千大千世界中的眾生而言，他們不會感覺到被移動了，這是等覺菩薩的威德力。

「舍利弗啊！住在這種不可思議解脫境界中的菩薩，能夠以大神通，有時顯現已成佛的佛身，有時顯現爲辟支佛身，有時顯現爲聲聞身，有時示現爲釋提桓因」，就是玉皇上帝，「有時又示現爲梵王之身」，就是初禪天的大梵天王，「有時示現爲世主」，世主就是講四王天的四大天王，因爲他們是護世之主，他們專門救護世間，「有時示現爲人間的轉輪王身」。以上是諸位應該很熟悉的一段經文，《法華經》中的〈普門品〉大家都讀過了，這就是等覺菩薩的化現。我們能不能現呢？也能現，但不具足。譬如這一世示現出家專修解脫道、示現聲聞身，也許下一世又再換作緣覺身，但是都不入無餘涅槃，下下世又換作菩薩身來講菩薩法，這也是可以的；如果要現帝釋身、梵王身、世主身、轉輪王身，也可以。如果你眞的證悟了，也有禪定的實證，你願意去得這種異熟果報，那是可以的，就看你條件具足不具足。

如果你已經初禪善根發，是遍身發，而且具足不退，慈無量心也修好了，正好沒有菩薩要去當大梵天王，在當時其他人的初禪又都不如你，你就有資格去當某一處初禪天的大梵天王；如果有更高層次的菩薩要去當，那你就沒資格了，因爲上位菩薩優先。諸地菩薩一定是優先的，但他們都會降格。譬如高層次的大學教授，願意降格來當高級中學老師；其他準備來高級中學任教的新老師就得讓他。

所以其實諸位也能示現，不過你是一世一世去投胎；但等覺菩薩是隨時可以化現，這就是我們與等覺菩薩在無漏有爲法上的功德差異所在。

接著又說：「十方世界所有的一切聲音，等覺菩薩們不管是上音、中音、下音，都能把它變成佛的聲音，用上妙音來演出。」演就是加以解說，變成無量的語言文字，也就是演變而增加的意思。演出什麼呢？「演出無常、苦、空、無我的法音，以及十方諸佛所說的種種法，讓眾生普遍聽到。」這就像極樂世界，除了上品上生和中品上生以外，生到極樂世界去都是住在蓮苞裡面，八功德水循著蓮花的莖葉上上下下，就產生了說法的聲音，爲蓮苞裡面的人宣講四聖諦、八正道、六波羅蜜、三十七道品等等。接著 維摩詰菩薩說：「舍利弗啊！我現在是大略的說明等覺菩薩們不可思議解脱的功德力，如果要廣説的話，整整一劫來講也是講不完的。」這就是爲了讓那些跟隨 文殊菩薩和十大聲聞來向他看病的菩薩與聲聞聖人，能夠因此發起對佛菩提的愛樂心與大信心，接引他們迴小向大。

【是時大迦葉聞說菩薩不可思議解脱法門，歎未曾有，謂舍利弗：「譬如有人於盲者前現衆色像，非彼所見；一切聲聞、聞是不可思議解脱法門，不能解了爲若此也；智者聞是，其誰不發阿耨多羅三藐三菩提心？我等何爲永絕其根於此大乘、已如敗種？一切聲聞、聞是不可思議解脫法門，皆應號泣，聲震三千大千世界；一切菩薩應大欣慶，頂受此法；若有菩薩信解不可思議解脫法門者，一切魔衆無如之何。」大迦葉說是語時，三萬二千天子皆發阿耨多羅三藐三菩提心。】

講記：果然有了效果，許多人愛樂大乘而發起修學佛菩提的心性了，大迦葉尊者終於愛樂大乘而願意修學大乘法了；這位大迦葉，是聲聞聖人中的頭陀行第一；乃至年老了，佛說：「你年紀這麼大了，可以接受居士們好衣服、好房舍、好食物、好藥的供養。」他說：「我不要這些享受，我行頭陀行，很快樂。」「爲什麼呢？」「因爲如果我放棄了頭陀行，未來末世人家會說：『你看大迦葉都放棄頭陀行了，晚年也開始享受了，那我們當然也可以學大迦葉，何必行頭陀行？大家都來蓋大寺廟、穿好衣服、吃好食物、用最好的藥。』那麼佛教不就要提前滅了嗎？」佛聽他一說，覺得也有道理：「那你就繼續行頭陀行吧。」所以沒有勉強他，這就是大迦葉阿羅漢。

他現在聽維摩詰菩薩說了這個不可思議的解脫法門，感歎說：「啊！眞是不曾聽聞過的妙法！」於是就向舍利弗講（他不好意思向菩薩講，因爲菩薩已經發大心了)，於是他向還沒有發大心的舍利弗說：「就好比有一個人，他在一個盲人眼前示現很多種的神妙色像出來，但這些很神妙的、殊勝的色像，都不是那個盲人所能看得見。同樣的道理，一切的聲聞人」，就是專修解脫道的二乘人，他們是自了漢的想法：「我們這些聲聞人聽聞到這種不可思議解脫的大菩薩法門，竟然不瞭解到這個地步！有智慧的人聽到維摩詰菩薩這樣開示時，有哪一個人不發起無上正等正覺之心呢？我們這些聲聞人爲什麼會永絕於菩薩的根性，在這個大乘法中已經如同是毀壞了菩薩種性一樣呢？一切聲聞人聽聞到這種不可思議解脫的法門時都應該要大聲的哭泣，聲音應該要大到能夠震動三千大千世界。一切的菩薩也應該用非常欣喜歡慶的心情，以頭頂禮敬而接受這種不可思議解脫法門。如果有菩薩能相信而且理解這種不可思議解脫法門，一切魔眾其實都是無法奈何他的。」

這句「**一切魔衆無如之何**」，後面還有下文，會再說明。這「一切魔眾無如之何」的事情，是不必到等覺位的，只要入了地，從初地開始，一切魔眾就無可奈何了，這在後面還會再說到。大迦葉尊者說這些話時，跟隨而來的三萬二千位天子一聽：「啊！聲聞極果的大迦葉與舍利弗尚且如此讚歎大乘，自鄙小乘的低劣，那我們爲什麼要那麼傻，還跟他們學聲聞法啊？」聽到大迦葉這麼說，大家都發起無上正等正覺之心，都開始修學大乘菩提了。

【爾時維摩詰語大迦葉：「仁者！十方無量阿僧祇世界中作魔王者，多是住不可思議解脫菩薩，以方便力故，教化衆生、現作魔王。又迦葉！十方無量菩薩，或有人從乞手足耳鼻頭目髓腦血肉皮骨、聚落城邑、妻子奴婢、象馬車乘、金銀琉璃車磲瑪瑙珊瑚琥珀眞珠珂貝、衣服飲食，如此乞者多是住不可思議解脫菩薩，以方便力而往試之，令其堅固。所以者何？住不可思議解脫菩薩，有威德力故、現行逼迫，示諸衆生如是難事；凡夫下劣，無有力勢，不能如是逼迫菩薩，譬如龍象蹴踏非驢所堪，是名住不可思議解脫菩薩智慧方便之門。」】

講記：這一段經文是要我們大家瞭解：魔王不全是惡劣的。意思是說：菩薩的示現是多樣化的，所以菩薩不會只有一種，有時甚至示現爲魔王。一般人想像的菩薩，大概就是像觀世音菩薩那樣慈眉善目、猶如慈母般的呵護我們。但菩薩不一定是這樣，會有很多種不同的示現；有時對不可救治的惡劣眾生，既然一定要救治他，就要作不同的示現；所以大慈大悲廣大靈感千手千眼觀世音菩薩，祂背面的第十一面，是顯現憤怒金剛之相；不管多麼惡劣的羅剎、惡鬼，都要被收伏而去惡修善，也就得救了。所以菩薩是多樣化的，愚癡人總是誤以爲學佛當菩薩了就該被無理欺負，就只能忍氣吞聲，不許與人論辯是非，都是錯誤的想法；菩薩可以不計較世俗利益，但爲救護學人，法理卻一定要辨正清楚，不許打混。不但如此，有時大菩薩還示現作魔王，這一段講的就是這個道理。

這時 維摩詰向大迦葉說：「仁者啊！在十方無量無邊不可數的世界中作魔王的那些人，其實大部分是住在不可思議解脫境界中的大菩薩，他們以方便力的緣故來教化眾生，故意示現作魔王。」諸位想想：假使我們不是一直有人來挑戰、來推翻，回應了之後才寫出這些更深妙的書來，佛教界會像今天這樣承認我們是正法嗎？不可能的。所以，越是有人挑戰，挑戰的人層次越高，才會越發的顯示出你的法是勝妙的。早期來挑戰的都是會外一些沒有悟的人，兩年多前（2003年初）挑戰我們的，是會中已經證得阿賴耶識的人，結果還是否定不了阿賴耶識的眞如法性。這樣才能使眾生想到說：「即使是曾經證悟的人都否定不了，我們沒悟的人更無力否定了。」如今已造成這個效果。而這個演變是他們開始挑戰當時我就看見了的，所以當時很多人覺得很沮喪：「爲什麼他們證悟了，竟然還會來否定？我們想要不洩漏密意，又要證明阿賴耶識心體的眞實，那該怎麼做？」我說：「這個事情還不簡單？很容易啊！」所以我用一整天再加上一夜（兩夜及一個白天），寫出局部的《八、九識並存的過失》，後來陸陸續續幾本書出版，更加證明法義的對與錯，這樣總算被佛教界普遍承認是正法，至少現在沒有人敢來否定阿賴耶識了。

同樣的道理，如果佛弟子們一天到晚講：「我們的佛多有智慧、多有能力、功德多大。」外道聽了總是評論說：老王賣瓜，自賣自誇。可是如果有個威力很大的魔王出來，誰都奈何不了他，結果卻被 佛收伏了，這樣就襯托出 佛的智慧及威德力的不可思議，眾生反而更容易信受。這就像 文殊菩薩仗劍逼佛一樣，其實 文殊的仗劍逼佛與魔王的逼迫諸佛，都是在演一場戲給眾生看；只是演得太逼眞了，連一點點的破綻都沒有，眾生就不覺得那是在演戲，就信受 佛了。所以凡是十方世界中示現作魔王來逼迫諸佛的，大多是不可思議解脫的菩薩用方便力來示現：先示現魔王的廣大威德力，收伏所有的人，然後他又被佛收伏了。文殊菩薩仗劍逼佛，其實也是 佛授意給他的；菩薩哪有膽量來逼諸佛？縱使集合十方世界所有等覺菩薩，聯合起來也不敢來逼迫一尊佛，爲什麼 文殊只有自己一人竟然敢這樣做？當然是 釋迦佛授意的，只是合演一場無生戲給下層次的菩薩們看，然後就演說出一場佛法來，這樣大家的證量就提升了，這同樣是一種示現。

十方不可思議解脫的無量菩薩，有時故意示現作貪婪、瞋心很重的人，有時故意去向一位最後身菩薩要求布施：「你給我一條胳膊」、「你給我一條腿」、或者「你給我眼睛、你給我鼻子。」都來要，試鍊祂。有時某一尊佛在成佛之前遇到很多菩薩化現爲魔來，一個一個來向祂要內財；全身都向祂要盡了，可是每一位化現的魔王，卻都很奇怪的說：「你的兩顆眼珠子已經送給我了，我現在要去遠地，暫時不用，等我回來時再跟你要。你不許再送給別人，因爲你已經答應送給我了。」那最後身菩薩只好把眼睛留在眼眶裡面，不許再布施給別人。然後大菩薩所化現的魔王又化現爲另一個人來要一條胳膊，也不是現在要用，又寄存在祂身上。有些大菩薩們一次又一次化現爲不同的眾生來要，整個全身都要盡了，使最後身菩薩不能再布施內財了，因爲全身都布施出去了；至於什麼時候人家會來要去用？不知道。但是目前得要好好爲求者保管著，不許毀壞。這就是大菩薩們先巧設方便，把最後身菩薩的全身上下都要定了，並且都寄存著、不許毀壞，那就沒有人可以再來要了，最後身菩薩就可以用這個色身來成就佛道而度眾生。不論成佛前、成佛後都一樣，有誰要來要內財，就得要布施，不許拒絕；可是爲了佛法的弘傳，不許讓佛瞎了兩眼，不許讓祂缺了一條腿；所以菩薩們就先設想好，把佛身完整的保存在人間，所以說這些都是大菩薩們的示現。

有時在即將成佛的前一世，大菩薩甚至化現爲外道來向即將成佛的等覺菩薩要求：「你的嬌妻、子女都送給我，奴婢也送給我。」全部都要盡了，讓祂把最後一分我所執著的習氣消除掉；祂也眞的能捨，才能成爲最後身菩薩，到達妙覺位。所以妳們女眾如果情執比較重的話，不要嫁到即將要成佛的最後身菩薩，不然什麼時候祂把妳布施出去，妳都不知道。如果眞的被布施出去了，妳也不必難過，應該高興，因爲妳的層次也一定是已經很高了，才能當祂的妻子；而祂即將成佛了，下一世妳來當祂的徒弟，可就不得了了。所以諸位要建立一個觀念（這是我從小時候，不知道從哪裡冒出來的觀念）：凡是一件事情都是兩面的，當你這一面失去時一定有另一面是得到的，但你現在並不知道得到了什麼。我當小孩子時就有這個觀念，也沒有人教，不曉得這觀念是怎麼來的。佛道走到今天，我發覺事實上確實如此，得時是另一邊失去了，失時是另一邊得到，只是你沒有發覺到而已。

這些大菩薩們常常在十方世界示現作魔王，他們要求一切布施，把一個即將成佛的大菩薩的所有色身、乃至祂所有的一切都要盡了，看來是很貪婪。即將成佛的菩薩給你眼睛，給你手足，全部都給你了；最後要妻、要子，也都給；要奴婢，也給；象馬車乘全部都給了，全部都給光了。你看這個來求布施的人夠不夠貪婪？太貪婪了！但是菩薩還得要能捨，不能夠起一個念說：「這個人這麼貪婪！把我所有的都要去了。」不能這樣想。若有這樣想，表示距離最後身菩薩位還早著呢！可是等覺菩薩能夠這樣示現很貪婪的模樣，不管人家怎麼罵，祂就是照樣要，這大多是住在不可思議解脫境界中的菩薩，故意用方便力去試驗即將成佛的等覺菩薩，目的是使祂的道心更加的堅固。這是因爲住在不可思議解脫的菩薩境界中，他們有這種威德力的緣故，才能夠示現這種逼迫最後身菩薩的行爲出來，這就是讓即將成佛的大菩薩示現給眾生看，說祂能夠做這種難行而能行之事，值得一切眾生尊敬。

能做這種逼迫行爲的人，如果是凡夫，或者他的威德力還很低下、不殊勝、勢力不強，就沒有辦法來逼迫最後身菩薩。諸地菩薩跟凡夫所見不同，你們可能不瞭解；凡夫見了諸地菩薩，會覺得：他不過是個凡夫肉胎。但是我告訴你：初地菩薩見到二地菩薩，他就會發覺自己的威德遠不如對方。如果是八地菩薩看見九地菩薩，他也會發覺：自己的威德力遠不如對方。只差一地就不得了，他們會感覺到那個威德；但凡夫不知道，賢位中的菩薩也有很多人是感應不到的。所以凡夫看見等覺菩薩時，他會想：「他還不是跟我一樣，冷了要穿衣服，肚子餓了要吃飯。」凡夫是這樣想的，他們感覺不到等覺菩薩的威德力。所以，你如果教三地、五地菩薩去逼迫六地菩薩，就已經做不到了；只有凡夫或距離入地還有一段路程的賢位菩薩，才敢不自量力的逼迫或侮辱諸地菩薩，但都不會成功。所以實際上只有等覺菩薩藉著因緣的需要而示現，才能逼迫即將成佛的妙覺菩薩，而即將成佛的妙覺菩薩遇到這種情況時，其實也是了然於心：「這是來幫助我成佛的。」所以，他的威德雖然比來試驗的菩薩更大，但不會生起任何一念的懷疑或不悅。

這就是說，這件事情不是一般的菩薩所能做的，三地、八地菩薩都還是做不了的，這要等覺菩薩才能做；因爲做這種事情，必須威德力很大，才能化現爲魔王來試驗妙覺菩薩。就好像龍或者大象，牠們一頓腳的力量不是驢子在旁邊亂踩所能比擬的；驢子再踩上一百腳、一千腳，也顯現不出大象或者大龍那一腳的大威力；因此這只有等覺菩薩才能做得到，這就是住於不可思議解脫菩薩的智慧方便之門；這不單是智慧力，還得要有方便力，否則是做不到的。

所以說，光有智慧而無大威德力，在度眾生時會做得很辛苦；如果有七地的方便力，你把善巧波羅蜜都修學完成了，這時候進入八地心，於相於土自在，眾生才會全部服你。今天假使說你已經三地滿心了，有五神通了，譬如說你想要度印順法師（假設他還沒死），你想：「他不信受正法，不信我，我就每天晚上去對他託夢、去爲他開示，看他信不信？」我告訴你：你爲他講上一個月，他也不會信，除非你能夠於相於土自在。你說：「印老！你這個病體老是不好，我幫你加持，讓你健康快樂，一生舉步如飛。」你有正確的佛法證量，又這麼爲他加持一下，他身體馬上就好了；雖然他現在也許口中還是說不相信，但身體隨即變好了，他就一定會信你。否則的話，你說你有什麼五神通，每天晚上託夢爲他開示，一個月、五個月下來，他還是不信的。

這就是有方便力跟沒有方便力的差別所在，而這個世界的眾生就吃這一套；眞能夠信受智慧的眾生是很少的，大多數是俗人而不是學人；學人喜歡智慧，俗人喜歡世間法。你若想要度俗人學佛，只要示現神通力就夠了；你如果能每天發掛號牌，一天發一千個號碼；每個人照順序進來讓你摸一摸，不論什麼奇難雜症，病都好了！但是你施設的條件是：你要來學佛。那你把整棟大樓買下來，那個空間還是不夠用，一定門庭若市。所以有方便力跟沒有方便力，這兩者的差異是相當大的，這與純一清淨佛土的世界是不一樣的，與天界也不一樣。天界的天人卻不吃這一套，在天界只看你有沒有大智慧、大福德，十方清淨佛土世界也是看你有沒有智慧，不看有爲法；但是我們這個五濁世界的眾生，就是要用這世俗法。所以這種方便力一定是要修的，但那是七地後的事；而修學五神通，在大乘法中則是三地即將滿心前才修的。做這種不可思議大力逼迫的事情，不是我們所能做的，那是等覺菩薩們的事情。我們雖然做不到，可以把它列爲未來的目標，把它放得高高的，我們未來無量世以後也要到那個層次去，這樣才是一個大心的菩薩，不要老是看輕自己。諸位以前來同修會之前是想：學學看吧！開悟大概是沒什麼希望。後來學到兩年半下來，話頭也會看了：「嗯！只差一念相應。」什麼時候會找到如來藏而證眞如？雖然還不知道何時會一念相應，但是已經有信心了；後來悟了加以檢查：「還眞的是可以開悟哩！」悟了以後心量又會大了一點，大願也比較敢發，所以你們現在的心量應該是要比外面未悟者要來得大。如果還是與外面的人心量一樣，說：「那個是不可能的，那是等覺菩薩的事，我們永遠都甭想。」那你還是趕快走人，你這個心量這麼小，怎麼能繼續跟我學上去呢？我們目前做不到，不代表以後也做不到。就像是佛地離我們還那麼遠，不代表我們就不能成佛；我們也可以成佛，只是還要很長的時間去奮鬥。所以不可思議解脫菩薩的這種境界，我們不要排斥，要把它列爲未來無量世後的目標；今生在所能做到的範圍之內，譬如到達初地、二地，修證這些無生法忍，是我們有可能到達的。既是有可能達到的，我們就要努力去做；能夠這樣的話，很快的把第一個無量數劫過完了（長劫入短劫，一生就把它過完），那你想，接下去的路還會更難走嗎？不會啦！最難走的其實是第一大無量數劫，因爲這是要把異生性割捨掉的，而割捨異生性是最困難的事，這個完成了，接下去就是一步一步按部就班的走下去而已。如今最困難的第一大阿僧祇劫的內容，我已經爲諸位宣講了，次第已爲諸位安排好了，諸位只要照著去走就好。既然有這個希望能完成第一大無量數劫的功課，我們爲什麼不把兩個無量數劫後的境界，當作下一個奮鬥的目標呢？雖然不能在這一世完成，未來世中也可以完成，因爲未來有無量世可以精進修行，所以這是我們應該要有的心量，不應該像一般人那樣，老是小鼻子、小眼睛在那邊專在事相上去計較，我們要在法上努力的突破、上進。

〈觀眾生品〉第七

【爾時文殊師利問維摩詰言：「菩薩云何觀於衆生？」維摩詰言：「譬如幻師見所幻人，菩薩觀衆生爲若此。如智者見水中月，如鏡中見其面像，如熱時焰，如呼聲響，如空中雲，如水聚沫，如水上泡，如芭蕉堅，如電久住，如第五大，如第六陰，如第七情，如十三入，如十九界，菩薩觀衆生爲若此；如無色界色，如焦穀芽，如須陀洹身見，如阿那含入胎，如阿羅漢三毒，如得忍菩薩貪恚毀禁，如佛煩惱習，如盲者見色，如入滅盡定出入息，如空中鳥跡，如石女兒，如化人起煩惱，如夢所見已寤，如滅度者受身，如無煙之火，菩薩觀衆生爲若此。」】

講記：這一品是〈觀眾生品〉，當然它最重要的主題就是：證悟以後要怎麼看待眾生。看待眾生的意思，其實也就是說：你如何看待自己這個五陰，因爲自己這個五陰跟眾生五陰是一樣的，五陰即是眾生。這是要幫助大家悟後怎樣把我執給殺掉，如果能夠深細的這樣去看待眾生，並且不是只有今天晚上這一段經義聽過就算了，而且是要實際上把每一句作觀行，你的解脫功德受用就會大幅度的提升，心性也會整個改變，除非是還沒有證得自心如來而無法轉依的人。

「譬如幻師見所幻人，菩薩觀衆生爲若此。如智者見水中月，如鏡中見其面像。」

文殊師利菩薩問維摩詰菩薩說：「菩薩應當要怎麼樣看待衆生？」維摩詰菩薩就說：「菩薩看衆生，就好像一個魔術師在看待他所變出來的人一樣，菩薩看衆生就是像這樣看。就好像有智慧的人看見水面映現出來的月亮，知道那是假的。又譬如有智慧的人看見鏡子裡面自己的臉，他知道那不是眞的自己的臉。」爲什麼要這樣看待？你們把如來藏做爲中心來看待這一世的五陰，都只是你的如來藏所變出來的；然後你再往前推究上一世的五陰，上一世不是這一世稱呼的張三，可能叫作李四，但也是你的如來藏變出來的；你的如來藏是魔術師，變了你這一世的五陰，前一世也曾變出另一個五陰；再往前推上上世的五陰，也一樣是你的如來藏變出來的。同樣的道理，未來世也將永遠如此。你從這個如來藏來看你這個五陰，從衆生的如來藏來看他們的五陰，也都是虛幻的，就像水中月一樣；眞正的月是天上的月，但眞月可以藉因緣而變化出生水中月。同樣的，眞實的如來藏變化出虛假的五陰，所以你現前這個五陰就與水中月一樣，也跟鏡中像一樣。

「如熱時焰」：又看待衆生的五陰好像熱時焰一樣；現在正好是夏天，你看到柏油路上的遠處，太陽正中央照射下來，路上遠處看來似乎是有個水池，那就是熱時焰；眾生的五陰就像那個熱時焰，是不眞實的。因爲眾生是變幻不定的，就像那個熱時焰一樣：這一世是張三，上一世叫李四，上上世叫王二，再上上世叫趙六，反正沒一個準，總是一世又一世的變來變去啊！有時是天人，有時是畜生，有時又當人，所以都是變幻不定的，每一個眾生都是這樣。上一世也許當你的媽媽，下一世可能當你的爸爸，眾生就是這樣，常常變幻不定而無法常住不變。

「**如呼聲響**」：叫聲或者風吹的聲音，你不能以手抓到它；意思是說它虛而不眞，沒有一個人能把五陰自己抓得牢牢的不讓他壞掉，所以五陰自己並不眞實；假使有人教你要把握自己，他就是愚癡人，你可別盲目的追隨去做。不管是色身或是意識心，沒有一個人能把五陰自己抓牢而不衰老失壞；所以五陰自己猶如呼聲一樣，虛而不實。

「**如空中雲**」：又好像空中雲，意思是說五陰不能久住。雲一直不斷的在飄移，你無法叫雲停住，五陰也是一樣。小孩子唱歌：「只要我長大，只要我長大。」他覺得長大很好。等到長大了又說：「希望我不要老。」可是無法不老。老了以後又說：「希望能夠不死。」因爲人家說：「好死不如賴活。」不管是怎麼樣難過的活著，總是勝過好死；人人都不願意死，但還是要死。這就是說，五陰是無法停住的，你沒有辦法要求他：「我永遠是長這個樣子。」你也無法要求你的覺知心永遠是保持現在的思想狀況，祂會不斷的演變，猶如空中雲一樣；最後入胎時就永滅了，不能去到下一世，下一世是另一個全新的覺知心，已不是這一世的覺知心。

「**如水聚沫**」：聚沫是講河流中某一個漩渦，漩渦的中心有一些小水泡聚在一起，一直都會存在。但其實它是有一些不斷的壞掉，有一些新的再增加上去，就這樣不斷的變異；那個水沫不能說是眞實有，因爲它是很多的小水泡聚在一起而成爲水沫，但它是假合而有的，不是眞實法，五陰就如同水沫一樣是聚合體。

「**如水上泡**」：下雨時地面有很多水泡，可是那個水泡不一會兒就破了，水泡不斷的生出來又不斷的破滅。你如果把過往的無量世（無法計算是幾世，超大能力的電腦也無法計算你過去世有多少個五陰），你思惟看看，過去世無量的五陰是不是像水泡一樣？一個出現了不久又滅了，下一世另一個出現了不久又滅了；所以眾生都是時起時滅的，猶如水上泡一樣虛幻不實。

「**如芭蕉堅**」：芭蕉是怎麼個堅固法呢？它雖然能支撐一大串的芭蕉，似乎有骨幹而很堅固，但你把它的皮一層一層扒下來，最後是全都沒有了，所以是不堅固的。我們的五陰也是一樣，很不堅固。很多人喜歡騎快車，把機器腳踏車開得飛快；如果他有一次剛好看見人家忽然撞死了，一剎那間就了結一世的生命，從此他就不會再騎快車了。我年輕時騎車也喜歡騎快，總是在趕時間，想要多做一些事；可是有一次在南京東路四段，要往中山北路這邊走，剛好有一貨櫃車從巷子裡駛出來，南京東路上有一個青年騎著一輛好像是光陽機車，大輪子那一種，騎得很快，貨櫃車正常速度慢慢駛出來，「砰！」撞上了，年輕人的一生當場就解決了。從此以後我就不再騎很快了，要留著有用的生命做有意義的事。所以五陰眞的好像芭蕉一樣，哪有什麼堅固的呢？生命很脆弱，生命的堅固，其實就只是像芭蕉一樣地危脆不堅。每一世的眾生、每一世的我們都一樣「如芭蕉堅」，何必計較太多呢？世間法上不用太計較啦！要計較的是道業！這才是眞的菩薩。如果眞的是悟不了，回頭來計較世間法，還有一點點道理。如果眞的可以悟，那就表示眞的可以成佛，就應該把心用在道業上，而不要在世間法上去計較。因爲五陰「如芭蕉堅」，再健康的身體、再多的財產，也只是一世擁有，都帶不走。

「**如電久住**」：天上打雷，那個電光能住多久？諸位都知道得很清楚，它住不了多久。如果能夠住上整整二秒，就算很長了，那是你福報很大，終於看見整整二秒的閃電，一般都是不超過半秒就完了。可是我們如果從無量世來看一世的眾生——看自己這一世的五陰，不就好像閃電那麼一閃就過去了嗎？不然的話，你也可以從他化自在天來看人間一生好了，這也很容易理解。他化自在天人，也許想：「我先休息一下，然後再來看人間某某菩薩現在在幹什麼。」結果休息一會兒再來看：「怎麼不見了？死到哪裡去了？」眞的死了而不見了！死到哪裡去？不知道！這樣就很容易理解了。四王天的一天，是我們這裡五十年；那你再往上推，每一天都加一倍。所以他化自在天的一會兒，我們早已經把一生過完了，不曉得跑到哪裡去了；眾生五陰如電久住，百年似乎很久，其實就只是那麼一剎那。

「如第五大，如第六陰，如第七情」：地水火風總共是四大，三界中的物質沒有第五大。眾生的五陰卻像第五大，哪個是第五大？就是空無嘛！因爲物質總共就只有四大，根本沒有第五大，所以第五大是虛假施設的，意思是虛妄假設。又猶如第六陰：人有沒有第六陰？而五陰的存在猶如第六陰，根本是虛幻而暫有的。接下來說「如第七情」，請問諸位：你們有沒有七情六慾？有沒有？（有人說：有。）有啊？還有誰是沒有七情六慾的？請舉手。（無人舉手）哪一個人沒有七情六慾？既然無人舉手，可見每個人都有七情六欲。那你們應該都舉手啊！怎麼都不舉手？但是舉手的人卻是錯誤的，可見你們都很有智慧。三界中人雖然都有情與欲，可是眞的沒有七情六欲，而現代人是把語言文字都亂用了。三界中確實沒有七情六欲：你沒有，我也沒有，大家都沒有。欲只有五種，所以叫作五欲：色聲香味觸，或者財色名食睡。所有人都只有五欲，沒有第六欲。情，《阿含經》中講有六情，沒有第七情；大乘經也沒有講過有第七情啊！阿含經說情有六個：眼見色生起覺受，是第一情；耳聞聲生起覺受是第二情，乃至意根、意識對法塵生起的覺受是第六情。總共就只有這六情，哪來的第七情？

所以剛才問你們：「沒有七情六欲的人請舉手。」你們若是像一般人那樣沒智慧，自以爲離欲了，就眞的應該要舉手啊！但我問的是第七情與第六欲，卻沒有一個人舉手，眞是有智慧。所以眾生確實沒有第七情、第六欲，以後如果人家問：「你難道沒有七情六欲嗎？」你回答：「我就是沒有七情六欲。」第七情、第六欲，是說世間沒有這種法。五陰其實是不眞實的，眾生其實不是常在的，都只是暫時而有；所以說好像存在，其實不是眞實存在，而是自心如來暫時化現的。既是暫時的，不永存，表示不是眞實的存在，所以眾生五陰自己的存在就像第七情一樣、就像第六欲一樣，菩薩是這樣看待五陰眾生的。同時用如來藏的眞實性、如如性，來看待每一世的五陰自己，也來看待所有眾生這一世的五陰，這樣你對於五欲、六情的執著、世間相的執著、五陰自己的執著，就可以不斷的淡化到很低的程度。

「**如十三入，如十九界**」：六根、六識的入，總共只有十二個入，怎麼會有十三入？六根、六識、加上六塵不過是十八個法界，怎麼會有第十九個法界？五陰就像這樣，都是眾生自己感覺存在，可是從實際理地來講，都不是常住法，就像第十三入、第十九界一樣，菩薩看待眾生是這樣看待的，不會將五陰執以為實。

「**如無色界色，如焦穀芽**」：菩薩又看待眾生譬如無色界的色身，又譬如焦穀的芽。無色界會有色法、色身嗎？當然是不可能有，燒焦了的稻穀也不可能有新芽，菩薩看待眾生就是這樣。意思是：眾生的五陰、四陰都是暫時而有，不是常住法。但是在沒有證得如來藏之前，要這樣看待，還眞的不太容易；因為沒有一個常住法做比較時，會覺得五陰好像還是蠻實在的；可是如果有一個常住的如來藏，往前推之無盡、往後也推之無盡，那時現觀如來藏確實沒有時間可說，而五陰卻可以算時間：五十年、一百年。這樣一比對，五陰顯得很虛妄。所以這個五陰就像無色界的色法，也像焦穀長出來的新芽一樣，都不是眞實法。

「**如須陀洹身見**」：這個五陰又像初果人生起了的身見。初果人是斷身見的，初果人不可能再有身見，所以初果人的身見是虛妄法。如果有人來跟你要一個難可想像的世間所無之物，你就說：「我送給你須陀洹身見。」這個東西是世間沒有的啊！並不是實有法，只有在凡夫心中才有，而眾生並不瞭解。但你也可以說：「我把身見送給你。」他想：「我到底得到了什麼？」心中懷疑。「有啊！你有啊！你明明有身見在，我有送給你了。」這是別人所無法送的禮物，你送給他，而其實仍是他自己本有的邪見，但他自己不知道，卻又不是眞實存在的東西，也不是初果人所擁有的身見；對方若不是眞正在學佛的人，可能誤以爲很珍貴。他要的若是奇奇怪怪的三界中沒有的法，那你就送給他三界中所沒有的須陀洹身見。而眾生五陰就像須陀洹身見一樣的虛妄不實，菩薩要這樣看待。

「如阿那含入胎」：阿那含會入胎嗎？須陀洹還會再來人間入胎，因爲他要歷經七次人天往返；這一世死後要生到欲界天去，欲界天的生命結束還要回到人間再入胎，經過三到四次受生而變成二果人。如果是阿那含三果人，最差的三果人叫作上流般涅槃，他次第生到色界諸天去，往上次第生到五不還天，或者更鈍的三果人還要次第生到四空天，才入無餘涅槃，但是絕對不會再來人間了：不還來人間。所以阿那含三果人不可能再來人間入胎。眾生五陰既是虛妄的，就像阿那含入胎一樣的虛妄，確實很不眞實。

「阿羅漢三毒」：阿羅漢的「我」與「我所」都斷盡了，這些執著都不在了，怎麼可能會有貪瞋癡的現行呢？他只能有貪瞋癡的習氣種子，但是不會有現行；既沒有三毒現行，所以不可能有三毒，所以說阿羅漢的三毒也是虛妄法。菩薩證悟以後看待五陰眾生，就要像看待阿羅漢的三毒一樣，現觀是虛妄法。

「如得忍菩薩貪恚毀禁」：得無生法忍的菩薩不會對五欲再起貪心，也不會對眾生發脾氣了，更不會去毀犯禁戒。如果說有得忍菩薩，而有人說他仍有貪恚、毀禁，這實際上是不可能存在的。菩薩看待五陰眾生，就像在看得忍菩薩有虛妄的貪恚與毀禁出現一樣，都只是假名而無實質。

「如佛煩惱習」：諸佛都是習氣、結使斷盡的人，怎麼會有煩惱的習氣存在呢？所以諸佛的煩惱、習氣都是不存在的；證悟菩薩看待五陰眾生時，就像看見佛的煩惱習氣一樣，都是虛妄假名而無實質。

「如盲者見色」：瞎子是看不見色相的，所以若稱說瞎子所看見的色相，當然是不存在的。同樣的，菩薩看待五陰眾生時，五陰眾生實際上不是真實存在的；菩薩看五陰所成就的眾生，只是一個又一個的如來藏，不是看一個又一個五陰眾生，所以五陰眾生如同盲者所見的色相一樣，不是眞實常恆的存在。

「如入滅盡定出入息」：阿羅漢入滅盡定，如果還有出入息，那一定不是入滅盡定，而是入了悶絕位；有禪定證德的凡夫，則是入了第四禪或無想定中，才沒有出入息。眾生五陰就像滅盡定中的出入息一樣不實，因爲滅盡定中是沒有呼吸的；而愚人想要把握自己五陰不壞，就像是想要在滅盡定中繼續保有呼吸一樣。

「如空中鳥跡」：有鳥飛過去了，在空中留下了痕跡。空中鳥跡，一般人都說看不到，但是：我們看如來藏就像是看空中鳥跡，因爲如來藏無形無色，可是我們卻能看到祂。阿那律的天眼可以看到空中鳥跡，一般人看不到就說沒有空中鳥跡；同理，凡夫們說：「哪有可能看見如來藏？祂無形無色，要怎麼看？」但是菩薩看如來藏就像阿那律尊者看空中鳥跡，眞的有痕跡呀！但是這裡講的空中鳥跡，是從一般人的立場來說的，是說如同一個虛幻的、不存在的東西一樣；菩薩這樣看待五陰眾生時，惡劣的眾生也就變得可以接受了。

「如石女兒」：菩薩看眾生又像石女所生的兒子。石女是沒有生育能力的女人。菩薩看待眾生五陰時，現見其虛妄不實，不能久住、常住，本無實質，所以五陰眾生就像沒有生育能力的女人所生的兒子一樣，同樣也是虛幻不實的意思。

「如化人起煩惱」：眾生又像化人生起的煩惱。譬如魔術師變化出一個假人在那邊走路，卻又說那個假人生起煩惱了。又好像玩布偶的人說：那個布偶人在生氣了。其實都是虛妄不實的，眾生也像是這樣。布偶哪會生氣呢？魔術師幻化出來的假人，不管它是個影像或是道具，都不會生氣的，它不可能有煩惱。而菩薩看五陰眾生，就像看到化人起煩惱一樣。

「**如夢所見已寤**」：又譬如說，正在夢中的人夢見自己醒過來時，其實還是沒醒啊！還是在夢中啊！所以夢見自己醒過來時，其實還是沒有醒的。菩薩看待五陰眾生的眞實性也是像這樣，如同還在夢中的人夢見自己已經醒過來。

「**如滅度者受身，如無煙之火，菩薩觀衆生爲若此**」：又譬如說，已經入無餘涅槃的阿羅漢再來三界中受身，也是不可能有的。又譬如像無煙的火（一定有火、也有煙，所以看起來像火），無煙的火，最多只能稱它爲熱，不能稱它爲火。所以古時說，凡是火一定有煙焰，才會看到火在，無煙之火是不存在的；菩薩所見的五陰，如同已入涅槃的阿羅漢再受生、如同無煙之火。這些譬喻都是指虛妄不實的法，菩薩看眾生就是這樣看：五陰眾生都是虛妄不實的。如果你們能夠在證得如來藏之後，用這些譬喻去一一觀行，世間計較之心也就可以捨了，然後就會生起另外一種計較之心：計較自己及同修們的道業要如何迅速突飛猛進。

五陰自己的存在與實有，眞的「如水中月，如鏡中像，如熱時焰，如呼聲響，如空中雲，如水聚沫，如水上泡，如芭蕉堅，如電久住，如第五大，如第六陰，如第七情，如十三入，如十九界……」，所以若是有大師教你要時時把握自己、處處把握自己、一生把握自己，你可別相信他；因爲他是在教導你執著五陰自我，是在幫助你加強我見與我執。五陰自我是如此的虛妄不實，爲什要把握虛妄不實的五陰自己而想要時時處處都當自己？那是永遠都無法成功的。假名大師可以愚癡的想要把握自己，我們卻千萬別跟隨他們繼續增長五陰自己實有的我見、我執。

【文殊師利言：「若菩薩作是觀者，云何行慈？」維摩詰言：「菩薩作是觀已，自念『我當爲眾生說如斯法』，是即眞實慈也。行寂滅慈，無所生故；行不熱慈，無煩惱故；行等之慈，等三世故；行無諍慈，無所起故；行不二慈，內外不合故；行不壞慈，畢竟盡故；行堅固慈，心無毀故；行清淨慈，諸法性淨故；行無邊慈，如虛空故；行阿羅漢慈，破結賊故；行菩薩慈，安眾生故；行如來慈，得如相故；行佛之慈，覺眾生故；行自然慈，無因得故；行菩提慈，等一味故；行無等慈，斷諸愛故；行大悲慈，導以大乘故；行無厭慈，觀空無我故；行法施慈，無遺惜故；行持戒慈，化毀禁故；行忍辱慈，護彼我故；行精進慈，荷負衆生故；行禪定慈，不受味故；行智慧慈，無不知時故；行方便慈，一切示現故；行無隱慈，直心清淨故；行深心慈，無雜行故；行無誑慈，不虛假故；行安樂慈，令得佛樂故；菩薩之慈爲若此也。」】

講記：接著 文殊師利菩薩又問：「如果菩薩觀待衆生是這樣看的話，又要如何行於慈心？」衆生既然是虛幻的，就不必去幫助他們，因爲他們都是假的，你幫他們做什麼？一般人聽到 維摩詰居士上面的說法，一定會有這個看法出現：如果衆生是眞實存在的，我才要幫他。譬如說，一個布偶人在那邊說它很痛、很痛，你難道還要幫它敷藥嗎？當然不用，因爲它是假的，只是在演戲。文殊菩薩知道未悟者、錯悟者必然會有此一問，就爲他們故意請問：「衆生既然是假的，菩薩要怎麼樣去行慈心呢？」 維摩詰菩薩又答覆說：「菩薩像前面所說的這樣來觀察衆生，菩薩就這樣想：『我自己這樣看待衆生，我也應當要像自己看待衆生的看法一樣來告訴衆生：應該這樣看衆生。』」就是說，菩薩也想要讓衆生如同自己一樣，在五陰十八界法上同樣觀察到自己確實是虛幻性的，能夠看到所有衆生的五陰十八界，一樣都是虛妄無常的，衆生就可以因此得到解脫的功德正受，這就是行眞正的慈心。所以菩薩自己看眾生雖然都是虛妄的，但是也要讓眾生擁有自己同樣的現觀，同樣都能斷除我見，這才是眞正的行於慈心。

「行寂滅慈，無所生故」：菩薩這樣看待以後，也可以行於寂滅慈。只要有一法出現，就不寂滅了；不管是十八界中的哪一界出現了，就不寂滅了，因爲就有知覺了！想亦是知，乃至到了識無邊處、無所有處、非想非非想處，也都還是有知，所以稱爲非非想；有知就不是寂滅，知覺已滅了才叫作寂滅，所以菩薩行於寂滅慈時，無有一法出生，這是如來藏獨住的無境界相。爲什麼行於寂滅慈？因爲自己知道什麼是寂滅，而眾生不知道實相中的寂滅，菩薩就應該教導眾生眞實寂滅的境界；那就是如來藏自住境界，十八界都滅了。能夠把這個寂滅慈拿出來對待眾生、教導眾生，才是眞正的行慈。爲什麼菩薩行這個寂滅慈呢？因爲一切諸法本來無所生的緣故；一切諸法就是如來藏，一切諸法不外於如來藏，全都附屬於如來藏。一切法即如來藏，如來藏即一切法，而如來藏本來無生，所以一切法本來無生。**一切法本來寂靜**，一切法生滅而叢鬧，但一切法依止如來藏、轉依於如來藏後，叢鬧的一切法就成爲本來寂滅；這樣教導眾生，就是行寂滅慈。

「行不熱慈，無煩惱故」：爲什麼不熱？眾生心都是有熱惱的：肚子正餓了，心裡就急著去找食物；現在渴到不得了，就急著去找水。這就是熱惱。心裡面設想說：「我要先賺到第一個一仟萬元，然後要賺到第一個一億元。」就很努力去拚了，每天都很忙（俗話說活得很充實），其實就是熱惱，因爲每天都是一天到晚在想：怎麼樣去賺到這筆錢。這就是熱惱，可是縱使整個世界都給你賺到了，你也是無所得。你說：「有啊！明明一個世界都給我賺到了。」請問：「是你的肉體得的嗎？」肉體不能得，得要有覺知心。是覺知心得了嗎？如果把肉體捨了，你覺知心能得嗎？你也不能得。就算給你五陰具足，讓你得了，你將來不會死嗎？你能夠永久得嗎？也不可能，最後還是緣起性空，還是要不情不願的交出去。

從來沒有人能賺到一個世界，即使好不容易賺到而破紀錄了，卻仍然要送給人家：子女是來接受他的財產的。所以這還是熱惱，因爲從賺到的那一天開始就在想著：怎麼樣能夠長生不死，才不會再交給別人。這就是熱惱。所以秦始皇才要派徐福東渡日本尋求長生不死藥，求得之前就服用術士給他的外丹，結果是被丹藥中的汞毒所害而提早死亡，這就是因爲心中有熱惱。菩薩看得很清楚，所以沒有這個熱惱，心得清淨；《華嚴經》中有一句話說：「菩薩清涼月，遊於畢竟空。」不熱慈就像是清涼月，心無熱惱而想要讓眾生也證得不熱惱的境界。這個慈心得要發起來，並不是你自己心不熱惱就好了，也要幫助眾生同樣證得心無熱惱的境界，所以菩薩告訴眾生：「其實正在熱惱時，你也是不熱惱的。」如果眾生沒有打你一巴掌、沒有罵你是瘋子，他就有救了。因爲一般人聽你這麼一說，就會罵你：「你這不是講瘋話嗎？正熱惱時，怎麼還叫作不熱惱呢？你這個人精神有問題！」他也可能就給你一巴掌。

實際上菩薩所看到的，跟眾生看的不一樣：正熱惱時，其實也是沒有熱惱的。在沒有熱惱中又無妨一天到晚熱惱：眾生需要你做什麼就去做，再辛苦也去做，不會喊累。菩薩也不會跟人家邀功：「你知道嗎？我爲弘揚正法，多辛苦！你們都該感激我。」菩薩不講這個話，並且想讓眾生也證得無熱的解脫境界，這叫作無熱之慈；證得無熱境界以後，就想要幫眾生也證得無熱的境界，就是無熱慈。

可是無熱的境界要向哪裡去證？要向熱惱裡面去證。有人問洞山禪師說：「夏天這麼熱，哪裡避暑去？」洞山就說：「向火裡避去。」又有人問：「冬天天氣這麼冷，要哪裡避寒去？」洞山回答說：「你就向冰天雪地裡避去。」你如果會了，這就悟了，就有般若智慧了。所以，如何避暑？就向暑裡去；如何避寒？向寒裡去；就是這麼避。等到眞正避了暑、避了寒，又無妨有暑也有寒。這時有一首偈就派上用場了：春有百花秋有月，夏有涼風冬有雪；若無閑事掛心頭，便是人間好時節。所以你證得如來藏以後，一定可以證得不熱的境界，也要教眾生同樣證得不熱的境界，這才是行於不熱慈；因爲實際理地根本就沒有熱惱，又何必自己去生熱惱。你證得這個境界以後，你也應該發起慈心來教導眾生同樣實證無熱境界，這就是行不熱慈，因爲你心中已無熱惱而發起這個慈心故。

「**行等之慈，等三世故**」：一般學人的想法大概會說：我們覺知心永遠都要對一切事、一切有情行平等之慈，因爲菩薩每一世都應該如此。那其實是事相上的說法，在理上不是這樣說的。菩薩所證一定異於一般人的想法，才是眞菩薩，這得要從實際理地來看平等。對一個已證悟如來藏的人來說，當他找到如來藏時就已經可以現前觀察到一切有情的如來藏都平等。從觀察如來藏自相的體性，再來看人與人間、人與旁生間各自如來藏的共相，再來看人與地獄眾生、與鬼道眾生、與天界眾生的如來藏共相，都一樣不變；以這一世來看，完全沒有差別，進而推論到前一世當然也如此，而這一世的六道五趣眾生如來藏也都一樣，平等平等而無差別，未來世當然也是如此；而這個如來藏的體性絕不會改變，只有一個時候才會改變，就是成佛以後。成佛以後六、七識可以和如來藏完全相通，並且如來藏也可以發起五別境、善十一心所法，這時祂才有改變。但這個時候是究竟佛地、究竟清淨，但是同樣是在究竟佛地的諸佛如來藏共相也是一樣的平等，因此仍然是等三世。所以菩薩行慈，是依如來藏的平等性來行慈心，這就是菩薩行慈。

「行無諍慈，無所起故」：無諍，是一般學人懸爲目標的看法，但那個看法並不正確；因爲意識心不可能無諍，眞正要無諍，意識心是必須到達佛地才可能完全無諍的。可是有人也許想：「六師外道到處去謗佛，佛就跟著六師外道的腳步一一去破，那不也是諍嗎？」但其實那不是諍。諍，有一個特性，就是說有人見解錯了卻仍然要辯到贏，那才叫作諍。如果是針對某些人的錯誤加以說明，讓對方可以改正以後提升上來，那就不是諍。所以錯誤的法而想要辯到對，才叫作諍；如果別人錯了，你對他指正，那不是諍，因爲你說的是眞實理，說眞實理就不是諍，所以佛地沒有一切諍。菩薩的諍非常非常的少，那就看修證的層次高低而有差別，但都是意識心相應的法，所以都是意識心才會有諍。

菩薩證悟之後無妨有諍、也有無諍，這樣看待眾生；因爲當眾生正在跟人家諍論時，其實也同時有無諍的心。你如果沒有找到如來藏，聽了就說：「豈有此理？這蕭平實不是睜眼說瞎話嗎？」但事實上眾生在與你諍論時，他其實也是無諍的；

眾生在輪轉生死時，他其實也是涅槃，這就是大乘法。也就是說，當眾生意識心不斷的思惟分別，施設種種語言在狡辯時，他的眞實心如來藏仍然不起心動念，祂不會起一個想要與人諍論的心念；實際理地，祂從來不曾起過諍的心行；自無量劫以來，祂就已經是這樣，不是修行以後才如此的。修行是證得如來藏，而觀察祂從來無諍以後，把有諍的意識心去轉依無諍的如來藏，以後漸漸的就無諍了。即使有人亂說法，用曲解以後的法來跟你狡辯，你也不太想諍。既然不太想諍，你爲什麼後來又寫了文章去與他辨正呢？只因爲你想要救他，因爲你不想讓眾生被他誤導，這是因悲而生、因願而生的作爲，所以不是諍。除非你寫文章時，破口大罵：「你這個人是渾蛋，不是人！」那才是諍，因爲諍的心確實已經起了。但其實人家罵我不是人，我總是歡喜接受，因爲**我**本來就**不是人**——是如來藏——所以我絕對不會去法院告對方。所以無諍慈不是要用意識心無諍，而是要意識心去轉依本來無諍的如來藏；並且要讓眾生瞭解：正在爭執時本來就有一個無諍的心一直都存在；以這樣的見地來看待眾生，才能夠眞實接受眾生的諍而不對眾生生氣，這就是行無諍慈。

「**行不二慈，內外不合故**」：不二慈，既然講不二，爲什麼又講內外不合？內外不合，顯然是二，合才是一，不合為什麼卻說是不二？但它其實講的是另一個意思，不二的字面意思是說：我們與眾生不二，眾生與佛不二。可是這個不二為什麼說它內外不合？這是說眾生的心可以歸類為二類：眞實心與妄心。妄心是對外在諸法而運作的；眞心是內裡人，是皇帝老子，不緣於外面六塵境界來運作。洞山禪門君臣五位中說：眞心是君，恆處深宮內院；六識心是臣下，恆住宮外。洞山禪師說眞心「太尊貴生」，所以臣下朝拜祂，祂既不回禮，也不出見；因為太尊貴了，眾生妄心都見不到祂。眾生所知的心總是在六塵上面用心，不能外於六塵；面對六塵就會有六情五欲，都是緣於外法。外法，正是妄心運作時的處所。宮內的眞心名為平實眞人，你們那個眞人很平實，祂只應對內法，祂不應對外法；不管外境六塵怎麼樣，祂都是不動其心的，這種體性就是內外不合。

這就像古時候說：夫主外，妻主內。丈夫在家裡不做事，妻子也不出外做事，內外不會混合。佛法中也是一樣的道理，如來藏主內，妄心離念靈知主外；因為妄心主外，所以如來藏就處處由著妄心去作。就像古時，不管良人在外如何，家裡娘子都不許有意見；如來藏就像家中的娘子，只負責掌管家中所有財物，卻不許有意見。所以如來藏掌管所有種子，卻不管外面的六塵；但是妄心也管不著裡面種子怎麼樣收藏，內外不相合。內與外看來是兩個，可是外面處處作主的、拿主意的，其實離不開裡面那個人，如果不是這個如來藏娘子打理一切，丈夫連大門都出不去，所以娘子還眞是偉大，原來在外處處作主的良人全都依靠家中不作主的娘子才能生活與存在。如此現觀到最後，原來這個會作主、會拿主意的外面的妄心，其實還是如來藏所有的，所以內外其實還是同一個，這才是眞正不二。

古人常說：八識合起來說爲一心時，你只能稱祂爲阿賴耶識。所以唯識學上有一句名言說：**一心說，唯通八識**。換句話說，如果要講眾生只有一個心，那一個心就叫作阿賴耶識。阿賴耶識共有八識心王，是把一個心分成八個來說，因爲七識心王無非都是第八識如來藏所生，所以同歸如來藏阿賴耶識。內心如來藏與外心七轉識雖然是內外不合，卻是攝歸同一個，那就是眾生不二的如來藏；但如來藏從來不會害人，那就是慈；行於如來藏不二心的慈，就是菩薩所行的慈心。

「行不壞慈，畢竟盡故」：眾生所知的慈心都會壞，不管多麼慈愛也會壞。父母對子女的慈愛是最仁慈、最長久了，但是最多也就只有一世。可是如來藏的慈是不壞的，祂不管所生的七識心王兒子多壞，祂還是永遠不責怪，還是非常仁慈的對待七識壞孩子；不但是這樣，即使七識壞兒子造惡業而下了地獄，祂也照樣是那樣仁慈的繼續供應地獄身所需要的一切，你說：這不是不壞慈嗎？有好多父親看孩子造惡時，後來忍不住而脫離父子關係，有的人還登報聲明。因爲一天到晚花天酒地而且賭博，花光了老父的錢。但如來藏都不計較，不管花掉祂多少法財，祂都不計較，慈心永遠不壞，所以祂才有眞正的不壞慈。爲什麼祂是這樣的不壞慈呢？因爲**畢竟盡故**。祂沒有任何煩惱，一絲一毫都沒有。盡斷煩惱是修行人的目標，可是祂不必斷，祂本來就沒有煩惱，一切煩惱永盡不起，所以祂可以行不壞慈，從來不會跟任何惡劣的有情計較；不管妄心是多麼惡劣，祂都不毀壞自己對妄心的慈心：有情凡有所需，就具足供應，這就是行不壞慈。

菩薩既然親證了這個境界，當然要以這個見地來轉依，並且依照這樣的如來藏的眞實境界去實行，所以菩薩的意識妄心如此效法而行不壞慈；因此，菩薩要生生世世不壞慈心，永生永劫去利樂眾生，這個慈心是絕不斷滅的。轉依了如來藏才能這樣做，所以行不壞慈時，意識相應的煩惱也會漸次斷盡，這也是畢竟盡。

「**行堅固慈，心無毀故**」：世人的慈心都不堅固，乃至菩薩們意識上面的慈心也不是很堅固，因爲這意識心常常會斷滅，而且也去不到未來世，都會毀壞。可是如來藏永遠不壞，沒有任何一法可以把如來藏心體毀壞，如來藏所有的功德也無法毀壞。兩年多前不是有人主張說「阿賴耶識是生滅法」嗎？但是有誰能出生祂？能毀滅祂？沒有！且不說那些離開同修會而主張阿賴耶識是生滅法的愚人，即使聚合十方諸佛威神之力為一大威神力，也無法用來毀壞一隻螞蟻的阿賴耶識心體。阿賴耶識心體就是如來藏，十方諸佛也毀壞不了一隻螞蟻的阿賴耶識心。為什麼如此？不為什麼，只因為法界實相法爾如是：**法界中不曾有一個法可以毀壞第八識心**。前七識都可以自我毀壞，就看能力如何而已。如果要毀壞六識心，那最簡單，自殺就結了；只要自殺了，中陰身去投胎，這一世的意識就永滅不起，因為意識去不到未來世。如果這一世的意識可以去到未來世，那你就慘了，因為你在母胎中一定住不了，不管誰都一樣。只有一種人，意識可以住，因為他有意生身，他用意生身一天到晚到處晃去，如果覺知心覺得累了（因為意生身不會累），想要休息一會兒，意生身滅了以後就如同人在睡覺一樣，在母胎裡睡覺。這樣的人他才有辦法清楚的住胎。如果沒有意生身，你每天都要有很長一段時間清醒的擠在子宮裡面，只要住個十分鐘就受不了的。不信的話，你回去試試看：叫人把你用棉被捆起來，不准接觸六塵，你試試看能待多久？待上三天就要發瘋了。因為上一世來的意識會想：**我上輩子做了什麼事，到處去謀生、享樂，現在把我關**

在這個地方，稍微動一下都不能，眞的受不了！但是如果能以前世意識去未來世受十個月處胎的苦，也是値得，那表示：你這一世的意識不必修行就已經實證不生不滅了。這表示你的意識不會斷滅，但是接下來必須修改經文的工程就很浩大了，因爲從四阿含、般若到方廣唯識諸經都得要修改，法界也都必須徹底改變。

正因意識是生滅法，所以意識心相應的慈心並不堅固，最多只有一世就滅了；而如來藏心供應眾生的所需，這個慈心是永遠不會間斷的，祂也不曾一剎那間斷過，無始劫以來一直如，未來無量劫也將永遠如此，所以這個慈才是堅固慈；因爲如來藏眞心永遠不會毀壞，永遠都不會殘缺。也許有人想：「**可是我看到那螞蟻的如來藏顯示出來的功能就很差。**」其實不是牠的如來藏功能差，而是因爲牠的業報、異熟果報就是如此。如果牠的如來藏眞的很差，就表示牠永遠不可能再生而爲人；但是將來牠的業報盡了，回來生而爲人時，牠的如來藏功能又在人中顯示出來了；將來牠如果成佛了，牠的如來藏功能也與諸佛一樣功德無邊廣大。所以如來藏的功德，不管在多麼低賤的有情身上，或者在佛地，功能都一樣，只是他的異熟果報以及業行果報，使功能是否能具足發起而已。而如來藏是堅固不壞的，所以祂生生世世不斷的在供應眾生的一切所需，永遠不會被毀壞，這樣的慈心才是眞實的堅固；所以眞正堅固的慈一定是常住不壞的心，才能夠眞實堅固。菩薩證悟之後就得要轉依祂，才能行堅固慈；因爲如來藏是如此的堅固，因此轉依後的菩薩慈心也是堅固不毀，生生世世永遠不壞，這才能成爲眞實義的菩薩。

「行清淨慈，諸法性淨故」：清淨慈，是最高標準。一般人行慈心，心裡面多多少少都有一點兒期待回饋，總是想：「我每天來照顧某一個人，我對某一些眾生布施，這些人應該感恩我。」如果是久行菩薩，他在證悟之前，布施時也會想：「對方接受我布施，至少也要對我客氣一點。」如果對方面無表情就接受布施，拿了就走，新學菩薩會想：「這個人這麼不懂事，至少也說一聲謝謝。若不說謝謝，至少也帶個微笑，怎麼面無表情！」他心裡面會這麼想，這表示他還不懂諸法性淨的道理，這也表示他的清淨慈還不夠清淨。但是證悟之後會開始改變了，剛開始時習性仍會在，看見人家面無表情拿了財物就走了，心裡面還是覺得對方不懂事；可是如果他轉依以後，能時時觀照自己有沒有完全轉依如來藏的清淨慈，後來他就會漸漸習慣，以後根本就無所謂了。因爲他會發覺如來藏的慈心，是沒有期待回報的；一絲一毫的期待都沒有，不是修行以後才這樣，而是無始劫以來就一直都是這樣。菩薩看到一切諸法依止於如來藏而出現，一切法出現時縱使有染污，但是以如來藏的立場來看待一切諸法，其實染污之中本來就已沒有染污了。所以看到眾生正在貪染時，實際理地也還是不貪不染，所以說諸法的自性本來清淨。因此，菩薩把一切染淨諸法都歸屬如來藏時，如來藏本性既是清淨的，一切法也就跟著清淨了，所以他就能夠行清淨慈。

「行無邊慈，如虛空故」：如來藏有沒有邊呀？也許有人想：「如來藏在身中，那我們身體的表面就是祂的邊。」可是誰告訴你「如來藏在身中」？那只是方便說，是爲了幫助你證悟，希望你不要往虛空去找，所以才告訴你說：如來藏在身中。所以，我們《眞實如來藏》說：如來藏駐在身中。當時寫這一句話的時候，我思索了一些時間，我想：「怎麼可以說住呢？明明不對啊！可是不說住，眾生又要往虛空去找，那又麻煩了。」結果只好用「駐」字。所以，很多人問：「爲什麼用這個駐？」我說：「就是要用這個駐，因爲沒有更好的字可以用。」也許可以發明另外一個「駐」字，但是我沒有心情去發明，也不應該發明，就用那個字。

如來藏既然無形無色，你怎麼可以說祂住在身中？有形有色的法，你才可以說它住在哪裡。這就像《民法》說：「每一個人都有住所。」爲什麼說：每一個人有住所？因爲有身體，所以才講有住所。又譬如《民法》規定說：人之權利義務始

於出生，終於死亡。因爲法律規範的就是你這個身體，以你這個身體作規範。同樣的道理，有形有色的，才能規範你；如果是無形無色的法，就規範不了祂。所以有些人喜歡咒術，又如西藏密宗修誅法而不願親自來殺人，是因爲他們想要逃避世間法律的責任；如果他用咒術眞的可以把人咒死了，法律仍然無法判他的刑責。這就是說，在有形與無形之間是有差別的。如來藏既無形無色，你怎能說祂「在內、在外、在中間」？所以說祂無邊，沒有形色的法當然是沒有邊際的。

覺知心也可以是無邊的，因爲覺知心也無形無色；你如果入定時，覺知心可以無量無邊的廣大；你禮佛時，把憶佛的念收到覺知心裡面來，定力起來以後，會發覺覺知心無邊的廣大，因爲無形無色而沒有邊際，就可以像虛空一樣廣大。可是，**如虛空故**的「如」字不是「等於」，所以「如虛空」不是「等於虛空」。因爲如來藏無形無色猶如虛空，所以才施設因地眞如，說祂叫作虛空無爲。虛空無爲是依如來藏的眞如法性來施設，不是在講虛空。爲什麼祂因地叫作虛空無爲？因爲祂猶如虛空，但是不會在六塵上面起有漏有爲的心行，因爲祂不淨不染、不貪不厭，所以祂是無爲性的，而其心體如虛空，所以叫作虛空無爲。

如來藏沒有邊，沒有邊才是厲害，所以你在這邊唸佛想著「我要去極樂世界」，

每天唸　阿彌陀佛名號，想著死後要往生極樂世界，那裡的七寶池中就幫你生出了一朵蓮花，就在那邊等著你。到底是誰造了那朵蓮花？是你的如來藏呀！這樣講，也許大家覺得不切實際。不然依聖教來講好了，當一個世界快要進入毀壞期時，這些共業眾生的如來藏，就共同在另一個虛空中慢慢再形成另一個世界了。所以世界是眾生的如來藏共同造出來的，沒有什麼造物主啦！造物主是沒有出世間智的世俗人想像的，所以造物主是人施設出來的，造物主是被人創造的，然後再說是由他來創造人類。請問：「**當你的如來藏與你同在一起，可是祂也在極樂世界造了那朵蓮花，那到底祂在哪裡？**」共業眾生的如來藏在這個即將毀滅的世界，但是另一個虛空中又創造出一個世界出來，也是這些如來藏在造。請問：「**如來藏到底在這個世界，還是在那個世界？**」諸位可以想想看，所以不能說祂有邊。

心如虛空，你證得這個心以後，要轉依這個心；轉依了這個心，你想想看：需不需要**再限制自己來世一定要跟這一世的眷屬在一起**？不需要了嘛！因為過去有無量世，能不能用一張很長的紙把它寫下來？過去一百世再加一個零，零後面一直加上去，那一張紙假使繞了地球一圈，你把那個零填滿了，還是比不上你的過去的無量世，因為這還是有量，雖然你無法說那些零到底是多少個零；但是它終究有個量，可是你的過去世是無量的。既有無量的過去世，當然就有無量的父母、兄弟、師長、姊妹、子女等等，這些眾生遍佈十方世界，都是你的眷屬，所以你行慈心時不必一定說：「我就是要在地球行慈心，別的世界我都不去。」所以如果將來你們有能力獨當一面去某一個星球住持正法， 佛說：「你到某一個星球去弘法。」你就去，不必掛念地球的眷屬，因爲別個星球的人們也曾是你過去世的眷屬，不是只有地球上的人才是你過去生的眷屬。所以說，心如虛空，十方世界都可以去，不必限定一個地方，這樣去行慈心，才是無邊慈；因爲你的眞實心自無量世以來，十方虛空沒有邊際祂都可以到處去，爲什麼你一定要行有邊之慈？所以，由於心如虛空，菩薩轉依祂以後才能行無邊慈。

「行阿羅漢慈，破結賊故」：「結」的功能是什麼？就是繫縛，綁住眾生。結賊，與世間賊不一樣。世間賊，低的層次是當小偷，小時候當小偷，長大了當大偷，大偷騙盡人家的家財，也有偷人家的老婆，偷人家的丈夫，這也算大偷，因爲破壞了對方的家庭。可是這都還不算眞正的大偷，人間最大的偷，譬如唐朝李世民偷了整個國家，正是玄武門兵變。學這一招的是誰？是後來清朝的雍正呀！他學這一招，也成功了，這叫作竊國賊，是人間最大的大偷。爲什麼會有這些偷？因爲被我所的結綁住了。我們修行人要斷什麼？首要之務就是三縛結。三縛結合起來就稱爲見惑，是因爲錯誤的見解而產生的迷惑，因此就使得有情不斷的輪轉生死。所以見惑這個三縛結，就是有情輪轉生死的根本，這是第一個結。由於見惑這個結，就把有情眾生綁在三界中，永遠不得解脫生死苦。

接下來就是思惑，思惑是在斷見惑之後，經由思惟觀來斷除。斷了以後，我執斷盡了就可以出離三界生死，這也是綁住眾生輪轉三界生死的結。這兩種結如果斷了，他就是阿羅漢。可是常常有人問學佛人說：「請問你是阿羅漢嗎？」他說：「不！我不是。」「你明明是啊！」「不是！不是！你不要害我下地獄！」他嚇死了。可是菩薩悟了就不一樣，問說：「你是不是阿羅漢？」他說：「我既是阿羅漢，也不是阿羅漢。」這樣的阿羅漢才叫阿羅漢，這就是般若經的標準程式。爲什麼這麼說呢？因爲意識心無妨不是阿羅漢，可是你的如來藏本來就是阿羅漢，因爲祂本來就在無餘涅槃裡面不生亦不滅，爲什麼不是阿羅漢？祂比阿羅漢更有資格說是阿羅漢，因爲阿羅漢都還沒有住入無餘涅槃呢。可是入了無餘涅槃，阿羅漢就不在了，所以一切阿羅漢也都不是阿羅漢。阿羅漢是誰當的？是五陰當的，可是五陰入不了無餘涅槃，入了涅槃時五陰就滅盡了，他哪裡是阿羅漢？但是菩薩悟了以後，思惑還沒斷盡，他卻可以說：「**我是眞正的阿羅漢。**」但這個「我」不是講五陰我，是講家裡人那個如來藏，所以「我是阿羅漢」，沒有人可以向你糾正。佛來了，聽到你說這個話，點頭說：「**這個好弟子，還眞有智慧、懂般若。**」

這意思是說，妄心才會有結，被這個結所繫縛而損失法財，所以說這個結叫作賊，專門竊盜眾生的解脫法財、佛菩提法財。可是當眾生修學佛法，有一天悟了以後證得如來藏，發覺：**這如來藏從來就沒有被結所繫縛，即使被眾生拖著在三界中不斷輪轉六道，祂也沒有生死，祂也不曾被任何一個結所綁住，所以祂才是阿羅漢。**菩薩證實這個道理以後，他要用這個道理去告訴眾生，所以菩薩對眾生行於慈心時，不會被結賊所拘束，結賊綁不了他，也影響不了他，除非他沒有轉依成功：**只探知密意而沒有確認密意是正確的，所以未曾轉變自己來依止如來藏的眞如法性。**所以菩薩行阿羅漢慈，一般人是無法想像的。如果像印順法師那樣，以凡夫的菩薩行來行阿羅漢慈，那要怎麼行？根本就行不通。不但行不通，從《維摩詰經》剛開始時開宗明義的開示，他就行不通了，因爲光「如是我聞」四個字，他就不通了。要是不信的話，哪一天他再來時我再來問他（他重新再來時不曉得是多久以後的事了），假使今天他還在世，還是可以問他：「**請問：『如是我聞』是**

誰聞？」一句話就把他摺倒了，因爲他無法答覆你，不論他怎麼答，都要被破斥，破斥了以後也必然無法回嘴。所以，行阿羅漢慈，不是印順凡夫所能做得到的，你必須要證悟了，然後會發覺：原來一切有情身中都有個阿羅漢，永遠都是沒有期待眾生任何回報的，祂總是無私無我的行慈心。爲什麼能這樣？因爲破結賊的緣故，所以菩薩才能行阿羅漢慈。

「行菩薩慈，安眾生故。」：請問：「菩薩是誰在當？」菩薩是五陰在當。可是菩薩悟了以後卻說：「菩薩是如來藏在當，不是五陰在當，因爲五陰當不了菩薩；如果不是如來藏，五陰什麼都不是。」結果發覺：原來令眾生得安的是如來藏，不是我某某菩薩。因爲某某菩薩想要安眾生，也是要靠他的如來藏；而眾生各自得安，也是靠眾生自己的如來藏，原來都是要如來藏才能安眾生。假使沒有如來藏，眾生根本沒有可得安的地方；因爲如來藏不在，眾生都死掉了，還能有誰得安呢？還有誰能說出「如是我聞」四字呢？因此菩薩證實了這個道理以後，轉依如來藏來利樂眾生，並且教導眾生能親證如來藏，這樣才能使眾生眞實安隱。

所以阿含部經典有說兩種觀：第一是出離觀，第二是安隱觀。可是《阿含經》裡面講了這兩觀的名稱以後，只說明出離觀該怎麼修，反復不斷的重複講解，卻對安隱觀都不曾講過；因爲那是般若期與方廣唯識期的事情，不在初轉法輪的阿含時期說。所以四阿含裡面不斷的、重複的、詳細的宣講出離觀如何修，如何出離生死；安隱觀卻都沒有解說，這表示出離不是安隱，因爲出離了三界生死，是純然的無我、五陰滅盡、十八界滅盡，滅盡以後是誰得安？沒有人得安。可是證如來藏的菩薩卻不一樣，你證了以後，還沒有入無餘涅槃，還沒有斷盡思惑，你已經看見無餘涅槃裡面是如來藏了：祂是如何的絕對寂靜，是如何的安隱不壞。

菩薩證如來藏以後，現前觀察到這樣本來安隱的境界，若必須入無餘涅槃而滅盡自己，也沒有關係，因爲不是斷滅空，還有如來藏獨自存在；阿羅漢入了無餘涅槃，他也知道那不是斷滅空，他已經由 佛陀爲他證實：無餘涅槃中仍有本際——住胎識——常住不壞。菩薩則是活著時就可以現觀這個境界，既然現在生死當中的本際已經是涅槃，又何必刻意要去斷思惑、要去入涅槃？因此菩薩就不再急著斷盡思惑，不再畏懼胎昧；有胎昧也沒有關係，反正如來藏裡面的證悟種子還在，來世遇到佛法時總是還會再悟的，怕什麼！因此就信心滿滿又去投胎了。所以菩薩雖然知道意識不能去到未來世再親證這個無我，但是來世照樣還會有一個全新的意識；而如來藏中證悟後的般若智慧種子還在，就不必害怕；再怎麼惡劣，下一世、第三世不悟，第四世總也會重新再悟嘛！世世不悟，百世後總也會再悟嘛！怕什麼！所以證得如來藏以後就有了這種現觀，他心中就安隱了，這就是安隱觀。

但是阿羅漢還沒遠離胎昧以前都害怕再受生，恐怕來世會忘了解脫果的修證，萬一又造了惡業，那不是倒楣了！所以阿羅漢是怕生死，因爲怕生死才要入涅槃，所以證得出離觀以後，他們並不是眞正的安隱。但是菩薩證得如來藏以後，他想：阿含雖然不說明安隱觀是什麼，阿羅漢們不知道，咱家卻知道。菩薩心得安隱，就是從親證如來藏而來。如來藏不管是在事相上或是在理上，都能令眾生得安。菩薩證悟了這個，當然就要行菩薩慈了，因爲他發覺：原來菩薩還是要靠如來藏才能當，阿羅漢還得要有五陰才能當。其實說穿了，阿羅漢的五陰還是靠如來藏，所以阿羅漢雖然是五陰在當，其實還是如來藏在當，但是阿羅漢們都不懂。事實確是如此，等你悟了以後，你都沒有辦法來推翻我，你只能贊成。所以，如來藏才能安眾生。菩薩證得如來藏以後，可以行菩薩慈，原因就在這裡。

「**行如來慈，得如相故**」：如來，在印度本來是說如去；可是中國人都喜歡來、不喜歡去，你如果把它翻譯成如去，中國人會覺得不太吉祥。其實你仔細把它思惟以後，如去才吉祥，因爲如去是沒有去；如來是好像來，其實沒有來；那到底是哪一個比較吉祥？所以還是如去的沒有去，才是吉祥。可是你如果今天寫在書中說：「我們從今天開始皈依如去，不皈依如來。」你將會被罵慘了！如來其實是沒有來，如果能詳細再把它思惟，其實也不錯，因爲沒有來的才不會去，有來的就一定會去，所以從佛菩提道的佛法來看，不管你怎麼說，都有道理、都很好。滅也好，生也好，生滅也好，不生不滅也好，都好！就看你從哪個層次來觀察。

但是菩薩爲什麼悟後能行如來慈？因爲已經證得如如不動的實相，於一切法中都如。如果於六塵萬法中會動心，那就不能如了；於六塵萬法中都不動心，那才是如。世間人不是說：「這個人很有修養，怎麼罵他，他都如如不動；他不是厚臉皮而如如不動，他是眞的修養好而如如不動。」但是，你怎麼罵他，他都如如不動；如果你拿刀子砍他一刀，看他動不動？他動了！他一定跟你翻臉。有的人向來是動口、不動手，你如果動手，他就動心了；不論你怎麼動口，他總是不動心，動手時就不行。可是如來藏不一樣，不管你動口、動手、動心，祂都不動心，祂就是如如不動：祂永遠不會生氣，也不會喜歡，永遠如如不動，這才是如相，只有菩薩所證的如來藏才能如此。知道了這個道理，看見如來藏如來亦如去，就是不來亦不去，轉依了祂就可以像如來藏這樣生生世世對無量眾生行大慈之心，就是從如相的證德而來。

「行佛之慈，覺衆生故」：諸佛的慈悲，是在什麼地方說祂們慈悲？主要就是來覺悟衆生。諸佛到人間來，無非就是一個大事因緣，這個大事因緣就是來人間做四個字：開、示、悟、入。把佛的知見打**開**；打開了，衆生如果還看不見，就一樣一樣把它拿出來給衆生看—**示**；如果衆生看了，還不知道要怎麼辦，就幫助他**悟**；幫他悟了，還是成不了佛，怎麼辦？再進而教他**入**佛的所知所見中；這就是諸佛在三界中行慈，所以覺悟衆生才是眞正的行於慈心。如果對衆生做種種財施、無畏施，但是不覺悟他，反而教衆生永遠在意識中打轉，那就與天魔專教人修福一樣，叫作天魔徒衆。天魔爲什麼能當他化自在天的天主呢？就是不斷的在世間法上利樂衆生，修集極大的福；衆生如果想要求悟，祂就用五欲去破壞他；凡是有人想求證解脫道，想求證佛菩提道，祂就不斷地送很多五欲給那個衆生，使衆生因爲享受五欲就忘了精進修學，永遠都是祂的徒衆。

但是佛的利樂衆生是在覺悟衆生，讓衆生出離生死，乃至究竟成佛，因爲這個才是究竟的利樂。被魔教導而行無量的善事，生他化自在天，有一天即使能取代天魔波旬的地位，當上了他化自在天主，但是一期生死結束時，終究還是要輪迴，還是要受生死苦，那個天主的位子也不能久保啊！所以那種慈不是眞正的慈，反而是害人輪轉生死。可是諸佛來人間覺悟眾生，眾生覺悟了以後，或者能出離分段生死，或者能究竟成就佛道，才是眞正的行佛之慈。而諸位未來也都要走這一條路，正覺會中的親教師們是已經在走這一條路了。你們可以不必走嗎？還是要走！你如果不行佛之慈來覺悟眾生，就永遠成不了佛道，因爲佛地的淨土是從攝受眾生而來的。可是菩薩爲什麼能行佛之慈？是因爲他有能力來覺悟眾生。

「**行自然慈，無因得故**」：自然之慈，不需要有什麼因。你需要如來藏幫你做什麼，都不需要講原因，祂自然就幫你處理得好好的。你說：「沒有啊！我怎麼沒有感覺到如來藏幫我做什麼？」那是因爲你還沒有悟，所以不知道；等你知道了，你說：「我知道了！我知道了！當然要感謝祂。」但是不必！因爲祂根本不需要你感謝，你說了許多感謝的話，祂也聽不懂。祂對你的慈心是自然的，你得到祂對你的慈心，不必要有任何原因。如來藏是這樣對待五陰眾生，也這樣對待菩薩的五陰。菩薩現前觀察到確實如此，所以菩薩轉依了如來藏以後，當然也是行自然慈。眾生來學法，菩薩不會說：「我只限什麼人才可以來聽我說法，其他人都走開，不許聽。」菩薩一視同仁：講經時沒有限制，誰都可以來聽，能得到多少法益就看各人的因緣。菩薩行道很久以後，不會特地起心動念：「我要對眾生慈愛。」只是自然而然這樣做。有些人行善時，會先想一想：我要不要做？菩薩則不是，他自然就去做，這就是自然慈。眾生如果問說：「你爲什麼要對我好？」菩薩說：「無因得故。」我的心性就是這樣，你不必問我爲什麼要這樣。這就是轉依成功了。

所以說，知道如來藏的所在時仍不能算是開悟，必須要眞的把我見給斷了，從如來藏來觀察：蘊處界我的虛妄、十八界我的虛妄（最主要是現觀意識覺知心的虛妄）。這個我見眞的斷了才證知密意，才會眞的轉依成功。這得要眞斷我見以後再眞參實究來經歷才行；有如實的轉依如來藏了，才叫作開悟，並不是知道密意了就算開悟。所以有人知道的密意是探聽得來的，或者人家突然告訴他，他來不及掩耳走人，突然就知道了，可是沒有斷我見的觀行過程，也沒有參禪的確認過程，當然會使他轉依不成功，所以他知道如來藏的密意時還是沒有功德受用；這是因爲他的三縛結還沒有斷，仍然被我見綁住，並且沒有參禪過程中確認如來藏不生不滅的內容，雖然知道了如來藏的所在也沒有用。只要是轉依不成功，就沒有智慧功德受用，仍然是沒有開悟的人，所以不是知道密意就叫作開悟。如果知道密意就算是開悟，我這一世的師父在一千年前也算開悟了，但他當年知道了密意卻不相信，轉依不能成功，所以當年狐疑不信；一千年後的今天則是不知道密意，又以種種言語加以方便否定，所以到現在還是悟不了。一千年前跟我是師兄弟，那是多大的同門情誼！可是我幫不上忙，因為他始終狐疑不信，所以今天還在混，名氣那麼大又有什麼用？所以要能夠轉依成功才算證悟，不是知道密意就算證悟。菩薩轉依成功以後，行慈心時就不必特地起心動念去行，自然而然就有這個慈心，所以這個慈心到後來，也眞的是無因而得。

「**行菩提慈，等一味故**」：菩提慈，不可能以凡夫心來行。大部分的人是認為不行，說的也對；但是如果有人說行，那也對，就看各人對菩提怎麼定義。如果只是做環保菩提、清涼菩提、行善菩提、醫療菩提，凡夫心當然也可以行；只要每天撿破爛去賣來行善，也就行了，但那是凡夫菩提，因為那與覺悟無關。菩提名為覺悟，他們那個環保菩提能覺悟什麼？只能覺悟說：如果不好好照顧地球，眾生將會越來越困窘。他們這個世間法的覺悟，只要有凡夫心就可以行啦！但如果是佛法中講的菩提，那就絕對不行了。所以，以凡夫行來行菩薩行，是行不通的，因為佛法中講的菩提只有三種：聲聞菩提、緣覺菩提、佛菩提。聲聞法的覺悟是斷三縛結，取證初果，只是大乘法的基礎，不是究竟。緣覺菩提是要從因緣法去斷除我見及我執，也是以斷三縛結爲基礎。佛菩提，除了證法界實相以外，二乘菩提所斷的三縛結一樣要斷，所以這種菩提慈，不是凡夫行所能做得到的，因此行菩提慈之前要先親證一個境界、一個現觀，就是等一味：所有眾生的如來藏都同一味，是常住而**無覆無記性**。證得這個現觀，才有智慧能行菩提慈。

無覆是說，祂從來不會有自我執著或者對我所的執著，祂也從來沒有無明可說，所以不遮障一切眾生出離生死，也不遮障一切眾生成就佛道，祂是眞實的無覆性。祂也是**無記**性，祂從來不行善、也不造惡。你說：「那跟你剛剛講的不一樣。你說：祂是行阿羅漢慈、行菩薩慈、又行無邊慈。那不都是善業嗎？」我告訴你：祂雖然行種種慈，祂心中沒有善惡的觀念，造善業是心中有善惡的觀念才會造善業，祂從來沒有善惡的觀念，所有的善惡業也都不是由祂的意願去做的。而造善業是誰在造？是覺知心，是意根，祂從來不造善業。當妄心在造善業時，祂不會在善業上面起心動念，祂就這樣自然顯現出清淨性，而能使覺知心修善造惡。正因爲祂的無覆性、無記性，所以眾生能證三乘菩提；正因爲祂的常住性，所以眾生能成就佛道。不論哪一個人，不論身分，一切有情的如來藏都同樣是這一種法味，永遠都是等同一味。乃至殺人放火、燒殺擄掠的十惡不赦之徒，他的如來藏還是同一味——無覆無記性；只要因緣成熟了，就能使善人出離生死，祂從來不遮障；也不遮障惡人證佛菩提，對善人、惡人都一樣，所以說祂平等一味。菩薩現觀如來藏是如此，轉依了祂，所以能夠行菩提慈，行菩提慈就是要以覺悟眾生同證菩提作爲工作；覺悟眾生就是在行菩提慈，而菩薩能這樣做的動力就是因爲現觀一切有情的如來藏平等一味，祂的平等一味是法界中的實相，是本就如此的。

「行無等慈，斷諸愛故」：前面是「等」，現在說「無等」。「等」意思是說，人人都有個實際上存在的法可以互相比較，所以叫作等，無等則是沒有可以和祂相提並論的異法，所以平等慈還是有相的；可是如來藏無相，你無法用某一種法來跟祂做比較。既然沒有另一法可以跟祂做比較，怎麼可以說是跟祂平等、平等呢？只能說所有有情的如來藏都平等，但不能說另外有某一個法是跟如來藏平等，所以祂是無等。爲什麼祂無等？因爲祂無愛，只要有愛就有等。如果有人說：「佛法講的就是要博愛。」諸位都應該聽過是誰講的，但博愛的意思是什麼？是說他普遍的貪愛眾生，才是博愛；因爲愛就是染，有愛就有染。可是達賴喇嘛講的博愛，有另外一層意思：喇嘛要愛一切的女人，所有的女人要愛一切的男人。他們度眾生就是這樣度的，就是要度所有的眾生都和他們合修雙身法，要和他們每天住在涅槃第四喜中，對每一個異性人類都應如此，所以達賴才講要博愛。而我們顯教有一些法師也跟著在講博愛，那不是腦筋壞掉了嗎？就算是博愛，包括螞蟻、細菌都博愛好了，請問：他自己病了，要不要治病？他被細菌感染了，要不要殺菌？他與異性徒弟合修雙身法而被捉姦，被提起妨礙家庭的告訴以後，爲什麼要立刻離開台灣、逃避法律責任？眞的博愛時就應該留下來爲那些女人主持公道、承擔責任。請那些喇嘛們再博愛給我看看！他們都做不到的。所以有愛就不可能無等的行慈，可是如來藏沒有絲毫的愛，何況是博愛？沒有任何一法可以跟祂相提並論，祂是絕待的，所以無等。菩薩證得如來藏以後，發覺如來藏不愛任何一法；因爲，凡是有「愛」這個心行出現，就表示那是意識心。可是如來藏從來都沒有一絲一毫的愛，從無始劫以來就如此，所以祂是斷諸愛的。菩薩證悟如來藏以後能轉依祂，所以行無等慈，不需要去做任何的比較，隨著眾生的因緣就以他的慈心去幫助對方。但是不可以用這個來要求我：「你要行無等慈，所以我來學一天，你就要幫我開悟。」那不行！我說的是隨眾生的因緣，如果目前因緣不適合悟入，就教他學世間善法，教他修學人天乘：恭敬供養三寶，可得生天，得安樂。要隨他的因緣，他的因緣就只適合這樣學，就不記仇、不輕視的教他修學人天善法。行無等慈，行阿羅漢慈，行菩薩慈，都一樣要以智慧觀察因緣。

「**行大悲慈，導以大乘故**」：世間人的悲都是相對的。悲是拔苦，慈是與樂。可是拔除痛苦，要看怎麼樣才是究竟的拔除痛苦，只有究竟的才是眞正的大悲。一般凡人拔除別人的痛苦，首先要推醫生，不管中醫、西醫都一樣，能把眾生色身的痛苦除掉；如果是精神科醫師，是除掉眾生精神上的痛苦。可是這些都不究竟，因爲世間苦拔除了以後，無量世的生死苦還在；生死病才是有情的大病，這個病無量世以來一直跟著。色身的苦苦只有人間有，欲界中也有，生上了色界天就沒有色身苦苦了；人間還會感冒、病毒感染，欲界天卻沒有，但仍有五衰之苦，也有與阿修羅戰鬥傷損之苦苦，到了色界天才能遠離這些苦苦；但是即使生到無色界天了，死苦、壞苦仍然存在，這種苦只有佛法能斷，所以阿羅漢幫眾生斷生死苦，阿羅漢的生死苦則是由佛來幫忙斷除。可是阿羅漢的悲心不是大悲，只能稱爲小悲，因爲這種悲不廣大，只度少數人離苦。阿羅漢所行的慈也不究竟，因爲他得要把眾生滅了才是得度。可是大乘不然，大乘是：眾生不滅就得度了，不必死就已經涅槃了，這只有大乘法才有；而且菩薩是生生世世永遠不離眾生，一直都在人間利樂眾生的，不像阿羅漢只有一世利樂眾生。

現在弘揚二乘法解脫道的人，看我書籍一本一本印出來，顯示大乘佛菩提道超勝於小乘解脫道無量倍，他們心裡很不是滋味。所以我常常想：他們讀了我的書以後能夠安忍，那就眞夠好了，不必要他們來讚歎，因爲他們心中執著於二乘法。現在此經中把二乘法與勝妙的大乘法評比下來，變成二乘人智慧很差，他們心裡面一定難過，我很能體諒他們，所以他們讀了我的書以後只要不毀謗，或是聽了以後不毀謗，我就讚歎他們。所以，什麼才叫作大悲之慈呢？要讓眾生還沒有捨報就已經現觀無餘涅槃中的本際，不必斷盡思惑就能現觀無餘涅槃裡面是什麼境界，這才是眞正的大悲慈，而這種大悲慈必須靠大乘法來引導。大乘法引導的結果，會使親證的人不再想要入無餘涅槃，他會生生世世不斷行菩薩道，一直利樂有情而不中斷。這樣三大阿僧祇劫利樂有情下來，能利樂多少眾生呢？那是無法計算的，這種悲心所起的利樂眾生的慈心才眞是廣大；而且這種導以大乘的法，還能夠使被度者未來可以成就究竟佛地的功德，所以這個悲才叫作大悲。以這種大悲心所行的大慈來度眾生，就是菩薩之所應行。

「**行無厭慈，觀空無我故**」：菩薩度眾生不可以說：「某一些眾生我不度。」他只有一類眾生可以不度，叫作無緣眾生；只要是跟他有緣的，他都要隨分而度。

雖然不能幫他悟入，至少也教他皈依三寶；雖然不能教他皈依，至少也教他修人天善法；雖然不能幫他開悟般若，也可以教他證禪定，離欲界生，實證離生喜樂定（初禪），所以菩薩不厭惡一切眾生。但是菩薩也會有不攝受眾生的時候，是因為觀察因緣而認為：這個人的因緣，在這一世無法攝受他，要等下一世或者幾世以後再來攝受他。由於這樣的觀察，所以菩薩有時對某些眾生暫時放棄，但不是永遠的放棄。這就像不思議光菩薩一樣，只是由於因緣時節的緣故，有時候被賢天菩薩放棄，但終究還是要度他的。但菩薩所行的無厭慈，其實是從「觀空無我」的緣故而來，因為不管是多麼惡劣的眾生，他也只是暫時惡劣，終究不是眞實的惡劣；譬如十惡不赦的眾生過去無量世也曾經當過很多世的大善人、布施無量，可是因緣際會、因瞋而謗賢聖，使他這一世成為不被攝受的惡人。但菩薩看待這些善惡人的五陰都是空幻不實，都沒有眞實我性，就表示他們都是化生的。

有哪一個眾生不是化生的？也許你說：「我不是，我是胎生的。」但我告訴你，你也是化生的，你是被你的如來藏變化而生出來的，還是化生；只是不像投胎到化生鬼道去，也不是像蝴蝶的卵成蟲變成蛹，再化生為蝴蝶，不是那個化生的意思；而是說你是被如來藏變化而生出來的，所以叫作幻化人；既然是幻化人，當然是空無我性。既然善人、惡人都是這樣，都是空無我性，都是幻化人，何必厭惡？他的因緣是那樣，就讓他暫時那樣吧！所以看到他要下地獄了，你想辦法救他，但是他不受救，那就拉倒，你也不必難過；如果你會難過到晚上睡不著，那表示你沒有解脫證量。這就是說，菩薩因爲觀空無我所以能夠行無厭慈，而這個觀空無我產生的無厭慈，是從親證如來藏而觀察祂能入胎出生名色的智慧來的。

「**行法施慈，無遺惜故**」：菩薩不斷的在做法布施，做法布施時並沒有這樣想：「某一些法不可以放手給徒弟。」菩薩只是遵照佛的告誡：哪一些法要在什麼因緣下才能放手，不能無限制的濫放，以免徒眾謗法。我從出來弘法以後，常常有一些同修私下傳說：「導師很好拐，你向他多問一些就能拐到了。」實際上拐去了嗎？沒有。我一向都會詳細的講解，沒問到的也提出來講解而幫助大家；但是講到了關節，不能再講時，我就會停止。所以很多人聽了我講的很多法，尤其是在早期，包括牢關的很多法，但是關節處我沒有放手，因爲那個不能放手；若是明講了，知道牢關的密意也沒有用，功德起不來，一定會退轉。這就像很多人禪三回來說：「老師書中都明講了，想開悟的人，根本不用去禪三。」我說：「那麼你未去禪三時爲何就悟不了？」所以是因爲你悟了，才知道我處處明講；可是對於還沒有悟的人，永遠還是隱說。因此，關節處必須遵照 佛的告誡而保密，讓大家保有將來體驗的機會。

因此，在大乘法中，你**行法施慈而無遺惜**，但是某一些部分仍須要依照 佛的告誡覆護密意。否則，若是一切法都說無遺惜，那你乾脆把密意都寫在書裡面流通好了，這樣一來，眾生都失去了體驗的機會，佛教正法也就不用弘傳了，佛教就滅了。愚癡眾生也會咒罵：「原來佛法講的是這個，笑死人了！」那你就是在害他們。所以有很多內容是不許講的，甚至於有些東西我還故意把它忘掉，你就算是今天拿刀子架在我脖子上，我也是講不出來。因爲我很害怕洩漏出去而下地獄，我承擔不了那個大惡業，所以雖然是經過兩個多月觀行才整理好的法，還眞是把它忘光光，後來也不敢再想、不敢再整理，因爲怕不小心講了出來。心直口快的人就只有一個辦法：把它徹底忘掉。這是由於恐懼後果而忘掉的，眞的是想不起來了；你就是把我殺了，我也講不出來。當你看到明講諸地現觀境界的祕密將會得到的業報時，你會嚇出一身冷汗。所以**行法施慈**，並不是無限制的濫傳，而是要觀察因緣，否則 佛陀乾脆在經中全部明講就好了，何必再來一個教外別傳、直指人心？又何必講了諸地的現觀名稱以後卻不明說出來？

所以，無遺惜，菩薩固然不會遺漏而故意不講，或者惋惜、珍惜而不傳給眾生，但關於現觀實證所得的密意，還是得要善觀因緣而不許明傳，必須由徒弟們自己體驗，才能出生智慧、獲得受用。從另一方面說，菩薩如果有所遺惜，他是在障自己的道，表示他的層次停在這裡，已經上不去了。世間法都要有遺惜，就好像武術界常常這樣，師父有一百招，只教徒弟九十九招，暗中留下最後一招，預防將來會被徒弟幹掉；他的徒弟在傳給徒孫時，也要留一招；一代又一代的留，到現在幾乎都留光了。武術界常常有這樣的現象，師父說：「好了，你出師了，該教的我都教完了，我沒什麼可以再教你了。」有一天徒弟回來挑戰師父：「我要當天下第一！」這徒弟想：「第九十九招最厲害了。」就要出來，結果師父還有一招把他破了，徒弟抗議說：「師父！你怎麼沒有教我這一招？」「我若教了你，今天還有命嗎？」這是世間法的正常現象。可是菩薩如果有這個心態，他是在障自己的道，我告訴你：這個菩薩的修行一定不好。但是菩薩傳法雖然無遺惜，卻有個前提：要觀察因緣。這是 佛所告誡的。

「**行持戒慈，化毀禁故**」：會毀犯禁戒的都是妄心，如來藏從來不毀犯禁戒；所以，凡是會犯重戒的都是妄心，犯輕戒、犯小小戒的都是妄心；可是如來藏從來不犯戒，無始劫以來都沒犯過戒。那是什麼道理呢？也許有人說：「因為祂本性清淨。」沒錯！但我從另一方面告訴你：因爲祂沒有受過戒。誰能受戒？五陰才能受戒。如來藏是心、無形無色、無覆無記性，你爲祂講戒相，祂也聽不懂，你叫祂持什麼戒？所以，會來犯戒的才是菩薩，不犯戒的就不是菩薩。請問你：「如來藏是不是菩薩？」當然不是菩薩。所以，說祂是菩薩，也是我說的；說祂不是菩薩，也是我說的；但是都對。如果有一天誰跟你說他持戒多麼清淨，從來不犯戒，你就罵他：「你這個犯戒鬼！」爲什麼？因爲菩薩不可能不犯戒，在人間哪有可能不犯小小戒的，沒有這樣的菩薩。要是不信，很簡單，你等他感冒了，問他：「你吃不吃藥？」「吃啊！」「吃藥，那你就犯殺戒了！」因爲不管細菌或是病毒，都是眾生。請問他：「拉過肚子沒有？」「拉過。」「你有沒有吃止瀉藥？」「吃了。」不管他是吃征露丸或別的藥，吃了就犯殺生戒了！因爲那表示有很多細菌使他腹瀉，用藥把牠們殺掉就是犯殺戒。所以說：有犯名菩薩，無犯名外道。

你說：「如來藏從來不犯戒，那祂就是外道。」對啊！祂本來就是外道。請問：「如來藏皈依過沒有？」祂沒有皈依過。請問：「如來藏修不修佛法？」祂從來不修。不曾皈依、不曾修佛法，就是外道，怎麼不是外道？可是如果誰來跟我說：「如來藏是外道。」我就給他一巴掌，他如果問：「你爲什麼打我？你不是說祂是外道嗎？爲什麼不許我說？」我說：「就是不許你說。」那是什麼道理？因爲在佛法內門中修行，都是在理解祂的體性，也是在修祂的種子，怎麼可以說祂是外道？得要說是內道。所以，說祂是或不是外道，都由著我說，不由著凡夫、愚人說。

如來藏從來不持戒，可是祂也從來不犯戒；既然從來不犯戒，祂應該是最有慈心的，找到祂以後現前觀察到祂這個心性，就轉依祂；轉依祂以後，戒行就清淨了；這樣來行慈心，豈不是眞正的「行持戒慈」嗎？你轉依了如來藏以後：如來藏不殺人放火，我就不殺人放火；如來藏不欺騙眾生，我就不欺騙眾生；如來藏不貪愛眾生、錢財，我就不貪愛眾生、錢財；如來藏不貪愛眷屬，我也不貪愛眷屬。這樣的話，我就是轉依如來藏而化除毀禁，化除毀禁以後，就是行持戒慈。

「行忍辱慈，護彼我故」：忍辱，都是五陰在忍，能忍辱的是五陰。可是以五陰行忍辱，對一般人來講，特別是對初學者來講，那是很痛苦的事：被人家罵了不許生氣，被人家打了不許回打，被人家吐口水也不許回吐。忍起來眞的很難過。但忍辱畢竟是妄心所忍的，而如來藏祂從來不忍辱：你如果罵祂，祂也不會對你起瞋回嘴；你一天到晚罵：「我從早到晚都在叫你，你怎麼不跑出來給我找到？都不給我瞧見，讓我無法破參開悟，你眞是討厭鬼！」祂不會跟你回罵。你如果找到了祂，發覺祂眞的最能忍辱，你就轉依祂，後來終於發覺：「原來祂才是眞能忍辱者。因爲祂保護了自己也保護了我，五陰的我也被祂所保護。」而祂從來不回罵，所以你也不會氣祂，兩面都保護住了：護彼、我。然後你再來觀察共相：所有有情眾生的如來藏都如此。既然是這樣，我又何必傷害祂？縱使我想傷害祂，也傷害不到祂；因爲把祂的五陰（自己）殺了，祂二十年後還是一樣出生了另一條好漢，心想：「我自己根本殺不掉祂，那我何必殺祂。」假使能殺了祂，五陰自己也會跟著壞掉；既然如此，不必殺害我五陰自己，也不會染污了祂的種子，這就保護了祂，彼我皆護兩「廂」無事。對自己如是，對眾生也如是，這個眞相是永遠不可能被改變的；這樣看來，就變得好像什麼都可以忍了，都無所謂啦！因爲報復了仍等於沒有報復，又何必報復？那就一切可忍。一切可忍就能行忍辱慈，如來藏就是有這個功德性；由於能護彼我故，所以菩薩行忍辱慈。

「行精進慈，荷負眾生故」：精進並不是一般人所想的：每天努力打坐、讀經。精進，在二乘法中，是在斷我見和我執上面努力去做；但在大乘法中，眞實的精進是以荷負眾生而說是眞精進；所以菩薩行於慈心，不是從自己的利益上來考量，而是在擔負眾生的道業上面來考量；這樣努力去做，並且是沒有私心的做，才是眞精進。所以成佛不是容易的事，因爲成佛就表示要爲眾生作種種擔待。不論是什麼時節的成佛都不容易，有時如 釋迦佛是在人壽百歲時成佛，但有時則像 彌勒菩薩即將成佛，但祂是在人壽八萬四千歲時來成佛。一般人的想法大概是：在八萬四千歲的人壽時，荷負眾生比較容易，因為那時的眾生心性都是很調柔，也都很有智慧，所以那時容易荷負眾生；我們世尊 釋迦牟尼佛在這個人壽百歲、少出多滅的情形下，來荷負眾生是很不容易的，因為這時的人們有五濁。

但是那個想法其實不對，因爲那時有那時的困難處，這時也有這時的困難處，各不相同。在這個年代成佛，大阿羅漢一千二百五十位，可是有證量的菩薩數目絕對是大阿羅漢的幾倍，否則沒有辦法圓滿化緣，這是說現在這個年代。如果是 彌勒菩薩成佛時，龍華三會的第一會，阿羅漢九十六億人；乃至第三會，阿羅漢也有九十二億人，不像現在 釋迦佛是一千二百五十位。至於菩薩就更多了，你想：這需要多少人來幫助 彌勒佛？人，當然要分爲兩類：一類聲聞人，一類菩薩人。既然要度那麼多人，當然需要很多人來共襄盛舉，彌勒成佛時化度眾生的緣才能圓滿，祂才能捨報；否則就得要來成佛兩趟，才能度盡；但沒有佛是來兩趟的，都是一趟就要圓滿化緣。所以那時 彌勒佛要荷負眾生時，也是很大的負擔。

可是祂也把這個慈心展現出來，怎麼展現呢？將來 彌勒菩薩成佛時，距離現在還有五億七千六百萬年（古天竺以一千千為億），有人說十幾億年，也有人說四十幾億年，算法不同。但是未來這一段時間，祂不是閒著沒事做，得要時時刻刻安排一些人修成道業，準備在未來祂成佛時可以配合祂來化度眾生，這都要在這幾千萬年中事先安排，這可有得忙了。不要以為祂現在住於等覺位中都沒事，就等著成佛的時間到來。祂必須一直不斷的忙著安排法緣及幫忙大家完成道業，如果祂現在沒有做，將來成佛時，祂座下豈能有許多人來做事情？祂這樣不斷的做，也是精進慈。我想諸位大概都沒有想到這些事，所以你不要以為將來自己修到第幾地以後，好像事情就很輕鬆，都沒事了！不！你會越來越忙。當你修到等覺時，將比諸地還要更忙，並且不是只有一個地球的眾生讓你忙，三千大千世界的所有地球都得要度眾，將來成佛時才能配合，那你眞是忙得不可開交，但是從來沒有人聽他講過：「好累喔！好辛苦喔！」都沒有，這就是精進慈。

為什麼要精進慈？正是因為要荷負眾生；若不是將來成佛時要荷負眾生，就不必這麼辛苦的精進行於慈心了。可是行精進慈而荷負眾生時，究竟要不要依靠如來藏來荷負呢？不論是釋迦佛或當來下生彌勒尊佛，或是你我他一切有情，不都是由如來藏來荷負五陰眾生嗎？如來藏不都是很精進的照護諸佛及眾生而示現精進慈嗎？因爲諸佛與一切有情都是由如來藏來荷負的，菩薩這樣現觀而轉依，當然也要效法如來藏的精進慈而永無止盡的荷負眾生了。

「行禪定慈，不受味故」：禪定有什麼慈呢？有，禪定的慈就是不要貪眾生味。譬如：某甲跟我很要好，每天一定得要與他泡一次茶聊聊天，這也是貪眾生味；某乙對我很重要，必須每天見面，因爲他可以教我許多世間法，讓我多賺一點錢，這也是貪眾生味。另外，在人間要教導眾生修證禪定，禪定的修持對自己很重要，對眾生也很重要，不能證得禪定以後只是自己受用而不教導眾生，所以證得禪定之法以後也要教導眾生。自己不貪味，也要讓眾生一樣不貪味。貪什麼味呢？貪五塵之味，乃至貪定境中的法塵味道。禪定中的韻味都是三界味，爲什麼叫作三界味？因爲這都不離識食。凡是於禪定中的韻味有所貪愛，都是識食，因爲意識、意根都以六塵爲食，才能長養色界的天身、無色界的受想行識，所以也屬於識食；只要有識食，那仍然是三界味。但是要叫眾生突然就離開三界法味的貪求，那是不可能的，所以先教導他們證禪定，證禪定而發起初禪就離欲界五塵的貪。所以，

行禪定慈就是不起三界九地境界的法貪，也要教導眾生先從禪定的修證離開欲界貪、色界貪，乃至最後不受一切定境法塵的韻味，這就是不受味，這樣才叫作行禪定慈。可是禪定是包含禪思與定境的，而這二法是牽涉智慧與定境的。假使有人二者兼具，其實背後還是依靠如來藏對法界運作的了知而產生的，但是祂卻對一切三界味、法界味都無執著；所以眞實的禪定慈其實仍然不外於如來藏實相心，菩薩轉依了祂以後，就能不貪一切味而行禪定慈。

「**行智慧慈，無不知時故**」：諸佛菩薩在人間恆時行於智慧慈，這有兩個方面：第一、你若想要宣揚某個層次的法，要先觀察時節因緣，不能莽莽撞撞就去弘揚。有時候你必須順著來，有時必須顚倒過來；在用人方面也是一樣，也要知時，這都是大文章。在我們這個時代弘法，你必須從禪定開始，因爲你如果不從禪與定開始，就無法度人，所以一開始就講禪與定。可是我們當年開始講禪時很麻煩，因爲在講禪時大家聽不懂：到底你在講什麼？所以我們不得不停下來，教大家修學定力，所以改講無相念佛；因爲參禪得要先會看話頭，可是話頭弄不懂，如何能參禪？本來我們是先教定，希望大家都有定力了，應該就可以看話頭了，沒想到還不行；所以《小止觀》講完了，大家也修練禪定很久了，接著講禪時大家還是聽不懂，只好再施設個方便，中途講無相念佛，鍛鍊大家的定力而不是定境，然後才講禪，終於才有人會看話頭，後來終於有人能夠悟入般若。

講禪、說般若以後，接著就是要辨正法義的對與錯，因為你不說別人錯，人家卻說你錯，只因為你所悟的內容跟人家不一樣（人家是悟得離念靈知意識境界，你悟的是第八識如來藏），所以接著就必須辨正法義。法義辨正時不一定大家都聽得懂，那該怎麼辦？你得要提升大家的智慧，所以講唯識學（增上慧學），所以我們就開始講《成唯識論》。因為萬法唯識是增上慧學，有智慧的人就不敢對你說閒話，沒有智慧的人才會寫文章、寫書來跟你牴觸。這是預料中事，我們認為：**增上慧學，用一切種智的法來弘法以後，應該沒有人敢在《中觀》上面來挑戰了，只有愚癡無智者才會在中觀上來挑戰。**所以，我們反而把較淺的《中觀》排在最後才要寫出來與佛教界分享；如今大概因緣成熟了，正好有大陸人士寫了文章從《中觀》來破唯識，剛好是這個時節因緣，正好可以寫出中觀方面的書來回應，這就是知時。什麼時候該做什麼事，你得要能夠先判斷清楚，那些佛門凡夫與外道們的思緒都早在你的預料之中，所以有些書很早就整理好了，打字也打好了，卻把它擺著，要等某一本書出來，它才可以出版，這就是知時。又譬如我如果提早十年出來弘法，仍然有白色恐怖存在，那麼今天諸位可能已經見不到我了，我很可能早就被幹掉了，所以佛菩薩安排我要等這個時節因緣，這就是說弘法要知時。

可是你在弘法過程中，總不能全部都只你一個人做，校長兼工友的時代已經過去了。以前在中山北路地下室弘法的年代就是這樣，我當校長也當工友，搬到這邊來以後人漸漸多了，我就開始改變，必須要用很多人來分擔越來越多的工作；但是哪些人該在什麼時候用？你要懂得時節因緣。我們會裡面人才非常多，有些人才並且以後要大大的重用，但不是現在；什麼時候用他？就得看因緣，因緣到了就該重用他了。所以有些人會很早出來，有的人則會較晚出來；晚出來就不好嗎？不一定！不是有一句閩南話嗎：「大隻雞慢啼。」對啊！在國語也有一句話叫作「大器晚成」，我也是五十歲才出來弘法。同理，你要知時：什麼時節該用什麼人，另一個時節又該用另外一批人，你都要知道。

有的人必須冷凍過十年、二十年才能用，不但佛法裡面這樣，帝王之術也是一樣；如果你是皇帝，想把國家治理好，哪些人該怎麼用，哪些人必須先冰凍起來，讓他不能伸手伸腳，凍上十五年以後，這個人就是特別好的人才，這也是知時。知道什麼人該在什麼時間重用，這很重要。譬如劉備，武功既不好、智慧也不好，又一無所有，他憑什麼跟人家三足鼎立？就因爲他懂得用人：什麼人該什麼時候用。同樣的，菩薩要弘法時也是要知時；如果你出來弘法是對佛教很重要的事，假使你有時忽略了知時，佛會來對你指點。但是用人，用人有很多用法，有時正用，有時要倒用；你們不容易瞭解，也會覺得不可思議，但有些人你得要倒用。這就是說，什麼時節該用什麼人，什麼時節用什麼人時該倒用，你都要知道。否則你出來弘法，不必多久就會像曇花一現而不見了，有一句台灣俗諺說：「親像曇花無一暝。」曇花開不到一個晚上，只有幾個鐘頭就過去了。你出來弘法若是這樣的話，就沒有辦法成其功、竟其業，眾生又能得到什麼短時及長遠的利益？所以應該要有智慧，要能知時、知人；你能夠有智慧去做，讓正法可以永續流傳，就是行智慧慈，也就是要從知時而來。

「**行方便慈，一切示現故**」：菩薩在人間，不是每天坐得高高的：茶來伸手，飯來張口；吃過飯了，散散步，睡個午覺起來拈花惹草，到晚上早早就睡了，菩薩不是這樣當的。如果有菩薩這樣當，我告訴你：他一定是新學菩薩，那是從聲聞法轉進來沒多久。菩薩在人間的示現，很多人無法想像；有時候他示現爲國王，有時當宰相，有時當老師，有時當屠夫，都不一定；有時甚至去當高級妓女，你很難想像爲什麼菩薩會這樣。不但如此，有時還去畜生道裡面示現；你們看看本緣部的經中，過去釋迦牟尼佛是怎麼示現的？種種方便攝受眾生，這個最難。假使你悟了，也許哪一天佛說：「你下輩子到畜生道去度某些畜生。」你願不願意？假使悟了一定有人想：「我才不要度畜生，披毛戴角多難過。」但是因緣很難說。假使悟了以後，教你：「安下心來，你下一世只陪一個男人過一生，你專門度他，只要度一個人就好。」你一定覺得：「太浪費我了吧！」大概都會這樣想，可是因緣很難說。

如果佛認爲某人未來無量世中很重要，祂教你去，你就去陪他一輩子，成就來世的因緣，不要去計較；因爲這是佛的方便，你受命了，就在這裡面學方便：怎麼樣去方便度化眾生。佛不會讓你永遠當畜生的，別害怕。菩薩在人間的示現，沒有固定的模式，不要想說：「我當菩薩，我就要像觀世音菩薩那樣，有寶冠、有瓔珞、天衣飄飄，足下有蓮花代步。」菩薩不是這樣的，所以要懂得因緣，時節到來了，該怎麼示現就怎麼示現，這就是行方便慈；只有這樣子才能夠利樂種種無量眾生，道業才會快速。要學孔老夫子有教無類，可是他教的是人類，而佛法不是只有人間，所以有教無類的類，不是只有人類，也要擴充到其他五道眾生；乃至三地滿心以後，還要收很多徒弟——幽冥界的徒弟；不但如此，他方世界的眾生也要去度。所以許多種不同身分的示現，是一切菩薩應該修學的方便。甚至到達七地滿心之前，要度更多的不可思議眾生，這也是他在這一地中許多劫專修方便波羅蜜多的緣故。這樣一切示現，才是行方便慈，這也是菩薩們所應該做的。

「**行無隱慈，直心清淨故**」：直心其實很難，直心的人如果是在諸佛淨土，非常好過，日子過得很快，因爲大家都直心；若是在我們這個地球人間五濁之時行以直心，你會得罪很多人。可是你不直又不行，因爲既然要弘揚正法，別人把法義講錯了、誤導眾生了，你當然要直心講出來，不能再賣人情。如果賣人情說：「我師父雖然講錯了，我仍然不可以說他講錯了。」那你就是不直心，可是你如果能直心而沒有私心，那就是清淨心。但是保持這個清淨心、直心，你弘法時一定會得罪你師父，除非你師父的法跟你一樣正確。直心，還有一個問題會出現，叫作「說者無心，聽者有意」，然後你就被人家在背後不斷的誹謗；可是你到底是爲什麼會被誹謗呢？你不知道。所以直心會有許多後遺症，但是這個後遺症不是你本身的問題，而是眾生的問題。我們只管直心、只管清淨，該給眾生的法，我們就給；有修有證，也不必虛假的客氣隱藏；假使你明心了，人家問你：「你悟了沒有？」你是不是要答說：「沒有啦！我沒有悟啦！」那你已是妄語，要準備羯磨懺悔。如果眼見佛性了，人家問說：「你見性了，是不是？」依那些大師們的講法：「你不可以承認見性，不許讓別人知道。」是否該說：「沒有啦！我沒有見性。」這是在指責你師父爲你印證錯了嗎？或是在間接指稱你師父的見性是假的嗎？那可是謗師之罪！所以有了證境時，你該怎麼說、該怎麼教，你就得要如實說、如實教，總不能夠說，你在教人家修證初禪、二禪、三禪時，卻說：「我沒有證得初禪、二禪、三禪。」既然你有能力教人修證禪宗，向大眾說：「來跟我學禪，一定可以開悟實證般若。」已經對人家保證，也向人印證過了，爲什麼要說：「我沒有悟。」你沒有悟，憑什麼向人家印證？

所以，證境的內容據你所知（除了必須隱覆的密意）是可以說的。但是不許像西藏密宗那些法主們，動不動就誇口說：「我是十地菩薩，我已經成佛。」那是不可以的，因爲他們都是凡夫。雖然可以宣稱開悟了，只是不可以說出你的果位。不許說出實證的大乘果位，並不代表不許承認開悟、不許教導眾生次第進修。如果依那些假名大師所說：「當眾生來學法時，你不可以承認開悟。」那你有什麼資格爲人家印證？如果說你願意教導人家修證某一些更高層次的證境，而你竟然說：「我沒有那個證境。」那你教導別人進修時，有什麼憑據與資格？

問題是，一般眾生往往誤會佛的告誡，佛說：「生前不許說明已經證得第幾果、第幾住、第幾行位、第幾迴向、第幾地。」那是因為佛已經預見：末法時代會有許多凡夫用果位名相來欺詐眾生。現在已經證明事實正是如此，那些西藏的活佛們有幾個不宣稱成佛的？但我們可以說他們本來成佛，而他們自己都不知道，所以他們都不是活佛啦！但是他們身中有個活佛，卻都不知道，只有我們才知道。由於佛已經預見會有密宗妄說果證的狀況，所以才這樣告誡，可是他們今天仍然大剌剌的說：「我已經成佛了，而且是成就報身佛果。」因為他們證得雙身法的第四喜境界，就說是成就快樂的果報，自己高抬為報身佛。因為這個緣故，所以佛不許菩薩們在生前說出所證果位；但是說法時應當無隱，不能像武術界，每一代都要留一招，留到最後正法就失傳了。當然也有很多人私下講我：「老師不聰明，不懂得留一手，一直要把東西塞給人家。」可是我為什麼要這樣做？因為佛教的未來要靠諸位，在我活著時趕快把諸位往上拉，拉得越高越好，層次越高的人是越多越好，別等以後走了沒多少人能弘法，這很重要。也有歷史可以證明：古時大慧宗杲，度了很多弟子，他有許多出家與在家的證悟弟子，並且教導他們深入法義，不斷的提升；這事情對後來一千年的佛教很重要，因為從大慧宗杲那個時代開始，他的師兄虎丘紹隆所度的徒弟，人數不夠多，六十年後就已經失傳而落到離念靈知意識心中了；接下來整整一千年，如來藏法的弘傳都是靠大慧的子孫在弘揚。如果不是他度了很多人證悟，如來藏的法就沒有辦法延續一千年。

今天我們一樣要如此做，要使諸位的層次不斷的提升；大慧宗杲延續法脈一千年，我們是期望二千年乃至三千年。而且將來 彌勒尊佛來人間時，諸位都要成為祂座下很重要的人物，都要擔任重要的工作；否則 彌勒尊佛每一會都度九十幾億人成阿羅漢，龍華三會以後第二、三轉法輪所度的菩薩就更多了，那些接引的工作要由誰來做？要依靠現在這些大法師及他們的徒眾嗎？不行啊！他們一個個都落到常見法裡面，我們指正了以後他們仍不肯趕快改正，還能期待他們在那時以悟者身分來做接引的工作嗎？只能靠諸位！所以說法時一定要無隱，不許處處保留；假使處處都保留，將來大小乘佛法傳下去以後將會全都走味了，都像眼前這些大法師們一樣在弘傳常見外道法了。所以我會不斷的說出很多你們過去沒有聽過、沒有讀過的法；我都會講出來，只有在現觀的密意部分加以保留。為什麼要無遮無隱的這樣做？因為未來佛教的弘傳，以及未來 彌勒尊佛成佛說法時，座下需要很多人來服務，卻只能期待諸位。這樣無隱的弘法，就是直心已經清淨。我們不像有些人弘法時心中恐怕徒弟將來會比他更行，怕將來徒弟背叛而把他幹掉；我們的觀念不一樣，我們認爲：青出於藍，應當更勝於藍。就好像諸位在家裡一樣，總是希望兒子、女兒比自己更強，我們弘法時就是這樣的想法。

直心弘法不免會得罪人，但正法必須要這樣做，沒有私心而無遮無隱的做，才是清淨心。能夠這樣去做，大家就跟著你這樣走，正法的未來才有光明前途。否則，道場弄得很大，大家卻都悟不了，口裡說：「我們道場前途無量。」其實是無亮，有什麼用？所以眞的需要**行無隱慈**，正法的未來才會有希望。正法的未來如果有希望，就表示諸位未來世再來時都有希望，所以了義法的傳承絕不能中斷；好在我們已有很多人發願生生世世要在這裡利樂眾生、住持正法。我們現在這樣做，讓三乘菩提正法的宗門正義不中斷，並且希望我們所做的事情不斷的往後推衍。早期我是想延續三百年，後來增爲五百年、一千年；現在越來越不滿足了，希望能達到正法延續三千年都沒有問題的目標，但是這些都要靠諸位共同來做。當諸位做這件事情時，你就是在行無隱慈；直心清淨的去做，讓法的宗門正義不會中斷，你的道業也將隨著突飛猛進。

從理上來說，如來藏對眾生的慈行，也是全無遮隱的；不但醒著時如此，睡著時也如此；正常時如此，悶絕時也如此；活著時如此，死時也如此，乃至住胎時也如此。對於眞悟者來說，如來藏一向都無遮隱的行於慈心；因爲祂是眞正的直心，不因眾生的善惡而改變其慈行；也因爲祂是清淨心的緣故，無始以來不曾有過一念不淨，所以說祂是直心清淨故。

「**行深心慈，無雜行故**」：深心，求生極樂的上品上生者必須有三心，其中一個就是深心。但深心很難，因爲一般人都是五分鐘熱度，五分鐘過去了，看來好像還很清淨，但是他的熱誠已經減了一度了：本來一百度，現在變九十九。表面上不太看得出來，其實已經降了一度。時間越久降溫就越快，這就是說深心很難。所以說：**念佛一年，佛在心田；念佛三年，佛在眼前；念佛十年，佛在西天**。越念越遙遠了。很多人學法也一樣，剛開始時佛光山、中台山、法鼓山、九華山，只要有山他就去，非常努力，每一個月都要跑好幾個山頭，到處去做義工；可是三年不到就不學佛了，回到世間法去了。我就有這樣的朋友，但是我不會開口說：「**你趕快來我們正覺學法**。」我一向不對熟人介紹正覺，總是隨順因緣。因爲一般人的深心大多不夠。深心很重要，我們禪淨班親教師也會教大家一定要細水長流，不要剛開始像洪水一樣，一會兒過去就沒水了；有深心的人會有一個現象：

就是無雜行。雖然看他學佛沒有像初機學人那樣衝勁很強，可是他不曾停止過一天，他沒有雜行；他學般若時就專學般若，學禪時專學禪，學禪定時專學禪定，他很專行而沒有雜行；這樣修行對自己也是慈，對眾生也是慈。因爲對眾生來講，他這樣是一種示現，當他有了成績，又可以來利樂眾生；他的心態沒有轉變過，沒有懈怠過，所以沒有雜行而長期修行，願意用來利益眾生，才叫作深心慈。同樣的，如來藏對眾生的慈行也是深心的，祂永遠不會改變祂的慈心，因爲祂沒有雜行：絕對不會突然看不下去了，就干預妄心的行爲。祂永遠守住自己的分際。

「**行無誑慈，不虛假故**」：無誑就是不欺騙眾生。欺騙眾生，在這個年代是平常事。有很多人誇口：「我有般若，我有禪定，我有證果，我能幫你證定、證果。」但是實際上卻沒有，都只是誤會一場。而這種現象一直存在現代中國佛教界中，都是欺誑心；往往自己心中知道沒有法可以傳授給眾生，卻仍然裝出一副有深妙法的模樣。顯教如此，西藏密宗更是如此，並且特別的嚴重，都有欺誑心於眾生，因爲他們說話虛假。每一代的達賴喇嘛都說他們是慈悲的化身，可是慈悲化身的歷代達賴喇嘛卻個個都心狠手辣，誅殺異己不擇手段，那種慈悲的化身是不是欺誑呢？可是有多少人知道這個事實？假使這一代的達賴喇嘛仍然是以前政教合一的時代，他也一樣會這樣做，因爲他們的法就是這樣傳的，每一代都誤以爲被他們殺害的人全都已被遷識到極樂世界去了。

現在西藏密宗也有很多人不斷的強調：達賴是慈悲的化身。可是他慈悲在哪裡呢？他的慈悲就是要教導眾生全部都證得雙身法的第四喜，永遠繫縛在欲界的淫樂中，這就是他的慈悲。他這個慈的本質正是虛假的慈，是有誑慈。因爲那一些人跟他不斷學習的結果，捨報以後都是要生去夜叉、羅刹國（他們叫作烏金淨土、空行淨土），其實是夜叉、羅刹的假「淨土」，去那裡以後每天享受欲界中的淫樂，永遠被欲界法繫縛。你們只要看看他們畫的唐卡：手拿頭蓋骨裝著鮮血，另外一隻手拿著一串眾生的肚腸，身上掛滿了人頭骨，身穿虎皮衣，頭上又有好多毒蛇。你們想想看：羅刹淨土就是這樣享受人肉與人血的。而且是每天要住在淫樂境界中，永遠被欲界愛繫縛的。你們要不要往生去烏金「淨土」享受這些？他們以慈悲心度眾生去證雙身法的結果，努力修誅法的結果，死後就只是獲得這種境界；這叫作有誑慈，所言虛假的緣故。弘法者對每一個證境的實修法門，都要確實的爲大家說明：明心就是明心，見性就見性，如幻觀就是如幻觀，陽焰觀就是陽焰觀，如夢觀就是如夢觀，都要有確實的意涵，不能用想像來欺騙眾生。如果是尚未親證的部分，在教導時若有人請問是否已經實證了，得要先聲明：這個部分我沒有親證。讓大家心裡面先有個概念：這部分的法義只能做參考，不是絕對的確實。必須要這樣負責，才是無誑慈，所言不虛假的緣故。

但如來藏也是無誑慈，祂從來不曾欺瞞過眾生；眾生所造是善業，就幫眾生在欲界天註冊、掛號，死後就幫眾生出生在欲界天中；所造是惡業，就幫眾生在三惡道中註冊，死後就幫眾生出生在三惡道中；所修是淨業，就幫眾生留存淨業種子，死後就幫眾生出生在應生的清淨地方；修淨業時若是大妄語，根本、方便、成已三罪具足，就幫他死後出生到無間地獄中。如來藏的一切所行全無虛假，絕不欺誑眾生，因爲祂會忠實記錄眾生的一切所行，絕不虛假故。

「行安樂慈，令得佛樂故」：行安樂慈是最難的，因爲想要讓眾生都得安樂是非常困難的。有很多大法師說：「我要給眾生安樂。」他們自以爲是給眾生安樂了，其實並沒有。度眾生眞正證得安樂境界是很困難的，因爲眞正的安樂境界，眾生其實不容易接受，所以眞正的度眾生是很困難的。大師們都說：「度眾生很容易，只要出些書，電視上多做些節目上去，很快就度來了。」但那不是眞度，只是表相上的度。眞正的度眾生並不容易，連 佛都說不容易了，何況我們呢？所以這個度，當然不是那些凡夫大師們講的度。

假使有一天你有因緣遇到佛或大菩薩們召見（也許定中、也許夢中），你們都要懂得規矩，遇見佛菩薩時要怎麼問訊？不是叫你做個問訊的動作。問訊並不是一個動作，而是要在嘴裡以語言問訊，也就是**問候訊息**之意；所以遇見了佛菩薩，應當如此問訊：「不知佛陀近來身心輕利否？少病少惱否？眾生易度否？」這三句話得要記住，要這樣向佛菩薩問訊。你這樣問訊過了，佛菩薩一定會向你答覆：「身心輕利，少病少惱，眾生難度。」諸佛菩薩永遠都會告訴你：眾生難度。只有表相法中的凡夫大法師們才會說：眾生易度。諸位都要有這個心理準備，當你悟後出來度眾生時要有這個知見，不然你會度得很痛苦：這麼勝妙的法、這麼究竟了義的法要傳給你們，你們竟然還要毀謗我。眾生知見不足，又被表相大師們邪教導，他們先入爲主的觀念就是會毀謗你；所以眾生是很難度的，所以諸佛菩薩對你的問訊，答覆永遠都是：眾生難度。

怎樣才是眞度？就是度眾生到達安樂地。地就是境界，安樂境界是什麼？就是無病無痛，就是永遠安隱。可是你說：「我來到同修會，悟了以後還是會生病呀！」可是你還有一個不病的，不是嗎？我們醫的是生死病，身病留給世間醫生去醫。

德山宣鑑禪師病了，有弟子問：「和尚病了，還有不病者否？」德山說：「有。」「如何是不病者？」德山答覆說：「哎喲！哎喲！」德山儘管肉體生病了，但他心得安隱，因爲眞實的自我是那個如來藏，祂從來不生病。能夠把這個法傳授給眾生，這樣的慈心才是安樂慈。德山的安樂慈，慈在哪裡？就慈在這裡：「哎喲！哎喲！」但世間凡夫總是誤會德山，說：「德山生個病，也會日夜呻吟。」其實沒有日夜呻吟，只是看誰有一點證悟的因緣，當那個人來看他時，他就故意在那邊哀哀大叫。他眞的需要哀哀大叫嗎？根本不需要，只是隨機教化罷了！這才是安樂慈。

爲什麼這叫作安樂慈？因爲令得佛樂故。聲聞人斷我見、我執，成阿羅漢，永遠都不能得佛安樂，只能得解脫樂：永遠不再有未來世。可是未來世不再來人間或天界時，他已經自我斷滅了，怎能叫作安樂？請問諸位：「你覺得安樂，是不是要有你？如果你不在了，有安樂可說嗎？」（眾答：沒有。）沒有啊！因爲你不在了就沒有安樂，所以二乘人沒有安樂。但是菩薩現前看見無餘涅槃中的境界就在自己身上分明現前，所以有我得安樂。阿羅漢入了無餘涅槃，他自己消失了，所以看不見無餘涅槃中的本際，不得涅槃安樂；而他還沒有入無餘涅槃之前也看不見無餘涅槃中的本際，你說他有什麼安樂？所以他的解脫是出離觀，不是安隱觀，所以他的證境永遠無法得到佛地的究竟安樂。但是大乘法不然，你悟了以後，少分了知佛地的安樂境界，從此就不會再去貪著無餘涅槃境界，就可以實際的往前進修，將來可以到達究竟佛地。但是在這個過程當中，你也會不斷的去利樂有情，去度化有情跟你一樣實證這個安樂境界，這樣才是眞正的行安樂慈。但是以上所有的慈與悲，其實都是依如來藏才能有，所以眞正慈悲的「人」還是如來藏。

維摩詰菩薩說完這一些法，最後做個總結說：「菩薩的慈心就像是這樣的啊！」這些正是諸位來正覺同修會修行以後應該要發起的慈心，未來還是要看諸位怎樣一步一步去做。如果能夠依照維摩詰居士這些開示去做，這地球的佛教未來一千年、二千年、三千年是可以無憂的；在這裡就期盼諸位付諸於實行，這不但利他，也是自利。因爲諸位未來世，大部分人還是會在這裡；縱使有人去了極樂，還是會儘快回來，所以這些自利利他之行都要記得。對眾生行慈也就是對自己行慈，只要你幫助別人把這個法親證了、延續下去了，未來世你受生再來時，過去世被你幫助悟入的人還在人間，你仍然可以反過來受學而迅速得法，不會有斷層；這樣，大家都得到利益，就是對自己有慈，對眾生也有慈；俱得安樂，何樂不爲？

【文殊師利又問：「何謂為悲？」答曰：「菩薩所作功德，皆與一切眾生共之。」「何謂為喜？」答曰：「有所饒益，歡喜無悔。」「何謂為捨？」答曰：「所作福祐，無所悕望。」】

講記：這一段經文很短，因為這是應該讓 維摩詰大士說法的時候；所以 文殊師利菩薩儘量問，問得越妙越好、越深越好，這樣才能顯出 維摩詰居士的智慧，也才能使他的不可思議解脫功德顯現出來，否則 維摩詰居士就沒有機會示現及說法。如果他在沒有因緣的情況下特地來示現，人家會認為他師出無名，所以 文殊師利菩薩就不斷的發問，但是問句卻應該簡短，別佔用了 維摩詰的時間。文殊師利又問：「什麼叫作悲？」因為前面講慈，講了慈就不能不講悲，因為慈悲喜捨是連在一起的。什麼叫作悲？維摩詰居士答覆說：「菩薩所做的功德，都與一切眾生共有。」換句話說，菩薩做一切事所得到的功德，不是要自己一個人來享受，而是要用來廣利眾生的。所以，假使有一個人明心了以後，他說：「我要躲去山林裡自修了。」對這種人，我應該找到山林裡面去，見面先劈頭一頓痛打：度了你這種人有什麼用？他不與一切眾生共，他只是要自己受用，這樣的人沒有悲心，不是菩薩，不該得菩薩大法。

我們以前在《優婆塞戒經》講過：菩薩以大悲爲本。如果沒有悲心，就沒資格稱爲菩薩；像這種人，給他得了菩薩法有什麼意義？所以菩薩所做一切功德要與眾生共有，當他看見眾生在生死中輪迴，求解脫而不可得，就要教導眾生解脫的眞義；當菩薩看見眾生被表相大師們誤導，求證般若智慧而不可得，就有義務教導眾生如何求證般若智慧。也就是說，他所證得的智慧境界或解脫境界，都不許一個人獨享，必須教導更多的人；只要是有因緣，他就得要幫助，這叫作與一切眾生共之，這就是悲心，所以說悲能拔苦。看見眾生求解脫而不得，他不願意拔除眾生這個痛苦，就是沒有悲心；看眾生求般若智慧而不得，他不願意幫忙，就是沒有悲心；明知眾生被大師誤導，卻不願救護眾生回歸正道，就是無悲。

「何謂爲喜？」維摩詰菩薩的答覆是什麼呢？是「**有所饒益，歡喜無悔**」。喜與慈悲不一樣：慈是讓眾生得到想要獲得的快樂，悲是讓眾生離開不想要的痛苦境界。已經讓眾生離開不想要的境界，也讓眾生得到了所想要的，這是你的成就，這時你應該有喜，因爲已經對眾生有所饒益。有所饒益之後，心中有喜了，而眾生不一定會對你感恩，但是你仍然要無悔，不可後悔說：「**我怎麼把那個勝妙法傳給了他？**」假使你不小心傳給一個聲聞人，你可以去打他、逼他迴小向大，但不可以後悔傳法給他；假使得法的徒弟背叛你，你也不可以後悔。

也許有人聽了心中正想問：「對以前那三批退轉的人，你有沒有後悔過？」一定有很多人會這樣想，我告訴你：我沒有後悔過。我從來不後悔，我都不想後悔過去。過去發生的事可以拿來做教訓，但是絕不從過去事中自怨自艾，也不因過去事而後悔，因爲後悔無益。假使後悔了以後，那件事情可以從頭再來一遍而變好，那你儘管後悔，我也鼓勵你後悔；但是你後悔了以後，不可能如此，所以我從來沒有後悔過：「我怎麼會傳法給某某人呢！結果他今天竟然變成這樣。」我沒有後悔過，這也是諸位應該有的心態。所以假使又傳錯人了，得了這個法又亂搞錢財、名聲了，你也不要來責備我：「你應該後悔，你怎麼傳給那種人！」我告訴你：「我不後悔，我從來沒有起過後悔的念頭，說『我爲什麼要傳法給他？』」我不會這樣，諸位也應該這樣。因爲假使你有後悔，你就失去了喜心，你就會生起了痛苦；後悔一定是痛苦的，沒有快樂的，你何不繼續保持著喜心呢？既然後悔沒有辦法改善既成的事實，而且很多事情都是有正面就有反面，有反面就另外有一個正面，又何必後悔呢？諸位要懂得觀察，這個我就不說了。

「**何謂爲捨？**」怎麼叫作捨呢？「**所作福祐，無所悕望。**」換句話說，不管你對什麼人做了什麼利益他的事，你都從來不起心動念去期待對方給你什麼回報；心態應該如此，這樣你的修行就會很快速的提升上去；否則的話，你修道的速度將會很慢。這也是諸位必須要建立的正確心態，所以菩薩永遠不期待別人對他有什麼回報。即使得了你給他的財物或者妙法以後，隨即無情的走了，甚至於反咬你一口，你都不要有所希望，你都要能接受；因爲五濁惡世的眾生本來如是，你要先接受這一點。若能先接受這個觀念，以後不管遇到人家在你這邊得到利益了，還來反咬你一口，你也不會覺得憤怒，因爲你對眾生並沒有希望。

但是你可以有一個希望，我在這裏要求你有一個希望：「**希望對方能夠趕快把法弄清楚，趕快回心轉意而回到正法來。**」你可以抱這個希望，因爲我也抱這個希望；但是不可以過度勉強，我也不會去作勉強的事。但你抱著這個希望，對你有好處，這表示你沒有悔心，當然也就沒有瞋、恨、怨、惱。當你能夠這樣，對方就會得到利益，因爲死前只要公開懺悔過了，下輩子一定會回到你這裡來，這是可以預見的；至於下輩子將會有很多的變化，我們就不談它，可是未來世一定會回到你這裡來。那時你的種子流注出來，就使你不會特別厭惡他，比較容易攝受他；可是他見了你就會覺得有所虧欠，不敢再對你張牙舞爪，這樣你就更容易攝受他。如果沒有這個希望存在，你對他的厭惡種子就會繼續存在，未來世將很難與他相處。所以說：所作福祐，無所悕望於眾生。但是可以有一個希望（假使眾生不能接受正法而離開了），你可以抱著一個希望：「他晚年可能回來，晚年若沒有辦法回來，未來世也會回來。」你可以抱這個希望。

【文殊師利又問：「生死有畏菩薩，當何所依？」維摩詰言：「菩薩於生死畏中，當依如來功德之力。」文殊師利又問：「菩薩欲依如來功德之力，當於何住？」答曰：「菩薩欲依如來功德力者，當住度脫一切衆生。」又問：「欲度衆生，當何所除？」答曰：「欲度衆生，除其煩惱。」又問：「欲除煩惱，當何所行？」答曰：「當行正念。」又問：「云何行於正念？」答曰：「當行不生不滅。」又問：「何法不生？何法不滅？」答曰：「不善不生，善法不滅。」又問：「善、不善，孰爲本？」答曰：「身爲本。」又問：「身孰爲本？」答曰：「欲貪爲本。」又問：「欲貪孰爲本？」答曰：「虛妄分別爲本。」又問：「虛妄分別孰爲本？」答曰：「顚倒想爲本。」又問：「顚倒想孰爲本？」答曰：「無住爲本。」又問：「無住孰爲本？」答曰：「無住則無本。文殊師利！從無住本，立一切法。」】

講記：接下來 文殊菩薩又問：「對於生死還有所畏懼的菩薩們，應當依止什麼才能夠免除對於生死的畏懼？」我想這似乎是爲諸位問的，在沒有離開胎昧之前，對生死的到來，都會有一些畏懼：這一世有正覺同修會讓我可以開悟修行，下一世再來時正覺同修會還在不在？這些親教師們還在不在？同修們還在不在？我下一世會不會出生到別的地方去？能不能繼續出生在這裡？總是心中有些畏懼。還有第二種畏懼：萬一我出生在沒有正覺同修會的地方，下一輩子的意識又不是這一世的意識，已經把這一世所悟的忘掉了，我下一世怎麼辦？當然會考慮這個問題，那時候該怎麼辦？維摩詰菩薩說：「在生死畏懼當中，應當要依止於如來的功德力量。」也許你想：「如來功德我又看不見，我怎麼知道如來功德眞的可以信靠？」

但是不必懷疑，用我作例子就好了。上一輩子單身而且沒有出家，我在浙江、江蘇生活，沒有出來弘法，只是隨緣度得極少的人開悟，那些人也都沒有出來弘法；可是上輩子臨死時，佛說：「你去蓬萊！」就是台灣啦！那時的台灣，說句難聽的話，叫作鳥不生蛋的地方；那時的台灣，眞的是一窮二白。舉個例子好了，我在五、六歲時，我們住的小鎭，有許多小孩總是在碎石路上拉屎，狗是吃小孩子拉的屎；眞的是這樣，你說那時的台灣日子好過嗎？不好過啦！所以當年的台灣眞的是一窮二白，那個年頭能住得起磚房的人很少，大部分都是竹子編的房屋；我住在小鎭街道裡，初時尚且如此，何況是在窮鄉僻壤？當時台灣日子眞的不好過。可是佛說來，我就來；結果，今天不是最好的地方嗎？假使那時還留在大陸受生，今天還輪不到我出來說法，還是得要繼續像上一世那樣隱居，也只能暗地裡度化極少數人。

今天台灣這個環境擁有很充分的言論自由、很充分的學術自由，在這個環境下，政府及佛教會已不能打壓佛教界任何人的發言權了，我們才能弘揚這個法，否則早就被打壓而消失了。大陸要達到我們今天這個環境，最快還得要十五年，慢的話也有可能拖到二十五年（編案：這是在二〇〇五年時講的）；所以往世住了一千年的大陸，我現在還沒有想要回去看看，原因就在這裡。這是說，諸佛菩薩爲了正法能繼續在人間利樂有緣眾生，一定會幫你安排生處。如果不是佛菩薩的安排，諸位怎麼會跑到台灣來？你們不要妄自菲薄，今天能在正法中明心開悟，都不是簡單的事；可是爲什麼你能跑到台灣來？這一世又能證悟了？明心證悟這回事是自古以來就很困難的，並不是現在才難。但是全球佛教至今只有三百來位明心，同修會外沒有人明心，這又是什麼緣故？這都是依靠如來功德之力，所以今天你雖然還沒有離開胎昧，仍然不必擔心；你只要明心開悟了，捨報時 佛都會為你安排，因為你是這個地球上六十億分之三百中的一個，多珍貴啊！當然不會把你隨便放著不管。

這三百多人中的每一個人都太珍貴了！所以只要有一個人明心了以後，捨報時我都會覺得很惋惜，因為太珍貴了，竟然又少掉一個人！所以諸 佛菩薩都會隨時注意著，誰捨報了應該去哪裡對他最好，對眾生也好， 佛就會安排。不然的話，我當年在浙江、江蘇富饒之地捨報時，為什麼叫我生到當時一窮二白的台灣來？當然是因為當時 佛陀已經預見到會這樣子演變，今天也證實 佛的睿智先見，讓我可以自在的在台灣弘法幫助諸位。所以我們只要依靠如來功德之力就好了，不必去想那麼多；將來捨報時 佛告訴你：「你到哪裡去。」你就不必問為什麼，直接往生去就對了；因為只會對你好，絕對不會讓你吃虧的；所以 維摩詰大士說：生死有畏菩薩，當依如來功德之力。

文殊師利又問：「菩薩想要依如來功德之力，應該怎樣安住才能依止如來功德之力？」問得好，這是大家的切身利害問題。維摩詰菩薩答覆說：「菩薩若想要依如來功德，心應當這樣安住：要度脫一切眾生。」天下沒有白吃的午餐，你想要仰仗如來功德之力而獲得好處，就要把諸佛的正法好好住持起來：要去度脫一切眾生。關於度脫一切眾生，如果你沒有能力出來說法，你就護持能說法的人；譬如我將來走了以後，我們的親教師很多，你就護持他們，這也是住於度脫一切眾生，這樣就可以因爲沒有私心而能依於如來之力，於生死之中都沒有恐畏。

文殊大士又問：「想要度脫眾生，應該除掉什麼？」你若去度眾生，一定是要教導眾生除掉不好的東西。你到底要教眾生除掉什麼？答覆是：「想要度脫眾生，要幫眾生除掉煩惱。」而這個煩惱，也許有人說：「那太簡單了！只要有人來問我：『我丈夫在外面拈花惹草，我該怎麼辦？』我就教她絕招，教她可以讓她丈夫不會再去拈花惹草。」但是我告訴你：錯了！因爲所要除的眾生煩惱，不是指世間法中的煩惱，而是三種無明煩惱：第一種是見惑，第二種是思惑，第三種是塵沙惑。惑就是無明，無明就是煩惱，要斷這種煩惱；所以除掉了眾生這些煩惱，眾生就得度了。可是想要除掉眾生這些煩惱，應當要怎麼做呢？當眾生來問你：「我該怎麼做？」你要教眾生：**當行正念**。也就是說：要把心放在正念上面，才能除掉煩惱；不放在正念上面，就無法除掉煩惱。

文殊菩薩又問：「要怎樣行於正念中呢？」維摩詰菩薩說：「應該要行於不生

不滅。」心行要都住於不生不滅中，才能算是正念。這個不生不滅可就值得探討了，總不能只是口頭上說不生不滅吧！應該有個實質不生不滅，不該只是緣起性空的斷滅境界，所以文殊大士又問：「是何法不生？又是什麼法不滅？」維摩詰大士答覆說：「不善不生，善法不滅。」這又有問題了，一般大師大約都會解釋說：心裡面的惡念都要丟掉，心裡面的善念都要留著。那又有問題了：二乘菩提是善或是不善？好像不能說不善。對凡夫眾生來講，二乘菩提是善法；可是對大乘菩薩來講，二乘菩提不善；因爲二乘菩提有貪，叫作涅槃貪；由於涅槃貪的緣故，使定性聲聞捨報時一定入無餘涅槃；入了無餘涅槃，善法就滅了，所以不能說它是善法不滅。對菩薩來講，涅槃貪是不善，這種不善不可以出生，然後依本來自性清淨涅槃不斷的修行，去利樂眾生永無窮盡，盡未來際，這就是善法不滅。只有佛菩提是眞正的善法不滅，因爲捨報後不入無餘涅槃，繼續受生而永不停止，利樂有情永無窮盡，善法永遠現行不斷，這才是**善法不滅**。

文殊菩薩又問：「善與不善，是以什麼爲根本？」善與不善都是從哪裡來？維摩詰大士說：「都是從色身而來。」因爲不管是做善事、做惡事，都是從色身而來。如果不是由這個色身，怎麼會有善與不善法呢？可是「身」還有一個意思，在阿含中常常講到六識身、六思身、六受身、六想身，但其實還有六行身。六識並非色法，爲什麼稱爲身？因爲六識都有作用在人間運作，而眾生對這些作用有所執著，所以成身，身是作用的意思。有了六識身當然就有六思身，什麼六思的功能呢？因爲六識有受，所以就產生了六思（我要這個，我不要這個），這樣執著成身：有了執著的功用存在。思就是作主的意思，六思是六識的心所法。所以眼識有眼識身，耳識也有耳識身，如果人家拿個保麗龍板在你耳邊摩擦，你就很不高興，因爲耳識聽了覺得難過，對這個聲音有所執著，所以成身——耳識身。耳識有了這個心行——我不要這個——有執著了，耳識的思身就存在了——耳思身。有六識身當然就有六思身，有六思身當然就有六想身：對六塵的了知而生執著，六想身就出現了，這也是以身爲本；眾生會造善、造惡，也是從這裡來。接下來就有六識的受，六受身就出現了；然後還有六行身，六識對六塵的運作過程當中，六種識陰的行就出現了，這也是身；因爲有作用而有所執著，執則成身，結果是：以身爲本，所以造善、造惡。

文殊大士又問：「既有身，這個身以什麼爲本？」維摩詰大士說：「欲貪爲本。」因爲不管六識身或六思身、六想身、六受身、六行身，都是欲貪爲本。有什麼欲貪？諸位大概會想：無非就是五欲的貪。但其實不是講五欲的貪，而是在講愛別離苦、怨憎會苦。譬如喜歡能見的自我繼續存在，這就是欲貪；喜歡能聽的自我存在，也是欲貪；乃至我喜歡能知、能覺、能思惟、能分別、能判斷、能歸納分析、能作主的自我存在，不願意消失，這都是欲貪，這就是說欲貪是身的根本，因爲想要繼續保持著色身、六識身、六思身……等作用。假使有一天將要死亡了，覺得自我越來越虛弱，到最後將要消失掉了：「哎呀！原來離念靈知是會斷滅的，我與此世的所有都要別離了，好痛苦！」這就是愛別離，眾生最大的愛別離苦就在這裡。先生死了、太太死了，那個愛別離還不算數，那還算是其中小者；眞正的愛別離苦是這個愛別離：這個色身，我用了五、六十年，我用了八、九十年，如今要別離了，眞的是痛苦，因爲離念靈知心會由於色身的毀壞而斷滅。這才是眞的愛別離，都是因爲這個欲貪，所以有人去行善，希望得到未來世更好的五陰身心。有人去造惡，則是爲了這一世的五陰身心的欲貪，所以說：凡是有身，欲貪爲本。

文殊菩薩又問：「欲貪以什麼爲本？」維摩詰居士答覆說：「以虛妄分別爲本。」有情會對五陰身心有欲貪，或者無色界有情會對識陰有欲貪，都是因爲虛妄分別而生起的；他們不曉得五陰身心是暫時而有，誤以爲覺知心是從上一世來的：因爲我喝了孟婆湯，所以我入胎以後全忘記了。可是十方三世法界中並沒有孟婆湯這個飲品，你們若不信，有機會遇到眞的有神降乩時（假乩不算數）你問問他：「孟婆湯是什麼味道？」他也不知道，因爲他和你一樣沒喝過。世間沒有孟婆湯，這只是民間傳說施設，讓常見外道用來避開胎昧的檢驗——意識若是從前世往生過來的，就不該有胎昧。這個覺知心不從上一世來，也不能去到未來世，只有能思量（能作主）的意根是從上一世來，也可以去未來世，但是意根很笨又不能記憶，才不記得上一世的事情；所以識蘊六識根本都是假有的，都是緣生法。五根身也只有一世，不是上一輩子帶過來的，全都虛妄。但眾生不瞭解，虛妄分別而認作眞實，所以才會有欲貪，所以即將別離五陰身心時，就有大苦惱出生了。

文殊菩薩又問：「虛妄分別是以什麼爲本？」維摩詰居士說：「以顚倒想爲本。」因爲開悟後發覺以前的分別都是虛妄的，都是不如理作意的分別，那就表示眾生原來的想法都是顚倒的。如果不是顚倒想，就會成爲如理作意的分別，所以顚倒想是虛妄分別的根本。文殊菩薩進問：「顚倒想以什麼爲本？」維摩詰菩薩說：「以無住爲本。」奇怪了！無住是最如理作意的，爲什麼無住反而會成爲顚倒想的根本？這就好像說「一切法虛妄」，結果又說「一切法即如來藏，如來藏即一切法，如來藏眞實」，看起來好像是：甲等於乙，乙等於丙，所以甲就等於丙了，那麼如來藏因此應該是虛妄的囉？有許多大法師就是讀不懂般若、方廣諸經，所以開示說：「你看！經典中就是這麼說的，所以如來藏是虛妄的。」如來藏又是阿賴耶識，他們就想：應該把阿賴耶識心體找出來消滅掉。所以有大法師在書中寫：阿賴耶識應該要滅掉。月溪法師也這麼講：要把阿賴耶識一槌搗碎。可是請問：顚倒想從哪裡來？從你的如來藏中來，但如來藏卻是常住不滅而且本來清淨的眞心。

所以你沒有想到的很多問題都會突然出現，讓你去想得不亦樂乎：這個顚倒想是從如來藏來的。很多人所謂的修禪：要打坐。有很多人知道：妄想是從如來藏出生的，因爲妄想的種子存在如來藏中。所以很多人學禪時就想：我好好的打坐，仔細觀察我的妄想是從哪裡跑出來的？就好像偵探辦案去找線索，有了線索就一直往上拉去，他想：我只要看到妄想從哪裡來，我就可以找到如來藏了。所以就一天到晚在那邊打坐看著：妄想從哪裡來？後來就來問我：「老師啊！我找來找去就找不到如來藏。」我問他：「你怎麼找？」他說：「妄想不是從如來藏來的嗎？」我說：「對啊！」「我努力打坐時一直注意著妄想，可是我看來看去，那個妄想的前頭一直都沒有東西啊！」我說：「當然沒有東西，如來藏無形無色，又不是物質，怎麼能讓你這樣子找到？」所以找如來藏，不能那樣找啦！

如來藏是心，無形無色，卻能夠突然間從祂那裡流注出妄想種子。這可就厲害了，所以害死了那些人：打了十幾年的禪七，結果還是找不到如來藏。這個如來藏無形無色而無所住，祂不會在色聲香味觸法裡面讓你看見。祂也不會告訴你：我在這裡。祂從來無住，這個無住心才是妄想的根本，因為往世所熏習的無量無邊妄想種子都在祂裡面，而祂本身是無所住的，是無形無色的心；妄想則是由於意根的作意而不斷從如來藏中拋出來，讓有所住的你去承接，你不斷的接那個妄想就接不完啦！所以參禪人不必去斷妄想，而是要把妄想轉變為如理作意的分別，具備正知正見，悟後次第進修，最後四智圓明時就成佛了；這才是正見、正念，所以 維摩詰菩薩說：虛妄想、顛倒想是以無住心作為根本。

文殊菩薩又繼續再問：「無住以什麼為本？」 維摩詰菩薩說：「無住就無本。」因為如果無住的心還有所本，那就變成依第九識心而住，就成為九識心王和合運作了！那就應該一直延續下去：第九識以什麼為本？是第十識。第十識以什麼為本？是第十一識；問到後來就變成有百、千、萬識了，就永遠都無法親證萬法的本際了，般若就永遠無法實證了。所以維摩詰菩薩到此作個總結：「文殊師利啊！從無住本，立一切法。」由這個無所住的根本法如來藏，來建立一切法。爲什麼從無所住的根本法來建立一切法呢？因爲這個無住本藉著無明、我見、我執、塵沙惑，也藉著眾生歷世所造的業種，就能使眾生不斷的想要去投胎；入胎以後，祂就幫眾生製造了五根身，這五根身做好了、圓滿了，配合意根的作用，祂就幫眾生把六塵與意識流注出來，意識出現時就有能覺知的心，六識就具足了，就幫眾生從母胎中生出來了；出生以後藉著六塵熏習，就有一切法出現了。首先出現的法是往世熏習的：肚子餓了就哇哇大哭，膀胱漲了就排尿，直腸滿了就拉屎，這些都不必此世熏習，這是天生自然就會的。接下去又開始熏習：只要哇哇大哭就會有東西吃，只要哇哇大哭就會有人幫我換尿布。他就這樣一步一步熏習著。

在這些過程中，都是在學著如何生存，所以不是只有進了小學才叫作學生，才一出生就叫作學生了：學著生活。接著是幼稚園、小學、中學、大學，甚至於研究所、博士班一直的學習，這些過程中就有無量無邊的法出現了！否則，花道、茶道從哪裡來？佛像雕刻的技術又從哪裡來？我們這些講經說法的經本又怎麼印出來的？又是從哪裡證悟而說出來的？都是要從我們十八界法的運作中，由第八識配合七轉識而出生的，所以名爲萬法唯識。但這些法都是有住法，眾生被無明遮障時就當作眞實法，所以成就了虛妄想；所以行善、造惡的動機也都是從這裡來，但是把它全部集合起來，追溯一切善惡法的根源又是哪裡呢？還是如來藏，因爲一切法的種子都存在如來藏心中，所以說如來藏出生一切法。如果沒有祂，一切法都不能出現，一切世間、出世間法都一樣。以無所住的如來藏爲本，才能建立一切法，都要從這個無住本建立，所以最後總結：從無住本，立一切法。

【時維摩詰室有一天女，見諸大人、聞所說法，便現其身，即以天華散諸菩薩、大弟子上；華至諸菩薩即皆墮落，至大弟子便著不墮；一切弟子神力去華，不能令去。爾時天女問舍利弗：「何故去華？」答曰：「此華不如法，是以去之。」天曰：「勿謂此華爲不如法。所以者何？是華無所分別，仁者自生分別想耳。若於佛法出家，有所分別，爲不如法；若無所分別，是則如法；觀諸菩薩華不著者，已斷一切分別想故。譬如人畏時，非人得其便；如是弟子畏生死故，色聲香味觸得其便也；已離畏者，一切五欲無能爲也。結習未盡，華著身耳；結習盡者，華不著也。」】

講記：接下來與前面法義開始有些不同了，前面就好比偏在理論上來講，現在從這一段開始算是眞刀實槍了。人家說：**講理論容易，眞要上場一刀一槍，沒有三兩三，你可別上梁山**。現在這一段開始就是這個樣子。前面文殊菩薩與維摩詰菩薩在實相上面有所對談，談到這裡已經可以做一個結束了；這時維摩詰居士的房間裡面有一位天女常住於此，她看見這些大人（等覺聖位菩薩）們這樣對談，聽到他們所說的法已經告一段落了，所以就現身出來。天人、天女們多的是天華，所以就散花供養大家。

爲什麼說維摩詰菩薩等人是大人？因爲那個場合是他們才有身分來開口說話的，聲聞人、賢位菩薩、諸地菩薩都沒有身分可以主動開口說話。這就像是諸國國王在談話，宰相、大臣們若未獲得允許，都不許插話，這時只有國王們才算大人。同理，這位天女也是看因緣，不該她說話時，就不可以現身說話。這件事情是最難的，什麼時節、什麼場合是該我們說話的時候，什麼時候不該我們說話；什麼事情該我們說，又是什麼事情不該我們來說，這個分寸的拿捏是很不容易的，得要有智慧。這位天女認爲文殊菩薩、維摩詰菩薩是大人，他們說法到這個時節已經是結束的時候了，是她可以說話的時候了，她就現身；但是現身之後當然要先用天華來供養諸大菩薩、諸大聲聞弟子，所以她就從空中散下天華來。天華散下來之後，這些天華雖然很漂亮，但菩薩見了都不以爲意，根本不放在心上，所以天華掉下來時，不論是掉在菩薩的頭上或肩膀上，都一樣掉下地去，不會黏住。可是這些天華一碰到聲聞十大弟子們，掉在頭上就黏在頭上，碰到肩膀就黏在肩膀上；這些聲聞羅漢們就趕快去撥掉，卻是黏得緊緊的，始終撥不掉；天女不斷的散花下來，於是聲聞羅漢身上都黏得滿身天華，更是不斷的想要撥掉。這時天女明知故問，就問舍利弗尊者：「你爲什麼要把身上的天華去掉呢？」舍利弗尊者答覆說：「這些天華黏在身上，不如法，所以我要把它們去掉。」諸位想想：穿著聲聞人的僧服，如果頭上一朵花，肩膀也一朵花，胸前也一朵，背後也一朵花，那像什麼樣子？所以他們必須要把它去掉；可是你看 文殊也是出家菩薩，穿著如同天衣，而持世菩薩雖是現聲聞相的出家菩薩，天華卻都不會著在他們身上，因爲所有在家、出家菩薩們，對天華根本就覺得不稀罕，也沒有什麼可以討厭的地方，他們都無所謂。正因爲無所謂，所以天華碰到身上就都掉下去了。

文殊菩薩是大乘佛教中的出家人，雖然是示現在家相，頭戴天冠、身穿寶衣、胸佩瓔珞，卻仍是出家人，而天華都不會黏在他身上；彌勒菩薩也在場，他也是出家人，並且是與聲聞羅漢同樣的示現聲聞相，但是天華一樣不會黏在他身上。這裡面的意思不容易瞭解，諸位要好好體會。舍利弗說：「我是一個出家人，這花黏在頭上、黏在身上，那眞是不像話！」所以他們要趕快把天華撥掉，可是他們越想撥掉就越發的撥不掉；目犍連尊者他們也都一樣，有大神通也沒用，也是一樣去不掉。爲什麼去不掉呢？因爲他們心中有天華，菩薩們心中沒有天華，所以天華就不著身；聲聞心中恐懼天華黏在身上，不像個出家人，所以天華就去不掉。

這時天女就告訴他們：「你不要說天華在身上就叫作不如法，爲什麼這樣說呢？因爲這天華本身並沒有分別，它們根本不會分別：『你是出家菩薩，我是在家菩薩。』它們也不分別：『文殊是出家菩薩，維摩詰是在家菩薩，都不是聲聞人，所以不要去黏他們，專門要黏你們出家聲聞羅漢。』都是仁者舍利弗你們自己在作虛妄分別啊！正因爲你們分別說：『這些天華黏到身上就不如法了。』恐懼它們黏住你，所以它們才會黏住你。如果在佛法裡面出家了，卻還在那邊分別：『這個是華，黏在身上不清淨、不如法。』你們這樣做分別，才是眞的不如法；如果你們沒有分別（身上戴著寶花仍然是出家人，因爲心已經出三界家了），那才是眞正的如法。你們看：這些菩薩們，不管是在家身或出家身，不論是菩薩相或聲聞相，天華都不會黏在他們身上，那是什麼緣故呢？那是因爲他們已經斷盡一切的分別想，他們根本就不去分別：這天華在我身上如法或者不如法。所以天華才不會黏著他們。就好像說，人如果心中有畏懼、恐怖時，非人就可以乘便來傷害他。」

假使一個人全無恐懼，即使晚上他走到墳墓去，鬼也不能害他，這是眞實話。我們常常說「人怕鬼」，可是鬼也怕鬼，你們知道鬼怕什麼鬼嗎？鬼神最怕賭鬼、淫鬼，因爲人若好賭、好色時，相約在墳墓裡相見辦事，連鬼神都怕、都要讓，所以賭鬼、淫鬼約到墳墓堆裡相見，鬼神都要退避三舍（這時的三舍是說三個墳墓）。你如果問那些賭鬼、淫鬼（他們總是常常在墳墓堆裡辦事的），你若問他們：「有沒有遇見鬼啊？」他們會說：「哪來的鬼？」他們從來看不見鬼，因爲鬼也要怕他們。可是如果膽子很小的話，偏偏不巧晚上得要一個人從墳墓旁走過，越怕就越會撞見鬼；爲什麼會這樣呢？因爲他心裡面有恐懼，有恐懼時鬼就趁虛而入。假使心中沒有恐懼，遇見鬼時就說：「我還想要跟那個鬼划兩拳哩！」原來他是個酒鬼（眾笑…），這時候鬼都要退讓給他，因爲他實在不可理喻，所以酒鬼永遠都看不見鬼。這就是說，當他對那件事情根本不在意時，那件事情就無法來恐懼他，也就害不了他，所以說：「人如果對非人有所恐懼時，非人就得其便。」

同理，佛弟子們如果畏懼生死，五塵就得其便，五塵就可以恐懼他、驚嚇他，這就是菩薩與聲聞特別不同的地方。聲聞弟子如果出去托缽，他眼光只能看著眼前五、六尺的地上，不許看人；特別是到了人家門前，錫杖搖起來：鏗啷！鏗啷！鏗啷！表示說：我來托缽了。不用開口，人家裡面婦女（可能是女主人、或是婢女），出來要布施飯菜給他，他卻不可以看人家的臉，只能看著缽，缽中滿了就得立刻走開。菩薩卻是不管這個事情的，菩薩出門時色聲香味觸照樣進來，都沒關係，卻是誘惑不了菩薩。所以菩薩如果出家了，不論他是以在家相來出家，或是以聲聞相來出家，都無所謂，管她女眾、非女眾的，他照樣看著對方的臉說：「感謝妳啊！祝妳未來世福德無量。」但是不會有別的不良念頭出現，只是誠心的感謝與祝願而已，這就是菩薩。

這意思就是說，菩薩不怕生死，也不會被五欲迷惑，所以菩薩並不急著斷盡五塵的領受，也不急著斷盡我執，八地前的永遠都留著一分我執；因為我執斷盡就會入無餘涅槃，就不能繼續修學佛道，不能廣利眾生，也不能荷擔如來家業。所以菩薩每天在五欲中打滾，色聲香味觸、財色名食睡，打混久了就很習慣，不稀罕！誰想要用五欲來繫縛他，都沒有辦法。在阿含中有一個典故，佛說世界悉檀時曾經開示過：四王天與忉利天，常常有阿修羅來跟他們打仗，釋提桓因如果戰勝了，祂用什麼繩子去綁阿修羅呢？用五欲繩把阿修羅王綁住，就逃不掉了。天魔波旬也是用五欲之繩繫縛所有眾生，使眾生都逃不掉，除非你證得初禪而不退失，才算是過了祂的境界。菩薩與聲聞特別不同就在這裡，菩薩在五欲中打滾而不被繫縛；因為如果離開五欲，你就不能當菩薩，捨報時一定會入涅槃。

菩薩因為確定未來世要生生世世在人間行菩薩道，所以世世都不能離開五欲；既然不能離開，就去習慣它，使五欲綁不了自己。好吃的也吃，不必特地去撿不好吃的來吃。假使你當菩薩很有錢，卻故意要去菜市場撿人家丟掉的菜來吃，刻意表現遠離五欲，這個人就不是真的菩薩；這表示他的知見出問題了，該修理了。假使是沒有錢，沒辦法，去撿也沒關係，心裡面也不會難過。有錢也沒關係，既然正在採購食物時剛好沒有普通的東西，只剩下特別好的食物，那也沒關係；不必因為太好了，就一定要等到不好的來了才要買，浪費了許多時間。但是如果有上、中、下的產品，他不會故意去選最下品，也不會故意選最好的，就選中等的、一般性的，這就是菩薩。再怎麼有錢，他也不會特地去選最好的，也不會特地選擇最差的，這就是菩薩。

菩薩面對五欲，無所謂追求，也沒有抗拒，因爲已現觀虛妄的緣故，他是不害怕五欲的；因爲不害怕五欲，色聲香味觸不得其便。已經離開五欲誘惑也不畏懼五欲的人，對五欲根本無所謂得或失；得之也好，沒有歡喜；失之也好，沒有恐怖、懊惱；在這種情況下，五欲對他完全無所能爲。因此假使將來我們度到一個人，他年輕時是標準的花花公子，如今又很有錢；後來他明心開悟而又來出家了，這個人終其一生沒有一隻老虎能把他叼走。因爲，什麼樣的美女他沒有玩過？反正他有的是錢，一個晚上一百萬、兩百萬元他都可以花，什麼樣的美女沒見過？他已經不稀奇了！悟後出家了，誰又去勾引他，已經勾引不來了；這樣的人出家絕對不會有問題，因爲五欲已經玩盡、已經看透而斷除結習發起初禪了。

所以，只有五欲的結習還沒有斷盡的人，天華才會黏到他身上；菩薩早就習慣這些五欲了，又已證得無生法忍，五欲結習早就斷盡了，當然天華不會黏在他們身上。這就是說，十大聲聞弟子結習未盡。「結」就是繫縛的意思，「結」是專門綁束西的。綁住眾生的結是什麼？是我所的執著、自我的執著。聲聞十大弟子對我所和我的執著已經斷盡了，可是我執及我所執著的習氣種子還沒有斷盡，他們只斷除現行，於是執著聲聞法中的出家相。結的現行斷盡，而結的習氣種子還沒有開始除斷，所以他們一心想要離開三界，很怕自己遇見了妙好的五欲時又被繫縛；譬如天華很漂亮，非人間所有，他們很怕黏在身上以後，自己生起了一絲一毫的貪心，五上分結就會重新生起；恐懼貪心會再生起，恐懼天華毀壞了自己聲聞出家的清淨相，所以對天華就有畏懼，這其實正是執著聲聞相。這種我所的習氣種子沒有斷除，所以恐怕天華碰到自己時會留在身上，所以天華就黏住他們了。

因此菩薩們不管是在家、出家，這種繫縛於三界中的我所執著習氣種子，如果斷除許多了，天華儘管再多，落下來時他都無所謂，都沒有恐懼，就不必執著要現聲聞相了，他也可以用在家相來出家。當他看見天華從天而降：好！好！好！眞是好供養！但他只是隨喜而沒有厭惡或貪著，因此天華就黏不住他了，這就是菩薩與聲聞特別不同的地方。但這一段只是個開頭，後面還會在這部分繼續著墨。

【舍利弗言：「天止此室，其已久如？」答曰：「我止此室，如耆年解脫。」舍利弗言：「止此久耶？」天曰：「耆年解脫亦何如久？」舍利弗默然不答。天曰：「如何耆舊、大智而默？」答曰：「解脫者無所言說故，吾於是不知所云。」天曰：「言說文字皆解脫相，所以者何？解脫者不內、不外、不在兩間，文字亦不內、不外、不在兩間。是故舍利弗！無離文字說解脫也！所以者何？一切諸法是解脫相。」舍利弗言：「不復以離婬怒癡爲解脫乎？」天曰：「佛爲增上慢人說『離婬怒癡爲解脫』耳；若無增上慢者，佛說婬怒癡性即是解脫。」舍利弗言：「善哉！善哉！天女！汝何所得，以何爲證，辯乃如是？」天曰：「我無得無證，故辯如是。所以者何？若有得有證者，即於佛法爲增上慢。」】

講記：舍利弗聽到天女這樣開示，就知道這位天女絕非等閒人物。天女有很多，據阿含中的世界悉檀說，每一位天人有五百位天女侍奉，但是每一位天女各有七位婢女侍奉她；而天人很多，所以天女當然更多。可是這位天女絕非等閒人物，否則一定不敢對聲聞十大弟子之一的舍利弗加以訓示。因此舍利弗有一點好奇，就問她說：「天（天是對這位天女的尊稱）住在這個房間裡面已經有多久了？」這位天女不會像一般人那樣答，一般人大概會說：「我住在這個房間大概幾年了。」她不是這樣答，因爲她是從理上來說——依如來藏來講，所以她說：「我住在維摩詰菩薩這個房間裡面的時間就好像長老（耆年就是長老）您解脫那麼久。」舍利弗又問：「妳住在這裡到底是多久了？」這天女答覆說：「請問長老您解脫多久了？」舍利弗這下子沒辦法答了，因爲他已經知道：所謂解脫就是自己滅了，那現在到底自已滅了？或是未滅？自已滅了以後是解脫，其實這樣證得解脫時並沒有解脫可證，所以這時他不曉得該怎麼答，只好默然不答。

很奇怪！最有智慧的舍利弗尊者竟然無法答覆一位天女的請問，本來是他在問天女，沒想到被天女這麼一反問而無法回答。天女就反問他：「長老您是有大智慧的人，爲什麼竟然默而不答呢？」舍利弗尊者就老實答覆說：「因爲解脫的境界中沒有言說，也沒有辦法去說明時間，所以妳問我『解脫已經多久了』，我對這個問題就不知道該怎麼說了。」他說解脫是離言說的，因爲眞的是離言說，在無餘涅槃裡面怎能使你有言說？無餘涅槃是五陰滅盡了，沒有自我存在，要怎麼言說呢？他這麼一講，天女就說：「言說相、文字相都是解脫相，爲什麼呢？因爲解脫不在內、不在外、也不在內外的中間。解脫是如此，而文字與言說也是一樣，不在內、不在外、也不在內外中間。由於這個緣故，舍利弗啊！你不應該離開文字來說解脫啊！爲什麼呢？因爲一切諸法本來就是解脫之相。」

這個說法，只有證得如來藏的菩薩們才能懂，否則讀起來一定不懂而自以爲懂。我們再舉個例好了，我記得是《大寶積經》裡面有說到一位菩薩，叫作大精進菩薩，他其實就是釋迦牟尼佛的過去生。他經過很久時間的絕食以後，父母終於答應讓他出家了，他帶著一幅捲軸就出家了，也沒剃髮著染衣就出家了；他出家而住在野外，把那一幅捲軸展開以後，原來是畫著一尊很莊嚴的佛像，他就把它掛在樹上，然後詳細諦觀佛像，他想：「如此畫像非見、非聞、非嗅、非嚐、非觸、非知，非出息、非入息；一切諸法亦復如是，無有知者。」他就從這裡思惟，因此而發起無生法忍、證得初地。諸位有沒有覺得什麼地方該用功啊？你看！人家這樣觀像念佛，就證得無生法忍了！這畫像畫的是佛，畫中的佛離見聞覺知，然後他就想：諸佛也是離見聞覺知。就這樣悟了。這張畫像的佛像離言說相，諸佛也是離言說相，他就這樣悟入。所以你說學般若想要開悟，哪有那麼容易？人家大精進菩薩就這樣悟，表示他早已是久學菩薩，智慧很深利，所以他才能在開悟的當下就進入初地而有無生法忍了。你若沒有證得如來藏，這兩段經文的義理是絕對想不通的：爲什麼觀察到畫像非六識見聞之性、非呼吸，諸法亦如是無有知者，諸佛也非六識見聞之性、非出入息，這就悟了？爲什麼觀察到畫像中的佛離言說相，諸佛也離言說相，這就悟了？那些以離念靈知爲悟的各大法師們眞該死掉意識邪見了！否則要到何時才能眞的悟入呢？

接下來這一段《維摩詰經》的經文也是一樣，但是卻又轉個彎回到原點而說：

「文字言說都是解脫相。」這時不告訴你「離見聞覺知」,也不告訴你「離語言文字相」，反而轉回頭來說：「文字與言說都是解脫相。」這就是說：文字與言說都從如來藏來，本屬於如來藏所有的法性，所以文字就如同如來藏一般而不在內、不在外、不在兩間。如果會了這一句，那你就悟了。如或不然，說解脫好了，解脫是在內解脫、還是在外解脫呢？還是在內外中間呢？都不是！解脫是如來藏本來就解脫，所以祂不在內、不在外、不在中間。所以你得要證得如來藏，這兩句經文才能會通。如果不證如來藏而說解脫就會成爲聲聞戲論，因爲文字或解脫，都依如來藏而說，文字及解脫都是如來藏的文字、如來藏的解脫：「所以舍利弗啊！你不應該離開文字相而說有解脫，爲什麼呢？因爲一切諸法本來就是解脫之相，你何必要滅掉一切諸法才說是解脫呢？」

證得如來藏，你會發覺文字與解脫都是本來就這樣，何必解釋！但舍利弗是聲聞弟子，他當時還沒有證得如來藏，當然會有疑問：「你爲什麼這麼講？」因爲他不知道文字相、解脫相都是如來藏相，所以他才會這樣問：「難道不再以離開婬怒癡而說解脫嗎？」因爲：據聲聞弟子所知道的解脫是要離開婬怒癡，也就是離開三界，所以叫作解脫。婬是欲界法，欲界也函蓋了瞋與癡。超過欲界到了色界，就沒有婬，剩下瞋與癡；瞋既是欲界法，也是色界法，但欲界、色界也同時擁有癡。過色界到了無色界，既無婬也沒有瞋，只剩下癡。到了無色界，已經過了欲界、色界，爲什麼還不得解脫呢？因爲還有癡，癡就是我見斷不掉，把五陰身心都當作眞實常住法；可是無色界已沒有色身與五塵，所以只剩下四陰：受想行識。所以，二乘人所知道的解脫是：離開欲界、色界、無色界的婬怒癡而說是解脫。

但菩薩卻不是這樣看解脫的，菩薩是不離開欲界、色界、無色界就已經是解脫的，所以菩薩的解脫不可思議，不是二乘聲聞人所能想像。因此舍利弗尊者問：「不再以離開婬怒癡的三界境界作爲解脫嗎？」天女回答說：「佛是爲了增上慢人而說：離開婬怒癡是解脫。如果是對沒有增上慢的人，佛卻說：婬怒癡就是解脫性。」那些南傳佛法的凡夫法師們，很厭惡這部經的原因就在這裡，因爲：依南傳佛法而修的是解脫道的修行方法，解脫道的修行方法是要離開三界的境界；欲界的境界主要是婬，色界的境界主要是怒，無色界的境界則是癡，都必須遠離。所以無色界的天人無色，但是仍有受想行識，從一萬大劫到八萬大劫生命中，都是住在一念不生的無記狀態中，無所成就，你說那不是標準的癡，還能去哪裡找到標準的癡呢？所以當阿羅漢能夠離開婬怒癡，能夠離開三界境界時，他們知道證得解脫了，眞實無我了；可是眞實無我的當下，他的覺知心意識心中卻生起了增上慢，他會看一切眾生都沒有解脫，只有我們聲聞弟子得解脫，所以他們有增上慢。

但菩薩看待眾生是這樣的：我證得本來自性清淨涅槃，眾生雖然沒有證得本來自性清淨涅槃，但眾生也是本來自性清淨涅槃；這樣看來，我雖然成爲眞正的菩薩了，卻沒有什麼可以傲人之處，因此我不需要對眾生起慢心，因爲人家眾生也是本來解脫，只是沒有證得罷了。所以菩薩因爲這個現觀，就把增上慢降伏或斷除掉了。所以，菩薩因爲這個緣故，故意留下一分思惑潤未來世生，就生生世世在人間當一個普通人，一個看來跟普通人完全一樣的菩薩，但是他有極勝妙的般若實相智慧。所以，二乘聖人以斷除婬怒癡作爲解脫，菩薩卻是在婬怒癡當中不必斷除它，就本來解脫、現觀解脫，能現觀一切眾生不論悟或未悟，都是本來解脫。所以菩薩以**本來自性清淨涅槃**來看待一切凡夫眾生、看待一切三惡道眾生乃至諸天天人、天主：所有眾生的婬怒癡都從如來藏來，沒有如來藏就沒有一切有情的婬怒癡；可是如來藏本來解脫、本來涅槃，不必你送涅槃給祂，祂本來就涅槃。這個如來藏正是所有眾生的本際，一切眾生都有如來藏，所以一切眾生都是本來解脫。婬怒癡是從一切眾生的如來藏所執藏的不淨種子中出現，現行以後由妄心相應，卻仍然附屬於如來藏，而如來藏自身本來解脫，所以說婬怒癡的體性就是解脫。

舍利弗尊者眞想不到小小的天女，能夠說出這一番道理，而他無法親自去證實，只能佩服。所有的阿羅漢都不會謗大乘法、謗如來藏，沒有一個阿羅漢敢謗大乘如來藏妙法，也沒有一位二乘法中的初果、二果、三果人會誹謗大乘如來藏妙義，因爲他們的我見已經斷了，他們知道無餘涅槃的眞實義是滅盡自己，所以當菩薩說出更勝妙的眞實義時，他們用聲聞三法印去檢查，發覺完全沒有衝突，當然就不敢毀謗。由此，我們可以做一個結論：**凡是會毀謗大乘法、毀謗如來藏妙義的人，一定是凡夫，未斷我見**。這一句話不但現在是正確的，放諸往世、後世而皆準；即使是一萬年後正法消滅時，這句話還是正確的。不但如此，將來龍華樹下聲聞三會，我們在 彌勒佛座下相見時，你可以把我這句話去問 彌勒佛，祂也會說：**這句話放諸未來一切諸佛而皆準**。因爲阿羅漢們知道什麼是解脫，所以有三法印的見地，他們用三法印來檢驗菩薩這個說法時，會發覺沒有任何的衝突，而且更勝妙，所以都不敢毀謗：**雖然聽不懂，但也不敢毀謗**。由此，我們可以用這個標準來判斷一切佛門中人，只要有大法師敢毀謗大乘如來藏妙法，這個人一定是未斷我見的凡夫，你儘管破他的法，不但無罪，而且有護持最究竟正法之功。舍利弗尊者聽到天女這一席話，發覺與解脫道沒有絲毫牴觸之處，所以他想：我眞的聽不懂，我也說不出這麼勝妙究竟了義的法。所以就說：「講得好啊！說得太好了！天女啊！」但他心中有個疑問得要問了：「你到底是有什麼所得？到底是證到什麼法？你的辯才竟然能夠達到這樣的地步。」他想，這天女一定是證到很勝妙的法（一定得到非常勝妙的證境），才會有這麼好的辯才，所以他這麼問。沒想到天女答覆說：「我無得也無證，所以能有這麼好的辯才。」一般淺學者聽到這樣講，就會想：「那太好了！我剛入佛門皈依就可以離開了，因爲我無得也無證。」（大眾笑…）那誤會可就大了！因爲人家說的無得與無證，與他完全不懂的無得與無證，是完全不同的。這也就是說，剛學佛的人對無得與無證是完全不懂的；可是這位天女及一切菩薩的無得與無證，是另外一種意思。

這就好像阿羅漢稱爲無學，是說解脫之道已經無可再學了，所以叫作無學；三果到初果都稱爲有學，表示他們對道已經親證了，跟凡夫不一樣，所以叫作有學；在未來他們想要取證無餘涅槃時，還有解脫之法要學，所以叫作有學。可是有人不知道有學與無學的意思，所以我曾經接到人家寫信來請法，信後他署名自稱無學某某，這就是誤會無學的名相，但不是大妄語。同理，剛進大乘法中還沒有修證時，他也是無所得、無所證；但是菩薩們自稱無得也無證，意思卻不一樣；譬如你來正覺同修會共修，後來去禪三精進參禪而被印證回來，假使你父母問你說：「你去那邊得到什麼了？」你會說：「我沒有得到什麼。」「不然你證得什麼了？」你也會說：「我沒有證得什麼。」父母可能要罵你：「你這個人眞奇怪！去那邊辛苦了四天三夜，既然無得也無證，你在歡喜什麼？」因爲都是自家本有的，哪有什麼得與證？這時你只好向父母答覆說：「我去那邊就是得到了我的如來藏，我去那邊也是證得我的如來藏：證的是如來藏，得的是如來藏。」父母就會問你說：「你有得有證，爲什麼說沒有？」你說：「沒有啊！因爲這個如來藏是我本來就有的，我沒有從我導師那邊得到，所以無得；我不證，是因爲祂本來就在，不是因爲我沒有證如來藏，祂就不在，而是我沒有證以前，我的如來藏就已經在了。那麼您說：我去打三以後到底是證了，還是沒證？我證得我的如來藏，其實還是沒有證，因爲祂本來就在。我去那邊修行而說我得到如來藏，可是如來藏本來就在，不是我找到以後祂才有，也不是導師送給我的，是我本來就有的。那您說：到底是有得還是無得？是有證還是無證？」結果，悟了還是沒悟，得了還是沒得，證了也是沒證，天女的意思正是如此。

有所得、有所證，是說二乘聖人斷見惑、斷思惑，那是有所得、有所證。可是大乘法的見道不同，你得的時候並沒有得，證的時候也沒有證。天女說：「因為無所得、也無所證，所以我的辯才才能這樣。為什麼這麼說呢？因為假使有得有證的話，那麼在佛法裡面我就成為增上慢人了。」因為眞正的佛法是無得也無證的，既然無得也無證，憑什麼對那些凡夫們生起增上慢呢？因為我所得的凡夫也有，我所證的凡夫也有；我只是早一點證實這一點而已，凡夫也許在這一世的未來十年、二十年，也許在下一世或三大阿僧祇劫以後，還是會得、會證，而他們得的、證的也不會比我差，都是同一自性的如來藏；既然如此，我憑什麼對他們生起增上慢？所以如果是有所得、有所證的法，在佛法中來說，那個人一定是增上慢者。

所以菩薩與聲聞不一樣，**聲聞凡夫**自以為證聖了，他們看一般人時有時候會用下巴看人，因為他認為：大家都是凡夫，我是聖人。而初果、二果人有時也會如此，阿羅漢則是有時心裡會想起眾生是凡夫，然後再丟掉這個念頭。菩薩不同，菩薩會對聲聞聖人說：「你是什麼聖人？聖人還不是由如來藏幫你當的！你五陰自己還能當得了聖人啊？你當不了的。可是你的如來藏幫你當聖人時祂又不是聖人，而你只不過是如來藏幫你支援才當得了聖人，你又能算什麼聖人？」菩薩看阿羅漢就這麼看：你、我都不是聖人，如來藏也不是聖人，沒有人能當聖人。證實沒有人能當聖人的人，才是眞正的聖人。你有人在當聖人，你就不是眞的聖人，就是增上慢。所以我不是聖人，才是聖人；我這個聖人根本不是聖人，這樣才是聖人。這就是菩薩，所以菩薩沒有增上慢可說，非聖人亦非凡夫。所以，菩薩破邪顯正時儘管淩厲無比，可是菩薩不會對人家起慢心，看一切人總是想：這個人未來應該可以和我一樣好。所以菩薩於佛法中無增上慢，二乘人於佛法中有增上慢。

【舍利弗問天：「汝於三乘爲何志求？」天曰：「以聲聞法化衆生故，我爲聲聞；以因緣法化衆生故，我爲辟支佛；以大悲法化衆生故，我爲大乘。舍利弗！如人入瞻蔔林，唯嗅瞻蔔，不嗅餘香；如是，若入此室，但聞佛功德之香，不樂聞聲聞、辟支佛功德香也。舍利弗！其有釋、梵、四天王、諸天、龍、鬼神等入此室者，聞斯上人講說正法，皆樂佛功德之香，發心而出。舍利弗！吾止此室十有二年，初不聞說聲聞、辟支佛法，但聞菩薩大慈大悲不可思議諸佛之法。」】

講記：舍利弗聽天女這麼說，就問：「妳在三乘菩提中，有什麼志願，妳希望做什麼？」因為 佛在阿含期時早就講過菩提有三乘之別，這三乘菩提並不是在大乘法中才說的，而是在原始佛法初轉法輪時就已經講過了。在阿含中 佛有講過：佛法中有三種部眾，第一、聲聞部，第二、緣覺部，第三、佛部。佛部的修行人就稱為菩薩，這是在原始佛法三轉法輪的初轉法輪四阿含諸經中就已經講過的。既然法有三乘，當然就顯示出一個事實：**聲聞菩提、緣覺菩提不同於佛菩提**。不然怎麼會有三部之眾而修行有所不同？所以應成派中觀那些人，一心想要用初轉法輪阿含解脫道來取代原始佛法中第二、三轉法輪佛菩提道成佛之道，是故意忽略初轉法輪長阿含諸經中 佛陀聖教的開示。既然在初轉法輪時就說過有三乘部眾不同，怎麼可以用二乘法的解脫道來取代大乘成佛之道？正因為在阿含期中已經講過有三乘菩提，後來也面聞 佛陀演說大乘般若及方廣唯識等法，所以舍利弗尊者當然知道有大乘菩提，因此他就問天女：「妳在三乘菩提中有什麼樣的志願及行法？」天女就說：「我以聲聞法來度化眾生的緣故，那時我就當聲聞人；若我以因緣法來度化眾生時，那時我就是辟支佛；當我以大悲法來度化眾生時，那時我就是大乘菩薩。」這很顯然的在說明：三乘菩提是不一樣的。

聲聞菩提以什麼爲菩提？以四聖諦來觀察蘊處界緣起性空、無我、無常，用來觀察修行的方法就是用四念處、八正道。所以他們觀察眾生蘊處界是苦，然後觀察：**爲什麼眾生會不斷的生生世世都有蘊處界出現？觀察後發現：原來因爲後有種子的收集，才會產生每一世的蘊處界。**後有種子的收集是怎麼集？原來就是這三個：一、我所的貪愛，二、認定能覺、能知的、能作主的自己是常住不壞心而成就我見，三、不希望自己消滅，想要永遠存在，成就我執。由於這三個邪見與執著，所以不斷造作種種業、不斷熏習惡見，苦的集便成就了。如何才是苦滅了呢？他去觀察：蘊處界滅了，苦就滅了。可是蘊處界要滅，該怎麼滅呢？要滅我見、我執、我所的執著，一定要用八正道的方法來滅，這就是聲聞菩提。所以八正道就是苦滅道：苦滅聖諦及滅苦之道就是苦滅之道，這是聲聞菩提。

二乘法中還有個緣覺菩提，是用因緣法來觀察，順觀十二因緣、逆觀十二因緣，把受想行識四蘊觀行得更清楚；並且要從名色往上推溯到無明，到了無明已不可能再往前推，因爲無明依本識而有，如果沒有第八識就不會有無明，所以一直往上推到無明時，再推上去就是第八識，到了這個識就得要退回來；因爲第八識之前無任何一法可以被推究出來，所以十二因緣才不會無窮無盡而永遠無法實證，因此佛說齊識而還、不過彼識，這正是阿含中的十因緣觀；然後從本識與無明再順觀回來，終於證實：原來生老病死的苦都是這樣來的。所以緣覺聖人以這個因緣觀斷除了我執及我所執，這就是緣覺菩提；但是緣覺只能推知必然有本識能出生名色等萬法，卻不知道本識何在，所以無法證得菩薩的本來自性清淨涅槃。

天女若看見聲聞種性的人，她就用聲聞菩提去度他，那時她就化現出一個聲聞出家人的模樣。可是在大乘法跟二乘法中的出家人有什麼不同？大乘法中出家人可以掛一百零八顆名貴的念珠，二乘法中的出家人卻不被允許。爲什麼大乘法中可以？因爲你是菩薩嘛！不是聲聞人，所以有人說：「我就是討厭掛這一百零八顆的念珠，因爲這個不如法。」那麼他就是標準的聲聞人、聲聞僧。既然有聲聞菩提，而她遇到的人又是聲聞種性的人，天女就化現作聲聞僧的模樣，穿得很簡陋，連一串念珠也沒有，完全是聲聞僧三衣一缽的模樣，她就爲他說聲聞法，讓他得度。如果遇到一個緣覺種性的人，她就用十因緣、十二因緣爲他解說，她也示現緣覺的模樣，這時她就是個緣覺僧。但是如果她遇到一個菩薩種性的人，就用大悲法來度化他、教導他：你可千萬別急著取證無餘涅槃，別急著斷盡思惑，你應該修學如來藏妙義，生生世世修證無生法忍，永遠不取無餘涅槃；如是廣利無量無邊眾生，最後成就佛道而仍然不入無餘涅槃，繼續廣度眾生，要有這個大悲心才能成就佛道。她改用這種大悲法來度化眾生，這時她當然要顯現大乘菩薩僧的模樣：示現爲身著天衣或俗衣的出家菩薩，或示現爲三衣一缽的聲聞身相的出家菩薩，或是身著俗衣的在家菩薩。

可是她接著對三乘菩提作了一個評論：「舍利弗啊！就好像一個人進入瞻蔔林時，只會嗅到瞻蔔的花香，其他什麼香味都聞不到啦！同樣的道理，如果有人能夠進入維摩詰菩薩這個房間來，他所聽聞到的都是成佛之法，只能嗅到佛道的功德香；聽聞佛道功德香以後，再也不會喜歡聽聞聲聞法、緣覺法的功德香。」瞻蔔是灌木類，聽說它的樹葉寬寬的、長長的，就像雞蛋花的葉子一般，但瞻蔔花是金黃色的，葉子長出微細絨毛，聽說是非常的香，可以遠飄好幾里。如果是這種樹木遍植成林，當你進入那個樹林中，就不可能再聞到別的香味，因爲它太香了，遮蓋其他所有味道。同理，如果你進入大乘妙法之中（當然不是在表相上進入，因爲表相上進入大乘法中，其實是還沒有進入。譬如在禪宗叢林中常常有人說：「這是某某禪師的入室弟子。」這表示已經親得他的法了，才叫作入室。如果還沒得他的法，就不叫作入室弟子了，只是外圍的弟子。學大乘法也是一樣，你已經進入大乘法的殿堂中，才算是已經進入瞻蔔林—已進入大乘佛法中來。如果還在熏習的過程當中，那表示還在外圍，表示還沒有進入佛法殿堂。什麼才是進入佛法殿堂、進入大乘妙法中？當你已經找到如來藏，已經開始看見如來藏裡面的種種法，也就是說你已經看見佛法殿堂中的種種富麗堂皇的內容了。這樣才是進入佛法的殿堂），如果眞的已經進入佛法殿堂中了，你會看見原來佛法殿堂裡面不是只有成佛之道，還有聲聞的解脫道與涅槃，也有緣覺法的因緣觀與涅槃解脫。可是在佛法殿堂那麼廣大、那麼豐富的種種法中，聲聞法只是其中的一點點，幾乎是微不足道的；而所有的緣覺法在大乘佛法殿堂中，也只是這麼一點點罷了；聲聞與緣覺二人進入佛法殿堂中時，就好像二個人走入十萬人當中，幾乎是微不足道的數目。親見這個事實時，才知道大乘法是多麼的富麗堂皇，這時你就不會再喜歡聽講聲聞法、緣覺法的功德了。

天女接著又說：「舍利弗啊！假使三千大千世界百億釋提桓因、百億梵王、百億四天王天中所有的天、龍、鬼神，都有機會進入維摩詰菩薩這個房間來，當他聽到這位**上人**講說正法時，一定很歡喜愛樂佛菩提功德之香，一定會發起無上正等正覺之心以後才會離開這個房間。」這一段經文中已經告訴我們什麼人可以被稱為**上人**？正是等覺菩薩啊！假使還不是等覺菩薩而以上人自居，將來一定會死得很難看：地獄門已經打開而等著他了。除非死前懂得對眾懺悔。這個名相是不能隨便用的，就好像無上師這個名詞，也是不能隨便用的，只有諸佛才能用，等覺菩薩也不敢用；所以將來清海那個女人也會死得很難看，千萬不要拿自己的未來無量世開玩笑。如果你們悟了以後出去說：「我現在是菩薩摩訶薩。」那就沒問題，不必擔心，因為在《大般涅槃經》裡面說到：眼見佛性時是第十住，就是菩薩摩訶薩。在《楞伽經》中又說證得如來藏的明心開悟者也是菩薩摩訶薩，所以都沒有問題；但是也不必刻意強調，因為你已經看見實際理地中沒有菩薩摩訶薩可說，原來就是只有如來藏、眞如、佛性而已；而眞如、佛性也不是菩薩摩訶薩，而我證得眞如、佛性以後，我成為菩薩摩訶薩了，結果我轉依眞如與佛性之後，從眞如、佛性來看，我又都不是菩薩摩訶薩；所以說：所謂菩薩摩訶薩，即非菩薩摩訶薩，是名菩薩摩訶薩。開悟後，般若經就是要能這樣活用。所以上人也好、無上師也好，都不能隨意亂用。即使是菩薩摩訶薩這個廣義的名詞，你最少也得要明心；已見性最好，否則千萬別亂用，小心一點總是比較保險。因此天女接著說：「舍利弗啊！我住在維摩詰居士這個房間裡面已經十二年了，我沒有聽維摩詰菩薩為人講過聲聞法、緣覺法，他所說的法只有一種，就是菩薩的大慈大悲不可思議的諸佛所說的正法。」

【「舍利弗！此室常現八未曾有、難得之法，何等爲八？此室常以金色光照，晝夜無異，不以日月所照爲明，是爲一未曾有難得之法；此室入者，不爲諸垢之所惱也，是爲二未曾有難得之法；此室常有釋、梵、四天王、他方菩薩來會不絕，是爲三未曾有難得之法；此室常說六波羅蜜不退轉法，是爲四未曾有難得之法；此室常作天人第一之樂，絃出無量法化之聲，是爲五未曾有難得之法；此室有四大藏，衆寶積滿，賙窮濟乏，求得無盡，是爲六未曾有難得之法；此室，釋迦牟尼佛、阿彌陀佛、阿閦佛、寶德、寶炎、寶月、寶嚴、難勝、師子響、一切利成，如是等十方無量諸佛，是上人念時，即皆爲來，廣說諸佛秘要法藏，說已還去，是爲七未曾有難得之法；此室，一切諸天嚴飾宮殿、諸佛淨土皆於中現，是爲八未曾有難得之法。舍利弗！此室常現八未曾有難得之法，誰有見斯不思議事而復樂於聲聞法乎？」】

講記：天女又開口說：「維摩詰菩薩這個房間裡，一直都有八種未曾有、很難得的法存在著，哪八種法呢？這個房間裡面常常有金色的光明照耀，白天與晚上都沒有差異，同樣金光閃閃，不是以日月所照來作爲光明，這就是它的第一個未曾有、難得之法。」人間有這種房子嗎？當然沒有，可是她又說明明是金色光照，那到底光是從哪裡來？這很簡單，因爲只要你證悟之後心中沒有懷疑，你的智慧開始出現，你自己就有金色光明了。這種光明和人家修定所得的光明不一樣，修定所得的光明是白色光。如果一個人有金色光、有白色光，那表示他不但悟了、也有禪定。但如果是一般人，他們只有別的光明：或純紅色的、或純綠色的、或純藍色的，世俗人顯示的是種種純色光明，獨缺白光與金光；修行好的人才會有金光或白光，特別是剛見性的人金光很亮。但是你說：「我爲什麼沒有看見？」因爲你沒有天眼就看不見。假使見性後，他又發起禪定而有白光，他的金光又會因爲定力加持而更亮。但是修到初地以後，他的光明反而有時看不見，因爲他不住在那個境界裡面，我所執著極少的緣故。

所以有時候我會覺得武俠小說還眞的有些道理，在武俠小說中，內功修得很好的人太陽穴總是鼓起來；可是人家說「眞人不露相」，武功最高者總是一副很斯文的樣子，你根本看不出他有武功，因爲他完全內斂而看不出來。諸地菩薩也是像這樣，除非必要，他不會顯露出來，因爲他不住在那個境界裡面。等覺菩薩志在福利眾生，因此時常都是光明顯耀，因爲他時常要接受諸天天主、天人以及他方菩薩來請益，不可以讓人家找不到他，所以 維摩詰居士的房間不一樣，常以金色光照耀，那是他的智慧光、禪定光所顯現，因爲禪定會增益他的智慧金光。有了禪定的證量以後，他對色界天、無色界天的境界已經具足了知了，所以智慧就更勝妙，金光就更增盛。

從理上來講，不從剛才說的事相上說，請問：如來藏的境界需要白天日光來照明嗎？不需要！祂根本不需要日光、月光、燈光、火光、燭光，祂完全不受拘束；這是從理上來講，說**晝夜無異，金色光照**。每一個人再怎麼差，他的世間法再怎麼卑賤，他身內都照樣金色光明照耀、晝夜無異如瓶中燈，這是所有眾生的第一未曾有難得之法。進入這個如來藏房間的人不會被諸垢之所惱亂。假使你轉依了如來藏，誰能惱亂你呢？一切污垢都惱亂不了如來藏，所以如果轉依了如來藏，誰都惱亂不了你。維摩詰這個房間就是如來藏室，只要有人來這個房間聽他開示，從此以後一定轉依如來藏，這就是 維摩詰房間的第二種未曾有的難得之法。

他的房間裡常常有釋提桓因、梵天王、四大天王以及他方菩薩來與他相會，不曾中斷。假使你有能力可以去他方世界，你還會每週來找我嗎？不會啦！你一定每週、每天去他方世界拜見等覺菩薩或諸佛請法，你不會來找我的。所以如果有人自稱是等覺菩薩，卻要找我爲他印證，你想：他會是等覺嗎？但是眞的發生過這回事！如果眞的是等覺菩薩，應該是我去找他印證才對。所以像維摩詰菩薩這種層次，當然常常會有他方菩薩、諸天天主等人來向他請法，一定如此。

但是從理上來說，你的如來藏難道不是每天有釋提桓因、梵王、四天王、他方菩薩來相會嗎？因爲釋提桓因也有如來藏，釋提桓因每天跟他的如來藏相會；四天王也有如來藏，他們也每天跟如來藏相會，乃至他方菩薩莫非如是。不說他方一切菩薩，光說誹謗如來藏的宗喀巴、月稱、印順、聖嚴、證嚴乃至星雲……等人，他們也是每天跟如來藏相會，所以從理上來說，應該說一切外道都來與如來藏相會不絕。而事相上，等覺菩薩當然常常會有釋提桓因、諸天天主前來相會請法，維摩詰菩薩當然也是如此，這是第三種未曾有的難得之法。

維摩詰菩薩的房間常常在宣說六度波羅蜜不退轉法，因爲祂不以聲聞法來度人，只有五陰才會用聲聞法、緣覺法來度人，如來藏絕對不會用聲聞、緣覺法度人。當你證得如來藏時，你再也不會喜樂聲聞、緣覺法了。維摩詰居士一向以大悲法度人，他連聲聞十大弟子都想要度爲菩薩了，何況菩薩種性的人來了，怎麼會用聲聞、緣覺法度他們呢？所以一般人進到他房間來求法時，他一定用六度波羅蜜來說。從理上來講，當一個人證得如來藏以後，他會發覺：要證如來藏，眞不簡單，沒有大福德還證不到。因爲不但是蕭老師要看人家福德夠不夠，佛也警告說：「福德不夠的人不可能證得如來藏。」所以這個法不容易實證，證到如來藏以後一定會觀察到這一點。既然如此，想要證這個法當然第一就是要修布施：財施、法施、無畏施。這就是說，一定要把六度的前五度已經確實修習了才能開悟，修習前五度就是修集福德。

有人講：「我本來以爲哪一些人一定會悟的，結果禪三結束時都沒有悟出來，我看蕭老師是偏心的。」可是他認定的同樣一批人，卻另外有人說：「那些人是悟不出來的，而我預料中的另一些人都有悟。」雙方的看法剛好顚倒，某甲說會悟的人偏偏都沒悟，某乙說應該會悟的另一批人卻都有悟，卻都是某甲認爲不可能開悟的人。這原因在哪裡？就在於某甲的知見不正確。某乙看的是什麼呢？他知道：菩薩的法，要不是這一世與往世都修集了很多福德，一定是悟不了的。他從福德去觀察，結果他所預料的那一些人都悟了，沒有一個未悟。某甲卻不是，他是看聰明伶俐：這些人很聰明、很伶俐，都應該可以開悟的。結果偏偏個個都沒有悟。所以眞實證得如來藏以後，而見地有確實發起了，會發覺你修佛菩提而想要實證，第一個條件就是要布施，要有大福德，往世不斷的做財施、法施、無畏施。也許有人說：「我還沒有悟，我怎麼能做法施？」那怎麼不行？就你所知去爲人宣說，也能做得到；不然就以正法書籍不斷的推介給許多有緣人，也是法施。

證得如來藏以後，還有許多人觀察到一點，就是：在世間法上非常貪著的人、面對眾生時心中不清淨的人，都是障礙重重；私心重的人也很難悟，聲聞種性的人也很難悟。可是有時候我會故意去幫忙，試試看他悟了以後會怎麼樣，可是大多數這類人沒辦法依照我的期望：聲聞種性的人悟後還是聲聞，只是不否定如來藏而已；私心重的人還是照樣私心重。所以後來我若感應到是這兩類的人，就不幫忙而完全隨緣了！隨順他們因緣以後，反而沒有後遺症。所以想要證悟如來藏，戒行還得要清淨無虧，不能侵害眾生。看到這個情形，所以說：能悟出來的人，絕大多數戒行都是清淨的。所以你進了　維摩詰菩薩這個房間，當然他要對你講戒行的問題，這就是六度中的第二度，這也是教你修集福德。

還有，要看這個人能不能忍？假使是不能生起忍法的人，不許爲他說這個法，也不讓他進　維摩詰居士這個房間；因爲你若幫他證得如來藏，他一定安忍不住：「笑死人了！這個叫作如來藏！」他會毀謗，毀謗之後會有兩個做法：第一、否定掉；第二、頭上安頭。第二種人不能忍於阿賴耶識心的大乘無生法，會另外找一個如來藏，反墮意識境界中。忍不住就沒有大乘無生忍，忍就是接受、安住；所以想要實證般若的人，還得要忍辱行修得好。忍修不好，縱使悟了也沒辦法安忍於極平實的如來藏心，所以進得這個房間時還得要為他說忍。有這三個法就行了嗎？還不行！還要夠精進。假使一天打魚、三天曬網，哪裡打得到魚？因為魚不是天天有。同樣的，證悟如來藏的因緣也不是每天有：今天參一參，參不到，休息了！明年再來參，一百歲中總共只參禪一百天，我看是三大阿僧祇劫也參不出來，所以還得要有精進性；精進性沒有發起，悟不了的，所以進得這個房間時還要為他講精進。精進了就眞的行嗎？不行！你看外面那些大道場，少說也有幾萬人在參禪，每年打禪七的人太多了！可是他們找得到如來藏嗎？都找不到。那樣的精進，為什麼還找不到呢？因為心地還很粗糙，他無法感覺到自己身上有個如來藏；一定要心細了，漸漸有點感覺了：「我身上好像有個如來藏。」可是在哪裡呢？還是不知道；心細下來然後繼續再參，最後終於才能找到。既然還得要心夠細，當然得要修得基本的禪定功夫，所以還得要為他講定，特別是動中相應的定力。可是光有這五個就能悟嗎？也不行！因為方向錯了就永遠都找不到，所以還要教他一些般若的道理，讓他具足正知見。這樣六度具足了，聞熏完成了，眾生才有能力親證如來藏，所以要具足為他解說六度波羅蜜。

六度波羅蜜講解完了，六個條件都如實勤修具足了，不證如來藏也難，不起般若智慧也難，因為一定會有一天證到如來藏。對這些知見、福德也能安忍，心也夠細了，然後參禪的方向也建立起來了，這時你想要遮障他都不可能了，一定會證到如來藏，你遮止不住他的；一旦證得如來藏，實相般若智慧就生起來了，般若智慧一生起就不會退轉了。會退轉的人都是不能安忍：般若智慧沒有真正的生起。所以，維摩詰菩薩這個房間裡宣說的都是六波羅蜜的不退轉法，這就是維摩詰居士房間裡的第四種未曾有的難得之法。

這個房間也常常演奏天人第一之樂，天人最微妙殊勝的天樂是什麼呢？是唱誦佛法之音，所以佛教的唱誦才叫作梵唄，因為那是清淨之樂；梵就是清淨，所以佛教裡面不唱流行歌曲，不唱西洋歌劇、中國平劇，唱的都是梵唄讚佛：把佛法編成樂曲，當大家唱得好聽時，錄製出來流通；眾生聽了歡喜，也買回去聽，接著想：「唱得太棒了！但這是什麼內容？到底在唱什麼？」他把歌詞翻開來瞭解，就熏習到心中去了，這就是絃出無量法化之聲。所以佛教音樂並不是不好，要看那個音樂的內容是什麼？所以有時菩薩以一個偈頌編成樂曲來讚佛，他可以一個小劫不停的唱誦，這是他的修行方法。這就是維摩詰的房間常有的天人第一之樂，就是演奏出無量無邊的佛法來度化眾生的聲音。從理上來講，你證得如來藏以後，你來觀察你的如來藏是不是每天都在演出這種天人第一之樂呢？（眾答：是）是啊！你的如來藏每天在為你說法，也為眾生說法，而且說得很美妙；只是因為太美妙，格調太高了，所以眾生聽不懂而已，所以理上，你的如來藏就是 維摩詰菩薩的房間，這是第五種未曾有的難得之法。

這個房間還有四大藏——四大寶藏。四大寶藏，是在四阿含裡面早就說過的，說閻浮提洲中央有兩大寶藏，在西牛賀洲也有一個大寶藏，在北俱盧洲也有一大寶藏，當轉輪聖王出現在人間時，這四大寶藏就會出現，由典藏臣找出來供他所用，這時轉輪聖王不必像我們政府這樣舉債，負債太多會使政府破產。轉輪聖王有四大寶藏可以用，不須負債來建設國家。這四大寶藏譬喻佛菩提中的四聖諦，這裡的四聖諦不是指二乘法中的四聖諦，是從佛菩提來講如何是苦，如何是苦集，如何是苦滅，如何是苦滅之道；從佛菩提來講的四聖諦，說之不盡。假使你有無生法忍來說二乘菩提的四聖諦，就會讓南傳佛法的大師們覺得不可思議。因此如來藏裡面眞的「有四大藏，眾寶積滿」，不論誰要來求什麼法都可以給他。並且這四大藏的法給了他以後，他永遠用不完，這是在理上說。

從事相上說 維摩詰菩薩福德廣大，所以他要從各洲、各個佛世界去取什麼財寶都沒有問題，因爲等覺菩薩即將成佛了，這表示他已經度過三大無量數劫，這三大無數劫的布施修行下來，已經有很大的福德了，所以他要什麼財寶都有，因此眾生如果需要世間財寶，他也可以供應，並且他可以源源不斷的供應；這是事上的，因爲他有能力從諸方世界獲取財物，所以理上、事上 維摩詰菩薩這個房間都有這個功德，這是第六種未曾有的難得之法。

維摩詰大士的房間，釋迦牟尼佛、阿彌陀佛、阿閦佛、寶德佛、寶炎佛、寶月佛、寶嚴佛、難勝佛、獅子響佛、一切利成佛等十方無量諸佛，每當 維摩詰菩薩希望面見時，祂們就會來示現爲他廣說佛地的祕要法藏。佛地的祕要法藏，等覺菩薩的 維摩詰是無法想像的，當他需要了知的時候，只要憶念某一尊佛，起念想要面見，諸佛就會感應到，來爲他說法，說完了就離開，這就是這個房間的第七種未曾有難得之法。可是你們各人的「維摩詰房間」沒有這些功德嗎？其實也有啊！譬如常常有人說：「我希望得到某一個法。」然後 釋迦佛就感應了，夢中就爲他說法；至於他悟得了或悟不了，那就另當別論。你的如來藏房間也是一樣，所以有好多人去禪三之前說：「糟糕了！參不出來，怎麼辦？沒把握。蕭老師！趕快來爲我指導啦！」可是我不能犯規，結果他就夢見了我去爲他指導，也就悟了！這還不是只有一人、兩人，這是由如來藏與意根感應而實現的。這就是你的如來藏房間（維摩詰室）的大功德，這就是第七種未曾有的難得之法。

第八種未曾有難得之法，是說這個房間裡，一切諸天的莊嚴寶飾宮殿及諸佛的淨土，都可以在這裡面顯現，這是第八種未曾有的難得之法。這當然同樣也有事、理兩面的看法。如果從事上來講，這是顯現一切等覺菩薩的住處都有這種難得之法。換句話說，一切等覺菩薩們不論要見任何天宮、天界的境界，隨時都可以看見，想要見諸佛的淨土也是隨時都可以看見。若在理上來說，就不單是 維摩詰菩薩的房間如此，只要你有道種智，你的房間（不管你跑到哪個房間去）也可以如此，這個道理在《華嚴經》裡面講過了。《華嚴經》講善財童子五十三參，經歷過五十二位階的善知識，這五十二位階善知識的法參學過了、證得了，就從初信位的凡夫位進入等覺位。他是在一生之中經歷五十二個階位成爲等覺，這是長劫入短劫，一般人得要在三大無量數劫中來完成這五十三參。可是當善財童子完成五十三參時，普賢菩薩卻說：「這只是在普賢菩薩身中遊歷一遍而已。」

這有兩個意思：第一、五十三參的過程中，可能一世在娑婆，一世到東方琉璃光如來的世界，又有一世到西方阿彌陀佛的極樂世界；這樣三大阿僧祇劫遊歷了十方諸佛的淨土，一切穢土、淨土莫不遊盡，具足道種智以後，才算遊盡了普賢身，才算行盡了普賢行。具足這樣的過程，才算是完成了菩薩五十二個階位的過程，因為五十三參裡面有兩參是同一位菩薩。可是眞正說來，十方世界遊歷完畢，到成佛了以後才發覺：原來十方諸佛世界的一切遊歷，以及參學所經歷的境界和內容，其實都是你自己心中的境界，你從來沒有經歷過外面的境界；這樣遍歷自己如來藏中的所有法以後，才是具足普賢行。所以普賢菩薩十大願王都在你自心中行，都沒有超出於你的眞心之外；經過三大阿僧祇劫所遊歷一切十方諸佛淨土及諸天境界，都是你的自心現量。因此，你到達等覺位來反觀這些境界時，十方諸佛淨土、淨穢土及一切天宮的境界，當然都在你心中現前。這時以你的道種智來觀察，沒有你所不知道的三界九地境界。這樣一來，當你住在任何一個房間，那房間不都也有這些未曾有法嗎？這是就理上來說，當你有道種智時，你早已經了知諸天的境界相，也早就了知：十方諸佛淨土不外乎你的自心如來所現境界。這就是從理上來說 維摩詰菩薩的房間所顯現第八種未曾有的難得之法。

如果有人聽聞或看見了 維摩詰菩薩房間的八種未曾有難得之法，就可以了知大乘菩提種種不可思議的事相。假使你眞的看見了這些不可思議大乘菩提的理上與事上勝妙境界之後，你還會再喜樂於聲聞法嗎？應該已不可能了。假使你沒有來聽我講過《維摩詰經》，可能你還會喜樂於阿含解脫道，還會喜樂於趕快出離生死的阿羅漢境界。但是如果從這部經開始講，一直聽到現在下來，我相信你不會再喜歡阿含解脫道了，你會認爲說：「阿含解脫道也只是我所要修的很多法中的一小部分而已，我終究還是要以佛果雙具佛菩提、聲聞菩提的境界，作爲我所要修證的境界。」這樣一來就不會再喜歡二乘菩提的聲聞法、緣覺法了。因爲看見維摩詰菩薩房間有如此勝妙的事上、理上的境界，並且了知佛菩提道如此殊勝以後，你會發覺：原來二乘聖人所無法了知的四聖諦及因緣觀的理上內容，我都了知得比他們更清楚。這時你絕不會鼓勵任何人去修學二乘菩提，更何況自己會去喜樂二乘菩提。

所以諸位都是有大福德的，否則走不進正覺講堂來。當然諸位之中也許有人心裡面會打個問號：「爲什麼你蕭平實敢這麼講？」我們簡單的說一件事實就好，諸位就會瞭解：大乘菩薩能瞭解二乘聖人所不知道的二乘法，二乘聖人卻不知道菩薩所證的法，何況是未斷我見的凡夫？我們舉個例好了，佛學「泰斗」印順法師寫書宣揚成佛之道，當他說到因緣觀時，無法理解因緣觀爲什麼要講九因緣（十因緣）又講十二因緣；在他的看法中認爲：十因緣與十二因緣都只是或增或減的方便說，不是眞實義，所以他認爲因緣觀可以有多種，只要瞭解緣起性空就夠了。正因爲這種邪見，他修十二因緣的觀行就不能成功。一千多年來，在中國、南洋，常有許多大師們自以爲成就因緣觀了，其實仍然沒有成就，這個問題在哪裡呢？正是因爲他們沒有如實理解十二因緣觀與十因緣觀（九因緣觀）之間的關聯：他們不知道十二因緣的觀行要以十因緣觀作根本，才能成就十二因緣觀。

十因緣觀沒有觀行成就，不可能成就十二因緣觀；可是爲什麼會如此，他們完全不知道，而他們也沒有聽人講過：**十二因緣以十因緣爲根本**。目前我所讀到的文獻上是只有我提出來，但是 佛講過沒有？早就講過了。所以，那些阿含專家們到底是怎麼研究阿含的？他們的智慧在哪裡？但是我很清楚的了知：他們是研究而不是眞修實證，所以他們的十二因緣觀不能成就。不過諸位可能很想瞭解：爲什麼十二因緣觀要以十因緣觀作根本？爲什麼不修十因緣觀就無法成功十二因緣觀？我今天不告訴諸位，要向諸位吊吊胃口，因爲這個法義是寫在《阿含正義》中，我希望能繼續在二十天內把《阿含正義》寫完。如果沒有意外，我們可能在明年的夏天，也就是明年的六月、七月、八月選擇一個月開始陸續出版（編案：總共七輯，二〇〇六年八月開始陸續出版，已經在二〇〇七年八月出版完畢）。書中的法義要讓近代的阿含專家們瞭解：他們是不懂阿含的。眞正懂阿含的是菩薩，不是阿羅漢、緣覺，更不是他們那些不斷我見的凡夫阿含「專家」；因爲阿羅漢依照因緣觀去修成了，都是由於 佛的指導；辟支佛是因爲往世曾經熏習過本識的正理所以也成就因緣觀了，當代的阿含「專家」卻都只是未斷我見的凡夫，並且極力否定本識，根本談不上懂得阿含。

但阿羅漢不知道十因緣觀實際的內容，當然不懂爲什麼十二因緣要以十因緣法爲根本？都是後來聽聞 佛的開示以後才知道的。辟支佛則往世熏習過本識的正理而自己推知的，可是他也無法親證十因緣觀的本識實際，所以不知出生名色的本識何在，只能推究到**本識出生名色**爲止，無法實證本識的所在；但這些內容只有菩薩才能實證，由此可以證實佛菩提道的勝妙所在。所以諸位能夠走進正覺講堂而且待得下來，這都不容易，因爲有時常常會聽到我突然講一個你沒聽過的法，你卻能信受。今天我主張十二因緣觀必須以十因緣觀爲基礎，這個講法也是諸位從來不曾聽聞過的；查經典、論典，你也查不到，因爲你會讀不懂而忽略了。但是等你拿到《阿含正義》第二輯或第三輯，讀到這部分的詳細解說內容時，你就知道：原來十二因緣眞的是以十因緣做基礎才能觀行成就，原來阿含部經中佛早就講過了，只是阿含專家及南洋所謂的「阿羅漢」們讀不懂。但你如果善根不夠，今天聽了我上面的講法，當場就會起煩惱：「這蕭平實故弄玄虛，開口說大話。」下週就不會來聞法了。但我告訴你：「這就是因緣不夠。」這就是不具足菩薩的大心，所以對於聞所未聞的妙法生起懷疑，不能安忍。如果是眞的菩薩種性人，他會想：「我再等一等，反正明年夏天開始出版，最遲我在明年冬天就拿到第二輯了，我先看看你寫得對不對再說。」心中容有懷疑，但不會馬上起煩惱否定，這才是菩薩。如果是聲聞凡夫，一聽到這說法，就想：「這蕭平實講大話。」下一週就不來了，永遠不會再來正覺講堂，只有等到下輩子再來親近同修會。

菩薩能知十二因緣法要以十因緣法根本，但聲聞聖人並不懂；由此證明二乘聖人不知菩薩法，菩薩卻能了知二乘聖人法；所以大乘菩提勝妙之處極多，不是二乘聖人所能想像。今天所說維摩詰菩薩的房間有這八種未曾有難得之法，應該可以增加諸位對佛菩提更堅強的信心。所以入了寶山可不要晃一晃就走了，你能夠得到大乘法中的多少寶貝，就看你個人的信心、福德、慧力有多少來決定。所以來到正覺同修會，有人得到一塊金塊走了，有人得到一卡車的金塊走了，有人得到雕刻得非常精美的幾丈長的大金龍然後走了；也有人覺得這樣還不夠，還要得到金碧輝煌的黃金寶殿才願意走，或者乾脆永遠留下來挖寶而不走了。我都隨喜，那就看諸位怎麼得。

所以在我們這裡和外面道場不一樣，外面人們是想：我只要能夠明心開悟就心滿意足了。不幸的是在外面修學了一世終於被印證開悟之後，結果還是悟錯了。可是來到我們這裡悟了以後，不只是悟得正確，也不是開悟就沒事了，而是事情更多（你要學的法更多）。這到底是你的幸或不幸呢？就看你怎麼認定。有智慧的人說：「太幸福了，悟了以後還學不完，一生都有得學，所有的寶貝我要一直帶回家。」如果說不幸，也眞的是不幸：悟了以後還不能走人，還有許多學不完的法，怎能走人？到底是幸或不幸？就由各人自已的看法來決定你在同修會未來的前途。所以大乘菩提勝妙、極勝妙、究竟勝妙，甚深、極甚深、究竟甚深，因爲我走到今天都還覺得還有太多學不完的法，就等著繼續親近諸佛來修學，所以諸位就看看接下來這一段經文中說大乘菩提有什麼勝妙。

【舍利弗言：「汝何以不轉女身？」天曰：「我從十二年來，求女人相了不可得，當何所轉？譬如幻師化作幻女，若有人問：『何以不轉女身？』是人爲正問不？」舍利弗言：「不也！幻無定相，當何所轉？」天曰：「一切諸法亦復如是，無有定相，云何乃問不轉女身？」即時天女以神通力，變舍利弗令如天女，天自化身如舍利弗而問言：「何以不轉女身？」舍利弗以天女像而答言：「我今不知何轉，而變爲女身？」天曰：「舍利弗！若能轉此女身，則一切女人亦當能轉；如舍利弗非女而現女身，一切女人亦復如是，雖現女身而非女也，是故佛說一切諸法非男非女。」即時天女還攝神力，舍利弗身還復如故。天問舍利弗：「女身色相今何所在？」舍利弗言：「女身色相，無在、無不在。」天曰：「一切諸法亦復如是，無在、無不在。夫無在、無不在者，佛所說也。」】

講記：舍利弗尊者聽到天女菩薩講述維摩詰菩薩房間的未曾有難得之法，他覺得很好奇：我們對維摩詰菩薩所知太少了，而天女菩薩知道的這麼多，所以她一定是大有來頭的。可是一個大有來頭的菩薩竟然示現天女之相，不是示現天主、天子之丈夫像，這很奇怪。所以他有了疑問，就提出來請問：「天女啊！妳爲什麼不把女身轉掉？」因爲在二乘菩提中，女人是沒什麼價值的，不太受尊重的。所以比丘尼出家幾十年後都快捨報了，遇到一位新戒比丘，戒疤都還沒有乾，戒臘五十年的老比丘尼還是得要向他頂禮。可是來到大乘法中就不是這樣，大乘法中根本不管你男相、女相、出家、在家，只論五十二位階的證量高低。所以諸位還眞是走對地方，大乘法中確實如此，再平等不過了。但舍利弗尊者的觀念還是二乘菩提的觀念，他認爲：「妳修證既然這麼好，應該要現男相，怎麼還現女相？」

天女的答覆是：「我十二年來一直在找我的女人相，可是找不到我的女人相，那你要叫我怎麼轉女人相？譬如說，魔術師變化出一個女人來，如果有人去問那個變化出來的女人說：『你爲什麼不把女身轉成男身呢？』這樣的問法是不是正確的問法？」就好比電影螢幕上顯現出來的女人影像，有人去問那個女人影像說：「你爲什麼不把女人身轉變爲男人身？」請問：他這樣問，是正問還是錯問呢？舍利弗尊者這麼一聽，心想：這樣的問法果然不是正問。只好回答說：「不是正問。因爲幻化出來的法相沒有定相，可以變化不定，要叫它怎麼轉變呢？」天女就回答說：「對啊！你說得沒錯，一切諸法也都是像這樣而沒有定相，既然如此，你為什麼問我說：『為何不轉女身呢？』」

這一說完，她馬上搞怪，就用神通力把舍利弗尊者變成與自己天女的模樣一般，然後把自己變化成舍利弗尊者的模樣，掉換過來。現在換成她以舍利弗的模樣來問那個天女模樣的舍利弗說：「你為什麼不把女身轉掉？」這時舍利弗就以天女模樣答她說：「我現在也不知道為什麼竟然也轉變成女身了。」聲聞聖人遇到這樣的菩薩，還眞不知道該怎麼辦才好。這時天女就用舍利弗尊者的模樣向天女模樣的舍利弗說：「舍利弗啊！你假使能把自己的女身轉變掉，那麼一切女人也就一樣都能轉變掉女身，如同現在你舍利弗尊者不是女人卻顯現女身出來，一切女人也是一樣，雖然顯現女身，其實不是女人。由於這個緣故，佛曾經開示過：一切諸法非男非女。」說完了，她把神力收回來，舍利弗就恢復到原來男人的身像，這時天女又問舍利弗說：「你剛才女身的色像，現在又到哪裡去了？」這時舍利弗倒是想通了一個道理：「原來我是可以變成女身的。可是現在這個女身又不見了，可見女身的色像無在、無不在。」不能說它一定在，但也不能說它不在。天女告訴他：「一切諸法也是一樣。所謂無在、無不在的法，才是佛所說的眞正究竟佛法。」

所以如果哪一天我平實穿了花襯衫、花裙子來，你也不要奇怪。如果你罵我說：「你今天怎麼不男不女！」我會說：「謝謝你的讚歎，因爲我本來就不男不女。」當你證得如來藏時就會發覺：你實際上確實不男不女。這有什麼好奇怪？如果我發願下輩子現個女人樣，那我就變成女人樣了。有的菩薩特地要變成女人樣，因爲眾生會覺得比較容易親近。如果變個男人模樣，搞不好橫眉豎目一臉橫肉的，就算你心裡面再怎麼慈悲，人家也會怕怕。所以有時菩薩故意示現女人樣，讓人家樂於親近。觀世音菩薩示現最多的模樣就是女人，當然也有示現爲男人的模樣，所以唐代畫的 觀世音菩薩都有鬍鬚；其實祂是中性身，祂哪有什麼男身、女身的差別？就只是隨著因緣而示現。如果對心性比較柔弱者，祂就示現女人模樣；如果心性很雄猛，無所畏懼，祂就示現一個大丈夫模樣，所以有三十二應。所以，其實男人不必說：女人會被輕視。女人也不必想：我被輕視。因爲如果有男子來告訴你：「女人是最輕賤的。」妳說：「不！女身中也有男人種子，我只是不顯現男人的種子而已。我眞心中一樣有男人的種子，捨報時心念一轉，下輩子就變了。」確實如此，至於怎麼轉、怎麼變，我們在增上班課程有時候就會講到怎麼轉、怎麼變，捨報時怎麼樣轉爲男身，下輩子就眞的轉；男身想要下輩子當女身也可以，心念一轉，下輩子就變女身；就是這麼轉，很容易的，這並不難。所以男身、女身並不重要，重要的是怎樣去了知：男身、女身的種子都在我們心中。重要的是要如何了知：捨報後怎麼轉就可以成功？這才是重要的。

所以大乘法中法義無量無邊。你要是問阿羅漢說：「我捨報以後下輩子要轉男身（我下一輩子要轉女身），該怎麼轉？」一百位中會有九十九位向你說不知道。這裡面道理看來好像很深，可是就像世俗走江湖的人說的一句話：「江湖一點訣，說穿了不值五毛錢。」這就是道種智厲害的地方，知道很多的訣竅。很多人以為說：這轉變相分是要靠四禪八定的定力。其實不然，那是智慧力。轉變自己的內相分、轉變別人的內相分，都不是靠禪定力量，都是無生法忍的智慧力，不是靠禪定的力量來做的。如果是靠禪定力量，那些外道得四禪八定具足的人，他為什麼做不到？可是二地、三地菩薩不必禪定力量，為什麼能做得到？因為這是智慧。所以大乘法的勝妙絕不是二乘人所能了知的，所以菩薩的成佛才說要三大阿僧祇劫。二乘人成就解脫，如果夠精進，快則一生、慢則四生就可以完成；可是菩薩的法不這麼容易的，因為法的深廣勝妙無量無邊而又無比的深遠，不是一世或幾世就能完成的；所以諸位對大乘法，還眞的是需要有更大的信心、更長遠的精進心去修去行。因此大乘法是值得稱讚的、是值得修學的，這不是小根小器的人所能信受，他們光是聽聞就會起煩惱；所以大乘法的勝妙要靠多生多劫的熏習，以及確實如理作意的現觀，才能夠久學不退而成爲眞正的久學菩薩。

【舍利弗問天：「汝於此沒，當生何所？」天曰：「佛化所生，吾如彼生。」曰：「佛化所生，非沒生也。」天曰：「衆生猶然，無沒生也。」舍利弗問天：「汝久如當得阿耨多羅三藐三菩提？」天曰：「如舍利弗還爲凡夫，我乃當成阿耨多羅三藐三菩提。」舍利弗言：「我作凡夫，無有是處。」天曰：「我得阿耨多羅三藐三菩提，亦無是處。所以者何？菩提無住處，是故無有得者。」舍利弗言：「今諸佛得阿耨多羅三藐三菩提，已得、當得，如恒河沙，皆謂何乎？」天曰：「皆以世俗文字數故，說有三世，非謂菩提有去來今。」天曰：「舍利弗！汝得阿羅漢道耶？」曰：「無所得故而得。」天曰：「諸佛菩薩亦復如是，無所得故而得。」爾時維摩詰語舍利弗：「是天女已曾供養九十二億諸佛，已能遊戲菩薩神通，所願具足，得無生忍，住不退轉。以本願故隨意能現，教化衆生。」】

講記：舍利弗又問天女：「請問妳在這裡消失以後，要出生到哪裡去？」還是在事相上問。這不能怪他們，因爲二乘菩提修的法，本來就全部是事相中的法。他們斷我見，是根據蘊處界現象法來斷；斷我執，也是根據現象界的世俗法蘊處界來斷；所以他們會常常在事相上來著墨，這都是正常的。舍利弗問：「妳在這裡消失以後，要生到哪裡去？」天女答覆說：「佛的化身所生的地方，我就像祂那樣生。」佛的化身，什麼地方眾生有緣需要感應，祂就化現出來，感應完了就不見了。天女說：「我就像那樣化身而生。」舍利弗就問：「佛化現所生的，祂不是消滅以後才生，是佛還在，祂就變現了。」天女答覆說：「眾生也是一樣，也不是消滅了才出生。」因爲所有的眾生，他死了並沒有消滅，只是五陰消滅了；可是五陰滅了以後，他的本際沒有消滅，所以他的意根和本際如來藏，又再變生一個五陰去到下一世。當然有人也許想：「那是你講的，我這個五陰壞了，下輩子還是我啊！」如果他這樣想，我就告訴他：「你還眞的是個常見外道。」有的人總是認爲：「我這一世能見、能聞、能覺、能知，這個心還要去到下一世；我這個心是從前世來的，你怎麼可以說下一輩子不是我？」我就說：「下輩子眞的不是你，上輩子那個你也不是這一輩子眼前的你。」

假使我們從理上來說，見聞覺知的你若眞的是從上輩子來的，你就應該很清楚的記住：你在媽媽肚子裡十個月是怎麼過的。請問：「你有清楚嗎？有記住嗎？」根本不知道。也應該知道：「上輩子姓甚、名誰、住在哪裡、幹了什麼事業？」可是顯然不知道。所以在事相上來講，你這個覺知心不是從上輩子來的，而是這一輩子獨有的；此世如此，下輩子當然也不是你這個覺知心往生過去。從教上來講（不必大乘經典，二乘經典就說得很清楚了），這個五陰滅了，來世**異陰相續而轉**：來世是另一個五陰來延續這一世的因果去運作的。實證如來藏的聖者，也能從理證上來現觀：意識不是從上一世轉生來的。所以，事證、教證、理證上，都已證明見聞覺知心（離念靈知）不能通三世，所以天女說如同佛化所生，而不是沒（讀作默）了而生。所以識陰、意識是有生的，但卻有個如來藏是不沒（祂不會死掉），就因爲祂不會死沒，所以就把每一個有情的因果如實實現而不會錯亂，所以死而非死、生而非生，因此說眾生就如同佛化所生一樣，不是沒了以後才生。

舍利弗尊者又問天女說：「**妳的證量這麼高，我請問妳：『妳再過多久以後會得到無上正等正覺？』**」因爲現在知道這個天女絕對不簡單，因爲知道天女的證量深不可測，所以提出這個請問。天女答覆說：「**那就像是你舍利弗，如果你有一天成爲凡夫了，那我就成爲無上正等正覺了。**」你看！這個答覆確實讓他想像不到，竟然會這樣答覆；舍利弗尊者是從事上來問，她是從理上來答，所以他就摸不著邊了。他想：我舍利弗還會再變成凡夫，那也是太荒唐了吧！所以就答覆說：「我重新再變成凡夫，沒有這個道理！」天女就說：「一樣啊！我將來會成為無上正等正覺，也是沒這個道理的。」這種話沒有人敢講，天女卻講出來了！然後她解釋說：「為什麼呢？因為無上正等正覺這個菩提是沒有住處的，既然沒有住處，請問有誰能得無上正等正覺？」就好像諸位：你明心了，當你明心以後，你是假的，把自己完全推翻了；祂才是真的，你的祂、最親密的祂（如來藏）才是真的。你悟了，你說：「我現在已入菩薩數中，真的成為菩薩了。」可是請問：「成為菩薩的你是真的、還是假的？」（眾答：假的）還是假的啊！真的菩薩是誰在當呢？如來藏。可是如來藏有沒有在當菩薩？沒有。結果你成為菩薩了沒有？你永遠當不了菩薩！對不對？（眾答：對！）對啊！「所以我天女將來也永遠不會成為無上正等正覺，因為將來成為無上正等正覺時的五陰我是假的，將來成佛時我的如來藏仍然沒有成為無上正等正覺，那你說：我什麼時候會成為無上正等正覺呢？」

可是舍利弗尊者聽不懂，他還是從事相上來講：「如今明明佛說過祂已經成為無上正等正覺，佛也說十方無量世界有無量諸佛成為無上正等正覺。不但如此，佛還說：過去已經有很多佛成就無上正等正覺，未來也會有很多人會成就無上正等正覺，這個數目就像恆河沙數那麼多。請問妳：佛講的是什麼？」他這一質問，好像很有道理。可是天女說：「佛講這些過去、現在、未來無量諸佛，那都是因爲從世俗法上用文字而以數目來說，才會說有三世的無量諸佛；可是佛並不是在講菩提有過去、現在、未來，假使菩提有過去、現在與未來，才可以說我什麼時候成就無上正等正覺，才可以說你現在成就阿羅漢道。」講完了，她就反問：「舍利弗啊！你得到了阿羅漢道了嗎？」舍利弗尊者說：「我就是因爲無所得而得。」

他沒有講錯，因爲成就阿羅漢道並不是自己多了個什麼，而是把自己捨掉；捨到無可捨，我見、我執斷盡了，捨報以後把自己滅除，不再受生，連自己都不存在了，所以他得阿羅漢道是無所得。但是他說了這句話以後，天女就說：「你得到阿羅漢道是如此，諸佛菩薩得無上等正覺也是一樣：無所得故而得。那你說說看：我天女菩薩什麼時候能得無上正等正覺？也是無所得。如果有所得，那顯然就不是無上正等正覺了。」到這裡，意思就很清楚了。這時 維摩詰菩薩就告訴舍利弗尊者：「這位天女過去已經供養過九十二億諸佛了。」你想想看：要供養一尊佛都不容易，何況是九十二億佛？你們如果二千五百多年前沒有供養過 釋迦牟尼佛，你這一世不要想明心，更不要說見性，連明心都不可能。過去二千五百多年前，假使那時候還是個動物，懂得去啣花來供佛（咬一朵花來供佛，或者去咬一顆水果來供佛，佛都會接受，不計較你是什麼身分），你這一世就有機會明心了，因為供佛的功德無量廣大。應身佛在人間時，只要你供養得到，福德就很廣大。

二千五百多年前，有一隻鳥，牠去找了一塊沉香木，不大（既是一隻飛鳥能夠咬得動的，顯然不大），就只用那一小塊沉香木供佛，今生也真的明心了，你想像得到嗎？所以能夠遇到應身佛而當面供養，這很難得。想一想：我們賢劫到現在已經過去幾億年了，才只有四尊佛。再往前推，七佛，那要推多久？往前推三十一劫之前才有一尊佛出現，再往前則要推到第九十一劫前才有另外一尊佛名為迦葉佛。所以想要遇到應身佛很不容易，從世界成住壞空的時劫來看，真的就像曇花一現一樣。賢劫算是很好，有千佛會出現。但是這位天女過去供養過九十二億諸佛，那是很長的時間才辦得到。你想，她供養過這麼多佛，當然是久修的行者，同時也有大福德，所以這一世能遊戲菩薩神通，這很不容易；所以她所願具足，想要得到什麼樣的境界、智慧，都可以得到；顯然她已經斷盡思惑，大乘的解脫無生忍是第八地，是念不退轉（七地以下都留惑潤生，仍有念退時）。不退轉地還有很多種：信不退、位不退、行不退。位不退是三賢位，行不退是第二阿僧祇劫，是初地到七地滿心；接下來就是念不退，是八地到等覺地；最後是究竟不退，那是諸佛究竟位了；天女得的是大乘無生忍解脫，就是八地（也許她是九地、十地，我們不曉得，總之就是超過七地滿心了），所以住於不退轉地，因此這位天女以她本願的緣故，隨意化現來教化眾生。

所以你看：女人一樣是不簡單，千萬不要輕視女人。不但這位天女如此，古時候有很多女人都很厲害，大禪師們也不敢輕易去見她們。古時凌行婆（當然，那個婆子其實都比現在的妳們年輕，因爲古時四十歲就稱婆了。古時出家法師、禪師過四十歲就自稱老朽了，我如今已過六十了，還不敢稱老朽，因爲時代不同了。古時「老僧」這兩個字，我是常常掛在嘴邊的；現在時代不同了，說「人生七十才開始」，照這樣講，我算是還沒有出生的胎兒）。古時候凌行婆，只有趙州從諗禪師才能跟她把手共行，一般禪師大多不敢去招惹她，你說她有多厲害。

且不說她，說一個諸位沒聽過的女人好了。古時有個張無盡，這無盡居士是諸方聞名的，大禪師們若是沒有三兩三，還不敢上梁山——不敢去見他。他也不太輕易讚許別人，不管禪師名氣多大，他都不太讚許。他是宋朝的宰相，從宰相退休以後便自稱無盡居士（當然他退休也是因爲秦檜的關係。這個秦檜，有多少人敢說他？誰也不敢；因爲誰說他，誰就倒楣。當時禪師們，誰敢罵秦檜？不敢！只出了一個人敢指責他，就是大慧宗杲，當面指責他「挾夷狄以令天子」，所以被秦檜報復，貶去閩南十五年）；在張無盡那個年代有個女人，她叫作向氏；古時女人都被看輕，所以都沒有名字而只有姓；張無盡居士爲什麼娶到這個女人？你們知道嗎？那是送上門來的。張無盡正要上京去趕考，路途中超過了路頭，沒地方投宿，就向一位員外家裡去投宿，這員外見了就說：「好，你就留下來過夜，我並且要把我女兒許配給你。」原來早就有菩薩指點老員外，所以一見面就要把獨生女兒許配給他。

張無盡不肯，說：「員外家這麼有錢，我是個窮光蛋；我進京趕考也沒把握，憑什麼娶你家的千金呢？」所以堅持說：「等我進京趕考回來；如果榜上有名，我就來迎娶；如果考不上，便作罷。」這老員外說：「隨你，就這麼一言爲定。」結果他去趕考，考上了，於是回來迎娶。後來他在京中當官，有一天在書桌上拿枝筆在那邊籌畫：「該怎麼寫？」他的妻子向氏說：「相公啊！爲什麼這麼晚了還不睡？」他說：「我在想著要怎麼寫？」向氏說：「你想要寫什麼？」他說：「我要寫一篇文章，叫作《無佛論》。」因爲他不相信有佛。當時儒家排佛風氣很盛（民間被藏密搞窮了），所以他想要寫一篇《無佛論》，可是不知道該怎麼寫。他的太太向氏在床上就開口了：「既然無佛，何論之有？」意思是：既然沒有佛，你還寫《無佛論》幹什麼？那不是戲論嗎？沒有佛就不用寫了。接著就說：「你應該寫《有佛論》。」（大眾笑…）你看！這個女人眞不簡單，一句話就點破了：既沒有佛就不用寫了，你寫不存在的事物，是無意義的，是戲論；所以你應該寫《有佛論》。

可是有一天張無盡到一個寺院來，佛案上有一本經典，就是今天我們講的《維摩詰經》，他好奇就翻一翻、讀一讀，讀過了以後，心想：「聞所未聞，眞是妙書！原來胡人能講出這麼深妙的道理！」就向住持說：「這是什麼？」住持說：「這是《維摩詰所說不可思議解脫經》。」他就開口說：「能不能借我回家去讀？」這住持看是個高官，就送給他了。他很歡喜帶回去，專心的讀，讀到晚上還不肯睡覺，點了燈還在讀。他妻子向氏覺得奇怪：今天又反常了，又不睡覺了，向氏就問：「你在幹什麼？」他說：「我正在讀《維摩結經》。原來我以前的想法不對，原來還眞的有佛，不是無佛。」他太太向氏這時又開口了，她說：「你可以詳細的把這本經讀熟，讀熟了以後就可以寫一篇《無佛論》。」（大眾笑…）這是歷史記載的，不是我編出來的。諸位！你看：女人簡單、不簡單？所以千萬不要看輕女人。

這位天女也一樣不簡單，就這樣顯現出勝妙佛法來。在佛法中，二乘法有男尊女卑，大乘法中卻沒有這回事。在大乘經典中，你看到好多女人都是大菩薩，須摩提女、勝鬘夫人，那是何等的證量？所以女人不必妄自菲薄，男人也不必自高：「妳們女人懂什麼？」如果是這樣想，那你在佛菩提中的證量就不高了。所以天女這樣示現，她的意思是說：眞實佛法之中平等平等，無有高下，女人隨時可以變成男人，男人隨時可以變成女人，不需要分別身相上的男女，當然更不必分別在家或出家。菩薩這樣觀察因緣：下一世該當女人就去當女人，再下一世該當男人就去當男人；這一世該出家就出家，下一世該在家就在家，隨著因緣去做。不必管什麼身分，就這樣生生世世與眾生同事、利行，來攝取自己將來的佛土。攝取佛土要這樣攝取，而不是自己一個人躲在深山裡面獨住苦修，那不是眞正的佛法，那是阿含解脫道才走的路。但是菩薩分佈於各行各業中：國王、大臣、教授、奴婢、妓女、學士、販夫走卒、居士、出家，無一不可，否則就無法攝取佛土了。

眞實佛法反而是要投入五欲淤泥之中去磨練，最後才能使你成就無量的現觀，無量的現觀圓滿就代表一切種智的成就，這樣才能成就佛道。所以眞正的成佛之道不是躲在深山叢林裡面自己苦修，那最多只能稱爲解脫道的觀行。可是最簡單的、最粗淺的解脫道的觀行，如今又有幾人知道呢？還眞的不容易看得見啊！所以我們還是要勸大家走大乘道，因爲大乘道沿途風光美妙無窮無盡，你永遠欣賞不完。可是二乘道距離很短，不是無窮無盡，有緣遇到眞正的解脫道時，眞精進者只要一生到四生就結束了，然後就入無餘涅槃，沒有見聞覺知、沒有我、沒有眾生，一切都空，只剩下如來藏離見聞覺知獨住，不能利益眾生，自己也不能成佛。你要這個境界嗎？當然諸位都不要。你如果想要這個境界，就不會到正覺來。所以大乘法裡面無量無邊的深廣勝妙，並且平等平等而無差別；諸佛境界都一樣無差別，我們將來成佛了，也跟諸佛一樣無差別；就是這樣的究竟平等、究竟勝妙、究竟廣大，這才是眞正的佛法，而不是南傳佛法所講的只有解脫道而已，所以大家都要立定志願走向成佛之道。可是成佛之道要怎麼走呢？接下來第八卷〈佛道品〉會爲我們開示。

〈佛道品〉第八

【爾時文殊師利問維摩詰言：「菩薩云何通達佛道？」維摩詰言：「若菩薩行於非道，是爲通達佛道。」又問：「云何菩薩行於非道？」答曰：「若菩薩行五無間而無惱恚，至于地獄無諸罪垢，至于畜生無有無明憍慢等過，至于餓鬼而具足功德，行色、無色界道不以爲勝；示行貪欲，離諸染著；示行瞋恚，於諸衆生無有恚閡；示行愚癡而以智慧調伏其心；示行慳貪而捨內外所有、不惜身命；示行毀禁而安住淨戒，乃至小罪猶懷大懼；示行瞋恚而常慈忍，示行懈怠而懃修功德，示行亂意而常念定，示行愚癡而通達世間出世間慧，示行諂僞而善方便隨諸經義，示行憍慢而於衆生猶如橋梁，示行諸煩惱而心常清淨，示入於魔而順佛智慧、不隨他教，示入聲聞而爲衆生說未聞法，示入辟支佛而成就大悲、教化衆生，示入貧窮而有寶手功德無盡，示入形殘而具諸相好以自莊嚴，示入下賤而生佛種姓中、具諸功德；示入羸劣醜陋而得那羅延身，一切衆生之所樂見；示入老病而永斷病根超越死畏，示有資生而恒觀無常、實無所貪，示有妻妾采女而常樂遠離五欲淤泥，現於訥鈍而成就辯才總持無失，示入邪濟而以正濟度諸衆生，現遍入諸道而

斷其因緣，現於涅槃而不斷生死。文殊師利！菩薩能如是行於非道，是爲通達佛道。」】

講記：〈佛道品〉的內容是告訴我們如何通達佛道。通達，有一定的定義；譬如見道的通達，在二乘菩提中見道就是見道，沒有許多內涵；但佛菩提的見道，有許多內涵，所以會有眞見道與相見道的區別，才會依眞見道來建立根本無分別智，依前眞見道來建立後相見道，依後相見道來建立後得無分別智，所以大乘的見道並不是開悟時就結束了。從大乘法來講，明心開悟時算是眞見道了，但只是眞見道，接下去相見道位的後得無分別智要全部學完才算到達通達位，通達位就是初地的入地心。眞見道發起根本無分別智是在三賢位中的七住位，可是初地的入地心，是要再經過八住心到十住心圓滿，再修十行心、十迴向心，總共是二十三心的相見道位修學。換句話說，三賢位的時間是一大阿僧祇劫，你把一大阿僧祇劫分割成三等份，明心的見道只是一大阿僧祇劫的三等份中的十分之七完成了。換句話說，悟了以後要到初地的入地心，那個時間是一大阿僧祇劫的三分之二，再加上三分之一的十分之三，所以悟後要進入初地還眞的不容易，你看這個通達位的完成有多麼難。佛道的通達更不容易，那就是從修道位的初地到達佛地，才算成佛。而修道位，從初地的入地心開始到了七地滿心，是第二阿僧祇劫；轉入八地的入地心開始到究竟成佛，是第三阿僧祇劫，所以佛菩提見道的通達絕對不容易，何況是佛果的通達。所以悟後假使還有所不知，也是正常，因為這跟解脫道不一樣，〈佛道品〉就是要告訴我們這些道理。

這時 文殊師利菩薩問 維摩詰菩薩說：「菩薩要如何才能通達佛道？」文殊師利難道還會不知道嗎？他是七佛之師，怎麼會不懂？但是總得要讓 維摩詰菩薩來表演，因為今天他是主角，不能把主角的時間佔用掉，所以故意提出這個問題讓 維摩詰居士來說法。前面天女已經把大乘法的勝妙深廣、已經把 維摩詰菩薩的證量顯示過了，所以現在回歸於主角，由 維摩詰居士來說法，所以 文殊故意問這一句話。維摩詰菩薩就答覆說：「如果菩薩能夠行於非道，才是通達佛道。」

如果是從二乘菩提的法義來看 維摩詰菩薩，眞的會認為他說法瘋瘋癲癲，好像都跟佛法顛倒：本來佛道中就應該離於非道才能成佛，但他反而說要在非道中行。說這樣才能通達佛道。維摩詰菩薩當然只是先講一個總相，文殊師利接著問：「什麼是菩薩行於非道？」維摩詰居士答覆說：「如果菩薩行於五無間的地獄業，而心中沒有煩惱瞋恚，結果下墮到地獄去，也沒有種種的罪業以及污垢；乃至出生到畜生道去也沒有無明，也沒有憍慢等種種過失。」

五無間業成就是要下墮無間地獄的。五無間，我們前面講過了，現在不從事相上來講，而從菩薩道的五無間來說。一般說五無間業成就者要下墮無間地獄，可是眾生殺父，菩薩也殺父；眾生殺父是殺死長養他五陰的父親，菩薩殺父是殺死長養他五陰的無明父。眾生害母，害的是生養他的親生母；菩薩也害母，害的是五陰貪愛之母。殺阿羅漢，世間人無知而殺害阿羅漢，是殺世間聖人阿羅漢，把聖人的色身、命根斷壞；菩薩也殺阿羅漢，因為阿羅漢是五陰所做，由於結使初斷而未入涅槃，才名為阿羅漢；從法界實相來講卻沒有阿羅漢可說，只是如來藏實際上沒有阿羅漢存在，這樣把五陰（阿羅漢）殺掉。眾生被無明所罩，所以大膽的出佛身血；菩薩也出佛身血，譬如一般人說有解脫，菩薩卻說本來就已是解脫的，所以沒有解脫可證，與佛所說聲聞法相反，破壞佛法血脈；又如凡夫說的佛是由五陰和合成就的，但菩薩卻說佛是由八識心王和合成就的，眞實上沒有常住不滅的佛，只是無垢識而已，這樣破法也是出佛身血。眾生被無明所罩，所以破和合僧，是把出家人所組成的僧團挑撥分裂；菩薩也破和合僧，是說色受想行識等五陰和合所以成僧，而五陰虛妄，所以和合僧不成立，世間無僧可說，這樣破和合僧。菩薩把這五無間罪都做盡了，結果卻無罪，反而是把阿羅漢變成菩薩，功德無量。所以行這五無間業時，心中絕對不會生起煩惱瞋恚：「佛為什麼叫我行五無間業？」反而歡喜的去做。

如果下了地獄，你說：「菩薩哪有可能下地獄？」怎麼沒有？菩薩每天下地獄。從事相上來講，地藏王菩薩每天都在地獄度眾生，可憐的是：眾生被他度了，離開地獄了，回到人間聽到聞所未聞法，又隨即毀謗而又下去，菩薩又去度，這樣重複的度。不但 地藏王菩薩不嫌累，受無量苦的眾生也不嫌累，願意繼續下去受苦然後再被菩薩度上來。無明眾生不斷下地獄受苦而有種種苦惱，可是 地藏王菩薩在地獄中卻沒有煩惱。同理，等你悟了以後，會發覺原來還有很多性障等著自己去斷，由這些性障現前來看，原來地獄就在自己心中；而你每天看著自己在這個地獄當中，其實也沒有罪垢，因為地獄境界也是如來藏所顯，眾生下了地獄所受的相分也是他的如來藏顯現的內相分，而自己的如來藏從來無垢。這是因為三界一切境界，眾生覺知心都接觸不到，所接觸到的地獄境界也是自己如來藏所顯的內相分境界；諸位在這裡聽法，也是在你自己的內相分裡面聽，所以菩薩也是每天在地獄境界裡面，可是沒有煩惱、沒有罪惡、沒有污垢。就算是去到畜生道，那也無所謂，在畜生道裡面照樣度眾生，沒有無明、憍慢等過失。

禪宗也講這個，所以曹山本寂禪師悟後度眾，人家問他：「師父！百年以後您到哪裡去？」他說：「到牛胎馬腹裡去。」這就是有名的異類墮。人家問溈山靈祐禪師：「和尚百年後要到哪裡去？」他說：「我到山下作一頭水牯牛去。這個水牯牛兩邊肋骨就寫著幾個字：溈山僧靈祐。請問：那時你要叫我溈山僧？還是叫我水牯牛？」曹山本寂禪師說這個叫作隨類墮。也就是說，悟了以後若有因緣該去畜生道就去，沒有罣礙，得要如此才是眞解脫。所以如果佛說：「你快要捨報了，七天以後我安排你去當大象。」那你就去，不必發問：「為什麼叫我去當大象？我已經開悟了。」一定是有個特別的因緣需要你去，那你就去啊！佛不會虧待人的，祂那樣安排一定有道理。你說：「我去度那些大象幹什麼？」最簡單的道理就是：第一、了掉舊業，第二、攝取佛土。自己的業了掉了，那些大象後來也會成為你的弟子而往生到人間來。要你到畜生道去，那就去嘛！這叫隨類墮。

聲聞有學悟了解脫道以後會有慢心，菩薩有學悟了佛菩提卻沒有慢心，因為平等平等的緣故，所以乃至到畜生道去，也沒有無明憍慢的過失。假使有因緣去餓鬼道，菩薩在餓鬼道中一樣具足種種功德，反而在餓鬼道中顯現他擁有色界、無色界的種種功德，來度化餓鬼道中的眾生。菩薩都是如此，可以生到色界、無色界去，但他們不去，特地留在人間或畜生道、餓鬼道中。雖然如此，卻不會向餓鬼們炫耀：「你看：我可以去色界、無色界，我就是不去，我是特地來這裡跟你們示現，你們要懂得認識我。」他不會這樣做，絕無慢心，這就是菩薩。但是菩薩在人間會示現有貪欲，如果沒有示現貪欲，維摩詰菩薩要那麼多眷屬、那麼多財產幹什麼？可是他心中其實沒有染著。菩薩反而是要在五欲中打滾，滾到很習慣，所有稀奇、勝妙、古怪的境界，都覺得稀鬆平常：天樂飄飄，此曲只應天上有，人間哪得幾回聞？然而再怎麼勝妙的音樂，他聽了也覺得不過爾爾，但他會照樣聽、照樣享受，可是一點染著都沒有，只是隨順因緣，沒有一點點的煩惱。天魔波旬最痛恨菩薩的地方就是這一點：菩薩在人間常常是行有貪欲，可是他心中沒有染著；而菩薩本來已在五欲中，不必麻煩天魔來引誘；天魔想要陷害菩薩沈溺在五欲中，菩薩卻在五欲而不染欲，並且教導眾生在欲而不染欲，漸漸超越天魔掌控的境界，又同樣仿效菩薩的作法去度更多人如此。菩薩於五欲中得自在，不被繫縛而隨意出入天魔五欲境界，所以天魔對菩薩很痛恨，卻又無可奈何。

有時菩薩示現瞋恚，可是他示現瞋恚是爲了一個原因：若不用瞋恚就無法解決問題，解決了以後就完全都丟開了。他對某一個人生氣時，並不代表他不攝受那個人。菩薩生氣時是同時在攝受對方的，所以即使示現有瞋恚，並沒有記恨，更無怨、惱，所以對眾生沒有隔閡。有時又示現愚癡，可是他卻能以智慧調伏自心、調伏眾生心。菩薩剛出生，小時看來似乎是笨笨的，我本身就是現成的例子；因爲我小時候讀書很笨，可是對課外的書我都很聰明伶俐，就是課本裡面學習生存的法，我讀不懂，正因爲心不在那上面，不想聽那些世間法，就這樣讀著課外的書而混畢業了；特別是數學科，總是老師送分數才能畢業的。可是我學佛以後說出來的東西，有很多人聽不懂；即使有時是講課業上的知識，往往是在校時考一百分的人也不懂。我是從小到大就被人家這樣敲腦袋：「你怎麼這麼笨！」是這樣被敲大的。我既沒有讀大學，也沒有讀研究所，更沒有博士學位，但是今天我寫的東西是佛學教授們應該讀的書。所以我這個人自小在世間法上眞的很愚癡，都不懂得計較利害，眞的很笨；可是我能夠用智慧調伏其心，也幫眾生調伏其心，是一個現成的例子。這表示說：此段經文講的是眞實不虛的。

菩薩還有一個現象：示行慳貪而捨內外所有、不惜身命。最後身菩薩渾身上下都被人家要盡了，可是人家都把他寄存著；他可以不惜身命，可是眾生卻要保存他的身命；他如果沒有了身命，眾生就沒有利益，所以他的身命是眾生共有的，他自己無權利隨意毀壞，所以有時他示行慳貪而保留著色身。你看 維摩詰菩薩經營事業，目的是爲了賺錢，那不是慳貪嗎？可是等到需要布施時，眉頭都不皺一下，菩薩就是這樣做。

有時菩薩示現有毀禁，看來他似乎是在破戒，其實他安住於禁戒之中；雖然不得不要毀壞那個戒相，但他其實是爲了眾生、爲了正法而不得不毀戒。而且說一句老實話，小小戒是不可能不犯的，因爲人間的現象就是如此。即使是等覺菩薩，也不可避免的會有小小戒的違犯，可是他的心其實是住於禁戒當中，乃至對小罪還是會生起很大的恐懼心；但是爲法、爲利樂眾生時，卻又願意毀戒而在將來由自己受罪，菩薩們都是這樣的。

菩薩示現有瞋恚而常常是慈心、安忍的。眾生都會從菩薩的行爲表面看，但是無法眞實瞭解菩薩在幹什麼。禪宗裡也有眞實的典故，譬如二祖慧可，他悟了以後，達摩大師告訴他：「不能隨便弘揚這個法，緣還沒有熟。」慧可大師說：「那我能幹什麼？」他說：「你只要修練其心就好，等待有人來傳承這個法。」結果他怎麼修練？他晚上去住妓女戶，早上再出來，不動其心。人家說：「你一個出家人跑到妓女户去住，幹什麼？」他說：「我自調心，何關汝事？」他不會亂心，因爲他轉依成功了；他要做的就是等待傳承，等待三祖僧燦來了，再傳法給他；就這樣一代又一代，原則上都只傳一人，傳到六祖以後才開始廣傳。甚至於四祖道信禪師，收了法融當弟子，卻仍然沒有勉強把正法傳給法融，因爲牛頭法融因緣未熟，雖然給他機鋒與開示，他還是悟不了。後來遇到一個栽松道人，這修道人知道四祖不是等閒人物，想要得他的法，四祖說：「你七十好幾了，我傳法給你，將來能幹什麼事？搞不好你都比我早死，我傳給你有什麼用？你重新再來吧！」他就立刻去投胎，出生以後七歲時遇見了四祖道信，四祖道信就度他，成爲五祖弘忍大師；所以五祖在二十歲以前就悟了，他住持正法很久，才能等到六祖惠能。

所以菩薩的行爲，世俗人無法想像、無法預料。因此有時菩薩看來似乎是生氣，但他是慈心安忍的，生氣時就像十一面觀音的最後一面，有時候把憤怒相拿出來用一用，事情就解決了；因爲那個事情不生氣就不能解決，一氣就解決了，那麼菩薩爲什麼不氣？不需要顧慮形象。有時看來是很懈怠的，但是他其實很努力、很精勤在修功德。在懈怠的狀況下修功德，怎麼修？我們就是這樣修，去爬山、遠足都沒關係，可以無相念佛。陪著家人看電視，家人問說：「剛才那句話是什麼意思？」「哪一句話？」沒聽見，因為在看話頭或正在思惟法義，看起來他是在懈怠，其實在修佛法。菩薩在路上走，你看他東張西望的，其實他正在念佛。可是一般人拿著念珠，一面走卻一面打妄想。所以菩薩看起來示行亂意，卻是常念定。他好像東張西望，其實正念分明；看來是愚癡，可是卻通達世間、出世間智慧。

世俗人看見了我，大概會覺得我愚癡，因為我讓人家看來笨笨的，也不會跟人家伶牙俐嘴，因為我在外面很懶得說話，回到家裡跟我同修一天之中也沒說上幾句話，可是上臺說法可就講不完。平常話很少，人家會覺得我笨笨的不太會講話；因為有時人家講話，我當作沒聽見，人家也許想：「這個人大概聽不懂，一點反應都沒有。」特別是在外面自助餐館時，鄰桌講禪講得興高采烈的，佛法好像講得很勝妙，我都當作沒聽到；人家可能會覺得說：「這個人可能不懂佛法，我講這麼好，竟然連一句都沒在聽。」可是他哪裡會想得到：這個人就是蕭平實。（大眾笑…）有時候我外出，遇到某些大法師正好在同一家素食店裡吃飯；他不認識我，我卻認識他，我就像隱形了一樣，好可怕喔！（大眾笑…）菩薩要這樣，不求名聞、恭敬，表面看來愚癡，可是能通達世間、出世間智慧，這就是我們大家要學的。

「示行諂偽而善方便隨諸經義」：有時菩薩得要奉承一下眾生，所以有的眾生來了，明明因緣不太夠，菩薩也會說：「你的因緣很好，你趕快來學。」聽了他就有信心了，看起來好像菩薩在奉承對方。有時一個人很懈怠，但其實只要向他刺激一下，就不會懈怠了，所以有時候要說假話，就故意對他講：「你這個人因緣還差得遠呢！」當眾向他斥責，他回去以後受不了了：「我偏要參出來給你看！」結果不必多久就破參了。所以有時得要說一點方便假話刺激他，運用這一類方便法，暗中幫助比較遲鈍的人發大心、勇猛的去學；本來也許一、兩劫後才能開悟的人，就因爲給了他刺激而發起信心，這一世就拚出來了，正法又增加一分力量了。其實他的根性等等都很好，就是懈怠，你就故意要刺激他。如果不刺激他，可能十、百、千生他還在那邊懈怠，所以要用種種方便隨諸經義，也就是所用的方便都是在經教眞實義理上來幫助眾生，這就是菩薩應該有的善方便，行善方便時不許離開經義。如果方便說而與經典的意思相違背，那就不可以；一定得要與經典的眞實義不相違背，這樣才可以說他是示行諂僞而善方便。

「示行憍慢而於衆生猶如橋梁」：其實眞正的菩薩不會有憍慢心，眞正的菩薩喜歡與小老百姓打成一片。雖然樂於跟小老百姓打成一片，可是他又不怕強權，這才是菩薩。如果老是要作好人去巴結強權，卻瞧不起小老百姓，這個人一定不是菩薩。你們從這裡也可以看得出來，如果一個人喜歡去攀緣大官、有錢人——所謂豪門世家，可是對小老百姓卻不屑一顧，這是假名菩薩；應該是一視同仁，平等看待才對。所以菩薩心中沒有憍慢，願意當眾生的橋梁，讓眾生從他身上踩過去到達佛法的彼岸；菩薩雖然這樣子慈悲，但是一旦需要他護持正法破邪顯正時，他刀鋒可是很銳利的，沒有人能招架得了，這就是示行憍慢。可是對眾生來講，他就像是一座橋梁，眾生可以踩著他的身上到達佛法的彼岸，這就是菩薩。成佛之道得要這樣行，而不是當了菩薩以後高高在座，大家都來頂禮，錢財都供上來；所以菩薩的作為都是有兩面的，而兩面配合得恰到好處。可是強梁對菩薩都是很不滿的，小老百姓卻很喜歡，這就是菩薩。

「示行諸煩惱而心常清淨」：菩薩看來跟阿羅漢不一樣，阿羅漢是到了早上十點鐘左右就出定了；出了滅盡定，動一動；差不多晌午了，他下山托缽去了；托了缽，吃過飯，洗了缽，他就經行一會兒，然後又入定去了，看來沒什麼煩惱。可是菩薩不這樣，菩薩一天到晚忙得不亦樂乎，看來似乎是一副煩惱相，因為沒個空閒留給自己。如果眾生看見菩薩的生活，他們一定想：「菩薩不是人幹的，這樣活著有什麼意思呢？」因為都不是為自己，都是為眾生、為佛教做事。世間人往往覺得：那種生活煩惱死了，我才不要。但菩薩就是甘之如飴，就這樣一直去做；看來他是很煩惱，因爲他忙個不停，其實卻沒有煩惱，都是爲斷眾生的煩惱而辛苦，所以不是煩惱，而是悲願。所以菩薩表面上看來似乎是有種種煩惱，可是他的心是清淨無染的，因爲他從來不爲自己打算。

「示入於魔而順佛智慧、不隨他教」：菩薩就是這一點讓天魔最痛恨，因爲菩薩每天都在天魔的五欲境界裡面混，但他卻是清淨的心性，生生世世專在魔的境界裡面要把天魔欲界境界中的眾生度脫。天魔如果想要用五欲來引誘他，用不著！因爲菩薩已經在五欲中，不必他用五欲再來引誘；而菩薩很習慣於五欲，心中都無所貪，所以五欲引誘不了他。可是菩薩卻在五欲境界中把眾生度脫了，使越來越多的人成爲菩薩，同樣都在五欲中而不被五欲所轉，這樣一步一步走向佛地，天魔完全無可奈何，根本無法以五欲來繫縛菩薩，祂很痛恨菩薩的原因就是在這裡。這就好像說，有人希望把所有人都關進他的欲界監獄中，可是現在監獄裡面突然間出了一個人，他有方法隨時可以離開監獄，可是他不想離開監獄，一直住在監獄中教導別人離開監獄的方法；欲界典獄長及獄卒可就氣死了，想要把他抓起來關也用不著，因爲他本來就住在監獄裡面，用不著去抓他來關；而他也不想出去，就在欲界監獄裡面常住，在裡面隨時隨地教導更多人隨時可以出去；被教導而能出離欲界監獄的更多人，又都一樣住在欲界監獄裡面吃、用、住，不斷的度化更多人隨時可以出去卻又偏偏都不出去，讓這個欲界監獄的典獄長及獄卒們無可奈何，你說管監獄的人氣死、不氣死？

天魔就是掌管欲界監獄的人，希望所有人都離不開欲界，他用五欲之繩來綁住欲界眾生。可是菩薩就把五欲之繩拿來玩，也可以隨時把它丟掉，天魔誘惑不了他，無可奈何，這就是天魔最痛恨菩薩的地方。菩薩如此示入於魔，可是都隨順於佛的智慧。他也不必別人來教他，自己就能這樣，所以天魔無可奈何，當然要痛恨。我們就是要走這條路，不然，你若是只想修學聲聞法，你來同修會一定學不下去，因爲一天到晚要被我罵。然而學菩薩這個法爲什麼我們會讚歎？因爲五欲不能動轉他，而他可以在五欲境界當中度化一切眾生離開天魔的控制，這就是值得珍惜尊貴的地方。

但是菩薩就只有這種境界嗎？不是的，「**示入聲聞而爲眾生說未聞法**」，他有時還示現聲聞相。示現聲聞相，就是說他示現聲聞出家人的模樣，不是示現菩薩出家人的模樣。菩薩有時候示現聲聞出家相，然後以聲聞相爲大眾說所未曾聞的妙法。阿羅漢所示的出家相是聲聞像，菩薩示現的出家相則有二種：菩薩像、聲聞像，一樣是出家人。可是阿羅漢不知道無餘涅槃中的本際，而菩薩卻向他們講：「阿羅漢啊！你將來入了涅槃以後是什麼境界，你知道嗎？」阿羅漢說：「不知道，我只知道我把自己滅了就是無餘涅槃。」菩薩說：「你想不想知道啊？」「想啊！」菩薩就說一些給他聽，也就是般若諸經的法義；他們聽了以後，心想：「菩薩怎麼能夠說出這種我未曾聞的妙法？」有的聲聞人因此而心中欣喜，就迴向大乘。菩薩接著便教導他們親證如來藏的道理，教他們一步一步走向成佛之道；菩薩是故意示現為聲聞人而進入聲聞法中，在聲聞眾中同住，可是卻為他們說所未聞法。

菩薩也「**示入辟支佛而成就大悲、教化衆生**」：辟支佛（緣覺乘）修的是緣覺法，在九因緣（十因緣）、十二因緣上面做觀行。可是辟支佛所知的因緣觀，畢竟還是有侷限的，所以他們無法瞭解十二因緣觀的背後是什麼？不知因緣觀所依靠的本識何在，無法眞實瞭解。菩薩有時示現為辟支佛的形像，就用因緣法來教導適合修學因緣法的眾生，可是菩薩會在最後告訴他們：有大乘菩提可以使人成佛，鼓勵大眾修學佛道。但我這一世卻用菩薩相來教導二乘法，與往世不同。

「**示入貧窮而有寶手功德無盡**」：菩薩常常會有一種狀況，看來是個窮光蛋，可是他想要用什麼就有什麼，只要他需要，物資就到他手裡了，這叫作寶手功德。因爲菩薩有時需要如法求財：求得很多錢財來弘法。但是有時他根本就不去求財，不把往世修集來的福德用在這一世，而只在需要用時才如法而求，看來他好像沒錢，可是他想要做什麼都可以成功，這是示入貧窮而有寶手功德無盡。

「示入形殘而具諸相好以自莊嚴」：菩薩是不是每一個人都生得很莊嚴？那可不一定！有時菩薩也許像八仙之中的鐵拐李，有時會示現不同的模樣（當然有時會示現得很莊嚴圓滿，但有時也會示現形殘），這不一定。但是菩薩卻從另一方面來示現種種相好莊嚴：以他的**戒德**、**智慧**來示現種種的相好莊嚴，這就是菩薩。

「示入下賤而生佛種姓中、具諸功德」：有的菩薩讓人看不出他是菩薩，譬如《華嚴經》中的大菩薩，有的當宰官，專門剁惡人的腳後跟，看起來很兇殘。還有一位婆須蜜多示現爲高級妓女，當妓女是很下賤，但是有誰知道她是個大菩薩呢？其實她是生在佛種姓中，故意示現下賤的身分；可是她有種種的功德能夠幫人家證悟，這是一般人想像不到的，但是菩薩也可以這樣子示現。

「示入羸劣醜陋而得那羅延身，一切衆生之所樂見」：有的菩薩故意示現氣力不大、身子不強，五官又不端莊而長得醜陋，可是他以般若及禪定的證量，已得到大力天身，人們並不曉得他是什麼樣的證境，但他也許十方世界到處在度眾生，誰也想不到。他在人間看起來是羸劣醜陋的，但其實在天界廣爲諸方所聞，這是一般人難以想像的。但這是三地滿心以後的事，不是現前的事；而我們不能否認人間有三地以上的菩薩，因爲三地以上的菩薩多數不在人間度眾，他在人間度眾時一定很少人知道，因爲所度的眾生是諸方世界的眾生。所以不能隨意輕藐一個人，因爲他也許是個大菩薩，你根本就無法想像，這就是得那羅延身的菩薩。這種菩薩是一切眾生之所樂見，不是只有我們這個世界的眾生樂於親見；因爲這種菩薩很難得遇見，如果有機會遇見了，那都是大福報，就怕有眼無珠錯過了。

「示入老病而永斷病根超越死畏」：菩薩也跟眾生一樣示現有老、有病，可是菩薩可以生到色界天，也可以生到五不還天去，而他卻不生到那邊去，專在人間受生而示現有老、病、死；可是他心中根本不怕死，因爲他其實可以不來人間，就沒有病；病是只有人間才有，欲界天沒有病可生。如果到色究竟天去，那更沒有病，所以他是永斷病根的。而這個永斷病根也包含斷除煩惱病的根本。煩惱病的根本是因爲對實相不了知，也對五陰十八界的虛妄不了知，才會有煩惱病。如果實際上了知了煩惱病，已經了知蘊處界的虛妄、實相的眞實常住，病根就斷了，他就不怕死了，只看是什麼時候死可以更恰當而已，這就是菩薩。

「示有資生而恆觀無常、實無所貪」：勝義僧的在家菩薩，他們在人間也照樣做生意，有人做小生意，有人做大生意，但是他們都有兩種生意：一是賺世間財，二是賺出世間財，出世間財都是大生意。但是在人間有大生意、小生意的差別，這叫作示有資生。看起來他也跟世人一樣在賺錢，可是他不是想要積聚起來，因爲他知道這都是我所，連自我都是虛假、無常了，何況是我所？更是無常。所以菩薩在人間資生（賺錢），目的只是爲了弘法的資糧而已，他心中其實沒有貪，所以不會用非法的行爲去取得錢財。既然無所貪，又何必常常舉辦大活動來搞勸募？只要弘法時夠用就行了，這就是「恆觀無常，實無所貪」。

「示有妻妾婇女，而常樂遠離五欲淤泥」：菩薩假使在家，就示現有妻、有妾還有婇女。這是指古印度，不是現在；古印度就像古中國一樣，一個有錢的男人娶個三妻四妾，並不過分。如果當了大官，卻沒有娶妾，就會使人覺得奇怪了。古印度也是這樣，一個男人可以娶好幾個老婆，所以示現有妻、妾、婇女。婇女是妻妾之外再迎娶進來裝扮得漂漂亮亮而專門服侍他的女人，沒有名分；這些婇女同時還要服侍他的妻、妾。在家菩薩有時候這樣示現，可是其實五欲的淤泥並沒有辦法影響他，無法引誘他，這叫作常樂遠離五欲淤泥。這樣的在家菩薩可能生了一打、兩打的子女，可是他作夢時絕對不會夢見淫行，因爲他是樂於遠離的，這只是示現眷屬圓滿、財富圓滿。所以在家菩薩有時示現有妻、妾、婇女，但是常樂遠離五欲淤泥。可是一般凡夫就會套用「我是菩薩，我也可以有妻妾婇女」；但其實他們是常樂五欲淤泥，那心境完全不一樣。西藏密宗總是會學這一套，永遠是把大菩薩的境界拿來套在凡夫的自己身上，就說自己是第幾地或者已經成佛了，就把別人的妻、妾視爲自己的眷屬：可以招之即來、揮之即去的免費性伴侶。學佛人對於這一點要特別注意，千萬別去沾黏到它。

「現於訥鈍而成就辯才總持無失」：訥就是木訥，講話不是很清晰，或者辯才不好。鈍就是反應不很快，就是遲鈍。木訥遲鈍就表示他在小時候學校裡讀書一定讀不好，訥鈍的人大約是這樣的，不是聰明伶俐的。可是如果談到理——講到邏輯，他就頭頭是道；當你要教他數學、理化、幾何、化學等等，他可就一竅不通了；你要教他利息怎麼算，他就學不會了，凡是搞錢的他就不會了，因爲他沒有興趣來學習；可是等到他說起世間邏輯，就會講得很好，就有這個特性。將來有一天他學佛了，不必幾年，別人就追不上他；大家都想不到一個很遲鈍、很木訥的人，怎麼學佛以後會變成很有智慧的人。原來他往世不學世間法，而他學過的佛法在此世漸漸又浮現出來，所以很快成就辯才總持。辯才與總持是兩個法：辯才是說他的理路通達，所以能夠以各種方式來爲大家說明；總持是說他從一個法可以通另一個法，因爲他知道這一些法互相之間的關係，他從一個法去承接到源頭，就可以把它引申到其他的法上面，讓大家知道法義的勝妙處，這就是總持；這就是菩薩看來木訥遲鈍，但是總持的功德卻使他辯才無失。

「**示入邪濟而以正濟度諸衆生**」：有時菩薩故意示現衆生想像不到的身分，也許有個菩薩爲了某一個原因，示現作屠夫，或者示現爲做苦力的工人；或者看起來似乎是做事情不正經，譬如他所做的生意看起來有點邪門，但是等到跟他接觸以後，才知道原來他是藉這個方法來接觸人家不願度的衆生；他就專度這種衆生，把他們引入佛法中來，眞正獲得煩惱病的救濟，這就是菩薩的另一種方便。

「**現遍入諸道而斷其因緣**」：菩薩不是只有在人間度化衆生，所以菩薩有時候示現爲鹿王，有時示現爲牛馬大象，並不一定。釋迦佛的本生譚正好就是這樣，爲了某一些衆生有緣得度，可是那些衆生已淪入惡道去了，他就去畜生道中投胎示現，去度化那一些衆生，這叫作現遍入諸道。如果是三地滿心以上的大菩薩們，他們現遍入諸道又不一樣，他們有時會化現為某一類的有情去他們夢中感應，度化他們；讓他們在夢中聽他說法，捨報了就轉入人間來，可以正式修學佛法；這也是大菩薩們現遍入諸道而斷其因緣，把他們惡道的因緣斷除掉，讓他們可以迅速離開三惡道。

「**現於涅槃而不斷生死**」：有很多菩薩們都是可以斷盡思惑的，初地滿心起都有能力可以斷盡思惑，但是他們都留著最後一分思惑。初地滿心菩薩捨報時若是有退，至少也可以中般涅槃，可是他們都故意不斷盡思惑。三地滿心者隨時可以取證滅盡定成俱解脫，卻都不想取證滅盡定，只對無生法忍有興趣；所以他隨時可以入無餘涅槃，但都不想實證，一直拖上好幾個大劫，到了六地滿心時才不得不取證。阿羅漢們卻不是，只要什麼時候可以取證滅盡定，他們都會趕快去證。但菩薩知道自己隨時可以入無餘涅槃，卻都示現涅槃境界而不取證；因為涅槃裡面是什麼境界，他已經很清楚了知，只要把最後一分思惑斷了，隨時可以取涅槃；卻都故意留著最後一分思惑，這就是現於涅槃：顯現本來自性清淨涅槃。

菩薩已經眼見無餘涅槃中是什麼境界了，這才是親證涅槃。阿羅漢卻不知道無餘涅槃裡面是什麼，所以阿羅漢不現涅槃，他得要死了才現涅槃；可是死了現涅槃時卻沒有涅槃示現，因爲阿羅漢自己已經不在了。所以只有菩薩是可以現於涅槃，卻又故意在十方的三界中處處受生、不斷生死，與眾生共事而利樂有情，也讓自己次第邁向佛地，這就是修學佛道的人都應該做的。所以如果有誰悟了以後，一天到晚想躲到深山裡面去，自己斷煩惱、清淨幽閑過日子，都不想出來利益眾生，這個人不是眞的菩薩，是聲聞種性，他想的是自己的利益。所以佛道不是一個人躲起來修行，而是要幫助眾生同修行的。如果他躲起來自修，只能成就聲聞道、緣覺道，永遠成就不了佛道；因爲成就佛道要靠眾生——攝取佛土就是攝取眾生，也在利樂眾生當中使自己的佛道次第成就，不可能離開眾生而能成就佛道，〈佛道品〉講的就是這個道理。這看來似乎都是行於非道，與聲聞法所說不同，其實正是懂得修學佛菩提道的人。維摩詰菩薩上面這些話說完了，又說：

「文殊師利！菩薩能如是行於非道，是爲通達佛道」：「文殊師利啊！菩薩能夠像我所說的這樣行於非道，這個人才叫作通達佛道的菩薩。」這一段經文講的修行處所都是不離三界境界，並且特別說明不離欲界境界，這樣來修行佛道，不是叫你離開欲界人間境界而去修行佛道的。如果離開了欲界人間的境界，想要成佛將很困難，因爲十地菩薩所應修證的現觀境界種子智慧，絕大多數因緣都在人間。

你如果躲到色界天去，許多成就現觀的因緣就失去了，那些你成就現觀的因緣就大部分錯過了，當然無法成就現觀。成就不了諸地滿心的現觀，你就無法轉入上一地，就無法地地提升上去。所以〈佛道品〉是教我們要跟眾生常在一起，這就是〈佛道品〉的眞實義；換句話說，成佛之道要在非道中行。什麼是非道？就是欲界人間的種種境界。因爲從初地到七地的滿心前，都要證得所住各地的現觀境界；而這些境界出現的因緣都在眾生身上，不是單靠自己一個人就能夠出現那些因緣的，所以修學佛道就是要行於非道：行於欲界人間的境界中。

行於非道之中而不被非道影響，才能通達佛道。這樣的佛道是天魔所最怨恨的，祂心裡非常的痛恨，卻又拿菩薩一點辦法都沒有；祂無法把菩薩引誘入五欲境界中，無法把菩薩引誘入非道之中，因爲菩薩本來就在五欲、非道中，祂又怎麼去引誘？但是菩薩在五欲、非道中，卻不受五欲與非道所影響，並且教導眾生同樣在這些因緣中來次第成就佛道。想要圓成一切種智而成就佛道，這些種智成就的發起因緣都在人間；越往天上去，天界的層次越高，因緣就越少，所以菩薩成就佛道必須行於非道，能如此行於非道才是眞正的通達佛道。

這與一般人所知道的佛法大大的不同，因爲一般人所知道的佛法就是要離開五欲境界、要清心寡欲、要無貪無得、躲在深山裡面打坐不見人，這正是一般人所知的大修行人。可是菩薩們，你去看《華嚴經》中那些大菩薩們，都示現在人群當中；所以眞正的佛道（想要圓成一切種智），必須在人間，不可以離開人間。這個道理說穿了其實一點都不稀奇，很簡單；因爲你越往天上去，層次越高，你的種子出現的機會就越少。在人間十八界具足，貪瞋癡慢疑什麼狀況都會有，眾生常常有這些狀況，就會引發你的現觀因緣。可是你如果到色界天去就少了四界；到了無色界天去，十八界只剩下三界，能有什麼煩惱因緣可以讓你的種子流注現前？沒機會了。天界中的眾生很少有煩惱種子因緣流注出來，若在無色界中，你看不見別的眾生，何況能有別人來引發你諸地現觀的因緣呢？怎能有一切種智可以修證呢？所以菩薩要眞正的修行佛道，得要如此的行於非道，這才是通達佛道。

【於是維摩詰問文殊師利：「何等爲如來種？」文殊師利言：「有身爲種，『無明、有愛』爲種，貪恚癡爲種，四顚倒爲種，五蓋爲種，六入爲種，七識處爲種，八邪法爲種，九惱處爲種，十不善道爲種；以要言之，六十二見及一切煩惱皆是佛種。」曰：「何謂也？」答曰：「若見無爲入正位者，不能復發阿耨多羅三藐三

菩提心。譬如高原陸地不生蓮華，卑濕淤泥乃生此華。如是，見無為法入正位者，終不復能生於佛法，煩惱泥中乃有衆生起佛法耳；又如植種於空，終不得生，糞壤之地乃能滋茂。如是，入無為正位者不生佛法；起於我見如須彌山，猶能發于阿耨多羅三藐三菩提心，生佛法矣，是故當知：『一切煩惱為如來種。』譬如不下巨海，不能得無價寶珠；如是，不入煩惱大海，則不能得一切智寶。」

講記：接著要問「什麼是如來種？」如果想要成佛，當然得要有如來的種子；如果不是如來的種子，如何能成佛？就像你如果想要收割西瓜，得要種西瓜的種子，總不能木瓜種子種下去而想要收割西瓜。如果你是聲聞種，那你就不可能成為如來，所以想要成為如來就得要是如來的種子，因此修學佛道就得先看是什麼種子。也就是說，如來到底是從什麼樣的狀況才能出生？那個狀況就是種子。維摩詰菩薩答覆了很多法義以後，現在該換 文殊師利菩薩上場供養大眾了，所以 維摩詰就反問：「什麼是如來的種子？」 文殊師利菩薩回答說：「有身為種。」什麼是「有身」？有身就是三界有之身，可是無色界無色身，為什麼又叫有身？我們就得要探討這個。有都是身，沒有一種有不是身。譬如說五陰，五陰的五色根就說是身，可是識陰有六個識，佛也說它是身，說為六識身；阿含解脫道中 佛向來是這麼講的，叫作六識身。六識明明是心，爲什麼叫作身？也就是說，這六識是屬於三界中法，眾生把祂的功能執著爲自我，祂就叫作身了，所以六個識就稱爲六識身。有六個識就會出生了六種思，也就是說：眼識會想要看漂亮的，耳識會想要聽好聽的，乃至意識會想要接觸祂所喜歡的諸法，無論是法塵或是五塵；然後把這些六塵境界當中的自己認定是眞實法，所以就稱之爲身；因此這個思，就是不斷的想要觸知，這個想要觸知的心性就是思。所以眼識有思，耳識有思，乃至意識也有思，就稱爲六思身。有六識身、六思身，接著當然就有六想身，六想身就是六種了知的功能。眼識能對色塵有直接的了知，乃至意識能對諸法有直接的了知，這個了知就叫作想；阿含裡面說「想亦是知」，所以想就是知，所以離念靈知正是想陰所攝。

眼識有知，乃至意識有知，這六個識都有知，就叫作六想身，因爲眾生都把這六個識當作是眞實不壞的自內我，所以就稱之爲身，這就是六想身。有了六想就有受，眼識有三受，耳識有三受，都各有自己的苦樂捨受；乃至意識也有苦樂捨受，於是就把能受**苦樂捨**的受者，當作是眞實的自己，所以眾生沒有人是不喜歡受的。如果告訴他說，讓他一生中都沒有苦受，他一定向你說不要。就是要有苦樂捨受，人生才過得有味道；眾生都這麼想，都執著這個受。六識有六種受，對這個有所執著，所以就叫作六受身。這還是身，雖然受不是身體，但也叫作身，也是有身，因爲都是三界有。有受當然就有這六個識運作的過程，這些行爲的過程總沒有人不想要；如果沒有這些行爲的過程，請問：「你眼識一見就定住了，就沒有下一剎那的領受了，那你要不要？」當然也不要了！不但凡夫眾生不要，連你們也不要了。可是你不執著這個爲眞實我，凡夫眾生卻把祂執著爲眞實我；所以就說六識有六種行，就稱爲六行身，這也是身，也是有。菩薩想要成佛，能不能離開這個有身？不行！因爲你如果離開了這個有身，你連佛法都聽不見了，你連佛法都不知道了，要怎麼修行呢？所以**有身才是如來種**，因爲一切種子就在這裡面現行：從如來藏中流注出來時都在這裡現行。如果離開了有身，就不可能現行了，所以說有身是如來種。

「**無明**、**有愛爲種**」：無明與三界有的貪愛也是如來種。假使不是無始無明的存在，假使不是一念無明的三**界有**的貪愛，就沒有佛法可修了，也沒有佛道可成了。因爲佛法的內涵就是**無明**以及**有愛**的滅除，成佛之道所要親證的境界就是把一念無明中的修所斷惑（就是三界愛，簡稱爲有愛）斷除掉，進而把有愛的習氣種子也斷除掉，再進一步把無始無明過恆河沙數上煩惱（簡稱爲塵沙惑）也斷除掉，這樣就成佛了。所以如果沒有**無明與有愛**，你就無法成佛；正因爲有無明與有愛，讓你一步一步去斷，你才能成佛。看來我們大家還得要感謝無明、感謝有愛，因爲假使不是有這兩個煩惱，你就無法把它斷盡而成就佛道，所以說**無明與有愛是如來種**；不該急著遠離，否則是無法引發諸地現觀因緣的。

「貪恚癡爲種」：貪恚癡也是如來種，因爲貪代表了欲界愛，瞋代表了色界愛，癡代表了無色界愛。最愚癡的修行人才會生到無色界去，譬如生到空無邊處，只是一念不生而過完一萬大劫；如果往生非非想天，是一念不生過完八萬大劫，然後掉下來還是在三界中。這一萬乃至八萬大劫中諸事無所能爲，什麼事情都無法成就，因爲都是一念不生，又沒有佛法可聽，也沒有佛法可修，誤把離念的定境當作無餘涅槃，就是標準的愚癡人。可是這貪恚癡卻是如來種，正因爲有欲界貪，才能發起一切種子，才能斷除一切習氣種子，也才能夠證得一切種智。正因爲有色界瞋，才能了知色界中的不圓滿，才能夠了知：色界的境界也是生死流轉之法。正因爲有無色界的境界，才會知道那就是愚癡修行者所住的境界，才能遠離愚癡。有這些境界就正好讓我們去探討三界所有境界的異同：差異在哪裡、相同又在哪裡。這樣子，我們的一切種智才能圓滿的成就，所以貪恚癡是如來種。

「四顛倒爲種」：無常而說爲常，不是究竟樂而說爲樂，是假我而說爲常住不壞我，不清淨的卻認爲是究竟清淨，這就是四種顛倒。但是假使菩薩離開這四種顛倒，那就一定會進入無餘涅槃，又如何能成就佛道呢？所以菩薩有時要住在四顛倒中與眾生同事，因爲眾生都只能住在四倒裡面。末法時佛門大師們也都住在四倒裡面，所以都斷不了我見，更無法斷我執、證第八識如來藏；然而菩薩生在四倒境界中與眾生同事、利行，才能夠成就究竟佛道，所以四顛倒也是如來種。

「五蓋爲種」：五蓋也是如來種，因爲成佛得要在人間才最容易成就；可是人間不離五蓋，到了色界天，五蓋就變很少了，人間的五蓋最具足。貪欲在人間，瞋恚也在人間，並不是只有色界天人才有瞋恚，而是人間比色界天人更有瞋恚。譬如修行是除掉某一部分以後才能往上提升，而人們具足貪瞋癡，把貪除掉以後，就說他是色界境界、是瞋恚的境界；但其實瞋恚境界不是只有色界天才有，是在他出生去色界天以前就已經有了；只是他還沒有斷除，所以說它叫作色界瞋，因此人間也有瞋恚，人間是具足三界法的。在人間，誰都得睡眠，乃至諸佛應化在人間，有時還得睡一睡，長期不睡的話身體也受不了。諸佛示現在人間時也得睡，只是佛沒有夢而已。道家有一句話說：「至人無夢。」阿羅漢眠熟後還是有夢，只是不作惡夢、壞夢而已，夢中都是無記性的異熟事物。不作夢的只有佛地，因爲一切異熟種子究竟清淨了，變易流注斷了，所以才沒有夢。阿羅漢的習氣種子都還在，所以阿羅漢還是有異熟無記性的夢，因此人間一定有睡眠蓋。

人間最多的是掉悔，心總是掉散不能安定，掉散久了也有悔心；不說作業而生悔，光是說靜坐時希望制心一處、心無散亂，可是每次上座前發願說：「我這一次上座一定不打妄想。」結果還是不行，才不到三分鐘，心就不曉得跑到哪裡去了，反正就是世界雲遊去了！每一次靜坐都如此，最後是追悔：自己每天都在吃喝玩樂，沒有用心在修行。後悔自己以往沒有專心用功，這又是悔。修定者其實不該追悔，只要把心拉回來就好了，悔是反而多了一個障礙。這就是掉散以及悔恨。掉悔是人間最常見的法，可是眾生在掉悔之中會有很多種子流注，讓菩薩有機會作爲觸證更深入法義現觀的因緣，所以掉悔也是如來種。

五蓋的最後是疑蓋，疑是很常見的，沒有學佛以前說：「大家這樣崇拜那個大師，他到底是眞的大師？還是假名大師？」先疑著。等到學佛以後聽說有個蕭平實蠻厲害的，人家都扳不倒他，到底他是眞的、還是假的？心中也是疑。乃至如今我們現在五十幾本的書出來了（編案：此書出版時已有七十餘本了），還在疑：到底是眞的、還是假的？然後有一天終於相信不疑了，卻又想：「我也許去學學看吧！可是我會是那塊料嗎？」對自己也疑，那該怎麼辦？所以眾生確實很難度，都因爲這個疑根不斷。你如果每天度他來唱唱誦誦、做義工，那就很容易度，可是你若要教他斷我見就很難了！因爲眾生最難割捨的就是自己，你要教他把自己否定，談何容易！我們還不只這樣，不但要把十八界自己全面的否定——要現觀自我全都無常，還要實證如來藏，那又更困難了：「我行嗎？我是那塊料子嗎？」他老是懷疑，所以一天過了又一天，一年過了又一年，就這樣混日子；混到有一天終於下定決心要來正覺學法時，蕭平實走了！（大眾笑……）

眾生都是這樣的，很難度。所以古時很多大禪師在世時其實徒眾都不多，他們死後越久，拱他的人就越多，常常是這樣子。大慧宗杲以前在世時有很多人罵他，拱他的人不多，死後卻被推崇得更高。雪竇重顯大師活著時也沒有多少徒眾，過了幾代以後，他的名氣卻響亮得不得了。有一些作家、藝術家也是這樣，活著時他的作品賣不了什麼錢，他才剛剛一死，作品猛地漲價，結果都是別人在受用。菩薩也是這樣，都是等到他死後五十年、一二百年，大家才推崇說：「哎呀！我要是能夠遇到他，不知有多好！」天曉得，他上一輩子就在死命的毀謗（大眾笑……），直到死前才公開懺悔。所以「疑」眞的很嚴重的障礙一般人修學佛道。可是就正好這個「疑」同時也是如來種，因爲如果不是這個疑，就不會一直次第進修上去。

明心以前你要疑：「這明心到底是什麼境界？」明心了以後又疑：「這眼見佛性是見個什麼？」見性了以後又疑：「那十行位滿心了，他到底是什麼境界？什麼是陽焰？陽焰現觀時是怎麼回事？」就這樣一直疑，乃至等覺菩薩疑：「佛地無垢識可以和善十一心所法相應，可以與五別境相應，那又是什麼境界？」又是疑，越是疑就越想要去探究，就由這個疑帶著他一直不斷往上走，等到所有的疑都斷盡時就成佛了，沒有疑的動機就無法成佛，所以疑還眞的是如來種。所以說五蓋是如來種，想不到吧？大家想要斷掉的法，結果是如來種子；所以也不要太厭惡障礙你成佛的那些煩惱，因爲那些煩惱正好是你成佛的種子。

「六入爲種」：諸位想想看：如果沒有六入，那是什麼境界呢？你可以從不同的層次來看沒有六入是什麼境界。沒有六入，如果依世俗人的境界來講，睡著無夢時就沒有六入了。沒有六入時你能成就什麼法？一法都不成就，只有一個法可以成就，就是消除色身的疲勞，但是佛法與世間法都不能成就。如果把層次拉高一點，沒有六入，就是外道證得第四禪以後作涅槃想而進入了無想定，意識斷滅了。二禪以上的等至位中還是有法入，所以還是有六入之義。無想定中就沒有六入，因爲意識斷滅了。如果世間人不小心被人家後腦杓敲了一記悶棍，悶絕了，那也是沒有六入。層次再拉高，阿羅漢入了滅盡定時也算是沒有六入，但其實意根還是有法入，只是從凡夫粗淺的層次來說已是沒有六入了。如果要眞講沒有六入，那就是無餘涅槃，因爲意根和六識都滅盡了，那才是眞正的沒有六入。諸位想想：不管是哪一種六入消失掉了，你能成就佛道嗎？當然不可能，因爲既無法修行，也無法使種子一一的流注而去驗證它，那怎能成就一切種智呢？所以離開六入就不能成就佛道了，所以六入是成佛的種子。

「七識處爲種」：**七識處**不是指七識——不是七轉識的境界，而是眾生的識陰所住的七類境界（七識處中的識，主要是講意識）。七識處中的第一種住處就是最粗淺的欲界處，我們現在所住的境界就是第一種**識住**的境界——識陰所住的第一種境界。第二識處是講初禪的境界，在《阿含正義》中我會詳細來說（編案：已出版了），第三種是二禪到第三禪，二、三禪的境界很類似，是同樣的種類，所以合併爲第三種意識的住處；第四種是第四禪中的定境，「捨」清淨、「念」清淨而成爲息脈俱斷的境界。第五種是四空定中的第一個定境，是空無邊處，這完全是意識獨住而不與色界相應的境界，所以是意識的第五種住處。第六種是識無邊處，緣於意識自己的功能作爲住處。第七種是無所有處，這跟前面幾個境界完全不同，是緣於無所有而不緣自心的境界，所以它是意識的第七種所住處所。另有非想非非想定，不了知自己也不緣定境，與無想定一樣是屬於意識的入處而非住處，因爲與無所有定等定境大不相同。所以四空定就佔了三種意識的住處，而欲界也是一種，初禪也是一種，二到四禪則是二種，這就是意識或識陰的七種住處。

現在這裡沒時間細說，因爲它牽涉到多色少色及意識所住無色界境界的內容。這樣看來，七識處就是三界中意識所住的七種處所。換句話說，如果想要成佛，必須像聲聞聖人一樣，要對這七種意識住處有所瞭解與實證。如果對這些有所瞭解實證，就表示你對三界的境界有確實的瞭解了，才能成就佛道，不是單在禪宗的證悟、見性、牢關上面，也不單是般若中觀、唯識修習而已；由於在七識處的境界當中能夠發起你對三界不同境界種子的瞭解，所以它也是如來種。

「八邪法爲種」：八邪法就是把八正道顛倒過來。八正道是二乘菩提必修的法，八正道是修習四聖諦時達到苦滅之道（方法），苦滅的道就是八正道。不過一般人所說的八正道是二乘法中所修的，大乘法中也要修八正道，卻同時叫你要修八邪法——八邪道。譬如說**正見**：正見是無我，可是你若想要成佛，你就得要有我，你單修二乘法的無我就不能成佛；有我就叫作邪見，卻正要有我——有如來藏常住不壞的無我性的眞我——有這個邪見才能成佛，二乘的無我正見不能成佛，這是第一個邪法。第二是**正志**——正思惟，在二乘法中要建立正確的志向；這個志願是說：我要成就有餘涅槃、無餘涅槃，我死了以後要入無餘涅槃。這可得要正思惟才能完成。可是你想要成佛，卻叫你要發邪志——邪思惟——不可以入無餘涅槃；然後又說無餘涅槃也無可入，都沒有涅槃可入，因爲你本來就在涅槃中。如果沒有這個邪志——邪思惟，你將成不了佛道。第三是**正語**，正語就是要教導人家一切諸法緣起性空：苦、空、無我、無常。可是菩薩要說邪語，顚倒過來：一切諸法本來常住涅槃，一切諸法本來不生不滅，一切諸法非苦、非空、非無我、一切諸法是常，菩薩就這樣顚倒過來。你們可以從所證的如來藏來現觀，是不是這樣？（眾答：是）就是這樣！這就是邪語，是第三種邪法。

正業，是說你如果修二乘菩提，所做的行爲都要離開五欲之業，一定要趕快受聲聞戒而出家；可是菩薩不然，有時 佛派你去到某一個星球，祂也許告訴你要做大生意，把你往世所累積的福德資糧拿出來用——賺大錢；然後用這些錢財去做利益眾生的大事業，所以你反而要去求財——實現自己往世修集的福德；你說這怎麼叫正業呢？本來是要全部捨出去的，結果他反而全部去賺回來，然後再用賺來的錢財利益了好多眾生。又如身口意業本來是應該要清淨離欲，一個人獨住於山林中清修，可是菩薩道卻不是這樣，反而教你盡量去跟凡夫眾生混在一起，那不是邪業嗎？這又是第四個邪法。依聲聞法而言，要**正命**而活，正命而活是與菩薩不一樣的；菩薩有時為了成就某一件事業而行非常手段，他所做的事業也許在當時的環境看來是邪命而活，但是菩薩就正好在這種因緣當中來成就眾生。所以有一些行業在古時看來是邪命而活，但是現在看來卻已成為正命而活了（有一些行業現在都被合法化了），這就是菩薩跟眾生不一樣的地方。

在二乘菩提中要說**正方便**——正精進，施設種種方便讓大眾快速斷除我見、斷除思惑。可是菩薩專行邪方便，教導眾生斷我見以後卻不許斷盡思惑；誰要是斷盡了思惑，菩薩可能會砍他一刀，不許他去修斷思惑煩惱，反而教他要保留一分思惑不許斷盡，所以名為邪方便。聲聞人是教導徒弟們要趕快斷盡思惑，菩薩卻說不許，故意施設種種方便不讓你斷盡思惑。所以，從初地開始一直到七地都是可以斷盡思惑的，卻都不許斷盡；到七地滿心時念念入滅盡定，思惑就不得不斷盡了，佛陀就趕快出現，不許七地滿心菩薩入無餘涅槃。所以菩薩的正方便不同於阿含解脫道的正方便，對二乘人來講就叫作邪方便。你能夠想像嗎？初地滿心時有能力斷盡思惑，卻故意不斷盡；三地滿心時能夠取證滅盡定、俱解脫而卻不證。如果是阿含解脫道，四禪八定具足時只要一斷我見，就取證滅盡定、成俱解脫了；可是菩薩的我見是在好幾大劫以前就斷盡了的，他現在又證得四禪八定、五神通、四無量心了，卻連滅盡定都不樂取證，這是阿羅漢做不到的，但菩薩就是有這個方便可以做得到，這就是邪方便。乃至六地滿心不得不證滅盡定時，思惑卻還故意留著一分；哪有人證滅盡定而不斷盡思惑的？聲聞法中沒有這種人，但菩薩就是能，所以假名爲邪方便。

二乘人都要保持**正念**：離一切欲，離一切世間六塵，想辦法每天離開六塵，住於正念中；菩薩則不是，菩薩腦筋轉個不停、利益眾生，才有機會發起種智。要是一天到晚像聲聞羅漢那樣保持正念、不動其心，就沒有機會發起道種智。所以菩薩有邪念，一天到晚動腦筋，跟二乘人不同，這是第七個邪法。第八是**正定**，修二乘法的人如果說：**「我不想入無餘涅槃，我想要退回三果，要再起一分思惑。」**

那阿羅漢師父一定會破口大罵：「你這個笨徒弟！」然後就講一大篇的道理，教你要把最後一分思惑趕快斷除，教你一定要這樣安住，這是聲聞法中的正定。可是菩薩卻說：「你應該保留一分思惑，心得決定！」這叫作邪定。教你不許斷最後一分思惑，要保持這種決定心，這不是邪定嗎？所以，菩薩跟二乘法不一樣，行八邪法；只有行這八邪法，你才算是具備了如來種。如果不修這八邪法，若專行聲聞的八正道，你會入無餘涅槃，無法修證佛菩提道，所以八邪法才是如來種。

「**九惱處爲種**」：九惱處也是如來種。這九惱處，我有特地把它查出來。九惱又稱爲九難，主要是講 釋迦佛往世在因地所做的業行，在成佛時示現了果報。爲什麼要講這九惱？九惱是說，因地所造的種種業，你都不用去追悔，只要懺悔說：「以前做錯了，我以後不再做。」但不要一天到晚不斷的追悔著：「我以前爲什麼做了這個？」而你清淨了以後想要成佛，卻必須想起以前的煩惱事相，這就是追悔；這些會讓你追悔的事相，在你以後修證諸地、行菩薩道的過程中，都是會讓你成就道種智現觀的因緣。其實在 釋迦佛因地廣行菩薩道的過程當中，也是造業懺悔以後，再提起來數觀九惱處的許多往事，而一一幫助他生起了種智然後成佛。

九惱，第一件事情是說 佛在往世有一次當婆羅門時，名字叫作火鬘；他有一個朋友叫作護喜，他常常來邀請火鬘去拜見 迦葉如來，可是當時火鬘不信佛，就說：「何必去見這個禿道人！」因爲出家了，頭髮都剪光了，好像是頭禿了。就因爲用這種惡言語三度拒絕了他的好友護喜的邀請，所以成佛以後要示現六年的苦行果報，六年中每天只吃一麻、一麥，就這樣子過六年。第二個苦惱是 佛在往世曾經當博戲的浪人（浪人是到處流浪，博戲就是以賭博爲遊戲），他有一次誘惑一個妓女（名叫作鹿相）到辟支佛所住的樹林中行淫，然後把那個女人殺掉，嫁禍給辟支佛，所以成佛以後有孫陀利女的淫行毀謗事件發生。第三件、以前有一世當商客的首領，以前做貿易都是一隊人一起出去貿易，他當首領，因爲爭奪船隻，所以跟另外一隊的首領互相格鬥，他用矛把對方的首領大腿刺穿了，可能是刺穿了動脈，所以那個首領死掉了。因爲這個緣故，所以成佛以後，有一天乞食時被木槍刺足，穿透了腳掌，就是這個果報。第四個、有一世曾經當婆羅門，因爲嫉妒 比婆葉如來及比丘眾受槃頭王供養，所以就誹謗如來，並且叫他座下的五百位弟子一起辱罵 比婆葉如來說：「你們應該要吃馬麥！」所以成佛之後跟五百位阿羅漢在毘蘭邑吃馬麥九十天，那五百位阿羅漢就是以前他的五百位弟子。第五惱、在 釋迦佛因地往世家族捕魚時，他那時是小孩子，曾拿一根木棍把魚頭打了三下，所以他成佛時釋迦種族被琉璃王滅了，那條魚就是後來的琉璃王，轉世來滅釋迦族，沒辦法救護；佛陀也得要頭痛三天，因爲往世打了人家的頭三下。第六惱就是乞食不得，這可能也有往世因緣，但是我沒有查到；這是說，有一次 佛入婆羅門聚落乞食，婆羅門王制限，不許任何人供 佛，否則皆罰五百金錢，所以空鉢而回，這是第六惱。第七個煩惱是在過去佛時當比丘，因爲另一位無勝比丘每天都被善幻婦人很豐盛的供養，由於嫉妒的緣故，誹謗無勝比丘與善幻婦女私通；因爲這個往世的毀謗，所以成佛之後有旃遮女在腹部繫著木盆來誣賴是跟 佛所有的胎兒。第八惱是有一世叫作須摩提，他有一個同父異母的弟弟，因爲他心裡面有私心，不想讓那個弟弟一起來分家產，所以就把那個弟弟推落懸崖，再用石頭把他砸下去，果報就是成佛以後提婆達多推下巨石壓傷了祂的腳指。第九惱、佛有一世在阿羅婆伽林，正好遇到冬至的時節很寒冷，這整整八天受寒冷，不得不向人家乞索三衣來禦寒，這是第九惱。

可是這九惱爲什麼會是如來種？也就是我剛剛說過的：因爲這九惱都在 釋迦菩薩修證菩薩道、修證成佛之道的過程當中，於夢中或定中示現了往世這些事相，讓他知道往世的事情，從這些事情中去做探討的結果，使他成就諸地的種種現觀。

所以過去你做了什麼不好的事，有時候你入定了看見、有時候夢中看見，這都是正常的；因爲你那時還在凡夫位，做了那些事情是再正常不過了。可是即使往世有過多麼重大的惡事，都是如來種，因爲當你有機會悟了以後再證得某一些智慧，你漸漸會有能力去探討爲什麼那個事情會發生？而你探討之後，有時候探討出來的法會繼續演變，到最後你會發覺原來藉這個因緣可以成就某一地的現觀。所以往世做了某些事情，就像 佛的九惱一樣，你都不必追悔，因爲已經過去了。但是當你未來世在定中或夢中看見時，如果你的智慧夠了、因緣也熟了，它就會幫助你成就佛道，所以想要成就佛道的人一定不能離開眾生，不能離開人間一切法，因此說**九惱處是如來種**。

「**十不善道爲種**」：九惱處的道理說過了，十不善道會成爲如來種，道理就容易懂了。換句話說，不能離開種種惡劣的眾生而成就佛道，因爲一切智慧的證得，都要在這裡面才能夠有因緣發起，否則的話你就沒有因緣來發起；而十善業所成就的福德，也是因爲有惡劣眾生的福薄或貪財，你才有機會布施及度眾，才能具足成佛所須的福德與智慧，因此說十不善道是如來種。

文殊師利菩薩說了這麼多不同於二乘的法，然後就作了一個結論說：**大約說起**

來，六十二種外道見以及一切煩惱都是成佛的種子。諸位聽到這裡應該多少有一些瞭解了，不要以爲諸地菩薩種種現觀都是在多麼清淨、多麼安靜的環境當中來成就；諸地現觀境界的成就，都是因爲現見某一個人出現了某一個現象而去探討，剛開始探討時並不知道結果會變成什麼，當你的因緣成熟了以後，探討到最後，當那個現觀成就時，才會知道那是什麼，猶如鏡像、猶如光影等等現觀，都是要這樣修來的。這就是說，眾生是菩薩成佛的種子，如果離開了人間眾生所有的境界，就沒有成佛的種子讓你發起，所以說六十二外道見以及一切煩惱都是佛種。

維摩詰菩薩恐怕大家不懂，就特地再問：「你說了這些，是什麼意思呢？」文殊師利菩薩答覆說：「如果有人親見無爲的境界而進入無爲當中」，正位就是講無餘涅槃的境界，「如果有人看見了無爲的眞實境界以後，就進入無爲界當中，這個人就不能夠再發起無上正等正覺之心。」這就是說，辟支佛、阿羅漢入了無餘涅槃以後，就沒有機會再來發起無上正等正覺之心了，他就不可能修學佛道，不可能成佛了，所以文殊菩薩說：「譬如在高原陸地沒有水的地方，就不可能生起蓮花；一定要在卑下的、比較低的地方，並且是淤泥當中才能夠生起蓮花。」所以最漂亮、最清淨的蓮花，卻是從最卑賤的淤泥當中出生的。換句話說，如果要成佛的話，就得在人間，因爲人間是五欲具足的地方，是貪瞋癡慢疑具足的地方，這就好比淤泥；就只有在人間，你會看見各種眾生奇奇怪怪的千般想法，讓你料想不到；正因爲有這些因緣，才能夠幫助你成就佛道。「就像是這個道理，凡是看見無爲法而進入無餘涅槃中的人，他終究不再可能出生佛法了；只有在煩惱淤泥當中，才會有眾生能生起佛法。又譬如把種子種在虛空當中，始終不可能生長的；只有種在有堆肥的不淨土地中，這種子才能夠滋養而長得很茂盛；同樣的道理，進入無爲法的正位（無餘涅槃中）的人是不會生起佛法的。若是生起了我見，而這個我見就像須彌山那麼大，都沒有關係，都還能夠發起無上正等正覺的心，漸漸的就可以出生佛法了，所以應當要知道『一切煩惱就是如來種』。譬如有人想要得到無價的寶珠，可是他卻又不肯到大海裡面去尋找，那就永遠都得不到。」

同樣的道理，不進入煩惱的大海當中，就不可能得到一切種智寶珠。所以在大乘佛法中有一句話很有名，說：「寧起我見如須彌山，不起空見如芥子許。」芥菜種子比芝麻還小。寧可生起一個我見，而那個我見比須彌山還要大，都沒關係，因爲他一定不會入無餘涅槃；可是如果對一切法空的執著，只要存在一點點，這個人就不可能成佛了，而且這個人會把斷滅空當作眞實法，那就會誹謗最勝妙的法。這有現成的例子，假使有兩種人，這兩種人中寧取其一，不取另一。哪兩種人？第一個人悟錯了，他說：「眞如就是離念靈知。」然後他就自以為悟，上了法座開示說：「師父說法是不騙人的，聖人是從來不騙人的。」他就以聖人自居：「你們要證眞如，只要心中無念，清楚明白，就是證眞如。」即使是這樣大妄語的人都勝過另一個人，那另一個人說：「一切諸法緣起性空——苦、空、無我、無常——全部要滅掉；滅掉以後有個滅相，這個滅相是不可能再被滅除的，所以它是不滅的，這就是眞如，這才是眞實空。」他講這個眞實空的時候，就是惡取空見；這空見縱然比芥子還要小，但是如果菩薩起這麼一個空見，那就不許了。

佛法有個典故，說文殊師利起空見，被佛貶向七鐵圍山外。你看多麼厲害，這就一點點空見，把它認作眞實就不允許了，何況有個人把這個**滅相不滅**的斷滅空當作眞實法，就這樣子一群人在台灣搞了四、五十年，這已經是惡取空了；而且他們的空見並非如芥子許，而是如同須彌山一樣大。所以不能夠落在空無中，把空無當作眞實法；應該要好好的在眞實法上面去親證，因為 佛在阿含解脫道中已經很清楚的講過了：涅槃眞實、法眞實、非斷滅。我們身為佛弟子，特別是出家而身披僧衣了，怎麼可以把 佛的阿含解脫道眞實法變成虛相法？因為一切法空就是虛相，可是佛說的解脫不是虛相，佛特別聲明：涅槃常住不變，法眞實。這是阿含解脫道中講的。結果傳到今天的印順等人，食如來食、住如來家、穿如來衣、說如來法，竟然把如來的法弄成虛相法，然後把這個虛相法斷滅空當作眞實常住的眞如，這就是執取空見如須彌山大。

所以法眞實、解脫眞實、涅槃眞實、常住不變，不是虛相法、不是斷滅空，所以佛法不應該解說成一切法空，只有蘊處界諸法才能說成一切法空。如果把佛法說成一切法空而無實相本識常住，那就變成虛相法，那不是實相；因爲他們這樣講，整個佛法體系就得要全面推翻掉。可是佛在阿含中說明解脫道時就已經強調眞實、不虛。所以佛特別付囑說：「我入滅後，末法最後八十年」，把十大聲聞弟子一一點名：「你來住持我最後末法八十年的正法。」結果一個一個都推掉，其他所有聲聞弟子也都推辭，最後是誰來荷擔最後八十年的如來家業呢？是一切世間樂見離車童子，就由這個童子來荷擔，他就是未來的月光菩薩。他剛開始時也不敢接，他說：「諸大菩薩弟子、諸大聲聞阿羅漢都在，哪裡輪得到我一個在家人呢？輪不到我啊！」可是一個一個都推辭了以後，他覺得這樣不好；最後佛問他，他說：「本來應該輪不到我，可是既然大家都不願意做，就由我來做。」他就承擔下來，願意承擔如來藏大法到最後末法八十年，這才是發大心菩薩。所以佛法眞實，解脫眞實，涅槃眞實，不是斷滅法，不是虛相法，因此不應該像印順等人一般把般若定位爲一切法空而妄稱爲性空唯名。性空唯名，就是戲論：**一切體性是空，只有名相**。那不是戲論了嗎？難道印順等人認爲**般若是戲論**嗎？般若如果是戲論，佛陀又何必宣講十幾年？難道 佛在人間十幾年的寶貴時間，只是爲了戲論才用來講般若嗎？果眞如是，般若就不應該稱爲實相了。所以我們大家對空見都不要認取一絲一毫，一些許都不應該有。寧取我見如須彌山（寧可像那些凡夫大法師一樣抱著離念靈知當作眞心而落在意識我見中），都比執取一點點空見的人要好得多，何況是印順等人執取空見如須彌山那麼大。

《維摩詰經》講完之後，是要講什麼經？如果各位有好意見的話，可以寫個條子交到教學組那邊去，我們來考慮看看。本來我是想：《廣百論》與《攝大乘論》都可以講，但是也有人建議講《解深密經》。《解深密經》我們以前也有講過一次，是開快車的宣講方式，那時是郭故理事長往生，選在喪宅中開講，每一個七都講三個鐘頭，想要在七七內講完，迴向他在極樂世界地地增上的功德，所以講得很快；但是七七中並沒有講完，是講到第九個七或第十個七才講完。但是這部經在週二這個時段來講，恐怕很多人會聽不懂，將會聽得很難過；雖然明心的人聽起來會覺得太好了、太棒了；但如果是沒有破參者，聽起來將會覺得很難過。恐怕有些人《維摩詰經》聽了很歡喜，但是到時候講《解深密經》，一次、二次、三次都聽不懂，聽了三個月還是聽不懂，到最後恐怕就起煩惱：「啊！沒辦法聽了。」就無法利益他們了，我就怕這樣。所以講《解深密經》是可以顯示法的勝妙，但是也會使一些還沒破參的人會越聽越難過，所以我還在斟酌這件事情。原則上《解深密經》我們一定會宣講，但是可能時間要延後一點。因爲延後了，破參的人也比較多了，至少大部分人已參加過禪三，雖然有些人勘驗還沒有通過，但有些觸證了，至少可以聽得懂部分，所以可能會比較晚再講。

我覺得《廣百論》或者《百字論》也可以講，或者演說《百論》本身也可以。但是不要誤會，《百字論》並不是密宗的《百字明》；密宗總是模仿大乘法，大乘法中有個《百字論》，他也模仿而創造一個《百字明》，把它拿來唸誦叫作《百字明》，取代大乘法中的《百字論》；但是內容完全不一樣，因爲密宗的《百字明》是雙身法的內容，不是唯識學。所以接下來要講什麼，請大家多提供意見。下個禮拜二如果有意見的話，可以交到教學組，或者交到各樓知客處也可以，再彙整給教學組，然後我們再來研究接下來要講什麼，希望能夠得到大多數人的歡喜心。但是不要建議《六祖壇經》，因爲那太淺了，最多只講到別相智而已；已經明心的人聽了可能覺得太淺、浪費時間，因爲你們自己就能讀懂了，不必要我來講。深的法義講過了，再講它，諸位聽起來會覺得淡而無味。雖然講《壇經》也許可以吸引很多人，但是可能諸位聽起來，如同一句閩南俗諺所說：「吃重鹹慣習，淡的吃不下去了。」所以下週二，諸位可以多多提出建議，我們最後會作個決定。

【爾時大迦葉歎言：「善哉！善哉！文殊師利！快說此語。誠如所言：『塵勞之疇爲如來種。』我等今者不復堪任發阿耨多羅三藐三菩提心。乃至五無間罪猶能發意、生於佛法，而今我等永不能發；譬如根敗之士，其於五欲不能復利；如是聲聞諸結斷者，於佛法中無所復益，永不志願。是故，文殊師利！凡夫於佛法有反復，而聲聞無也，所以者何？凡夫聞佛法，能起無上道心，不斷三寶；正使聲聞終身聞佛法力、無畏等，永不能發無上道意。」】

講記：菩薩們對談了之後，顯示大乘佛菩提道的眞實以及勝妙，到此告一段落。這時聲聞弟子們總得談一談他們對大乘法的看法，所以大迦葉尊者感歎的說（他的感歎是因爲前面講的：「譬如高原陸地不生蓮華，卑濕淤泥乃生此華。」知道菩薩不斷煩惱而證菩提，不離世間境界而證禪定，所以非常的可貴，是聲聞人所做不到的——當然後面還會再談到這一點——導致聲聞弟子們覺得菩薩的法眞是不可思議，而佛菩提的種子竟然是在煩惱中出生的），所以這時大迦葉尊者讚歎道：「太好了！太好了！文殊師利啊！你說這些話讓人家聽了眞是覺得快慰啊！誠如你所說的，塵勞中的有境界法，都是如來的種子。」也就是說，如果離開有境界法的六塵境界，要想發起如來的種性就不可能，「我們這些聲聞人如今已經不再能堪任發起無上正等正覺之心了。」換句話說，他一方面讚佩，一方面有恐懼：「因爲這個法太深了，我們俱解脫的大阿羅漢們竟然聽不懂，」所以既讚歎又恐怖，「不敢走這一條路，所以沒辦法再發起無上正等正覺之心。」換句話說，他們捨報時一定是要入無餘涅槃的，不敢迴小向大來走菩薩的路。

然後他說了一個譬喻：「即使心性再怎麼惡劣，甚至於犯了五種無間地獄罪」，也就是在世間法上殺了父母、殺了阿羅漢，乃至謗佛、謗法等等，「都還可能發起意願來修學而出生了成佛之法」，這種十惡不赦的人都有可能發起無上正等正覺之心而出生了佛法，「可是我們聲聞人聽到這樣勝妙的法，而且又發覺到太深奧了，我們難以聽懂，修證又非常的困難，我們又是已經敗壞大乘菩薩根性的人，永遠都不可能再發起無上正等正覺之心，不可能修學成佛之道了；我們捨報後將會入涅槃，就好像五根已經毀壞的人一樣，已經無意領受五欲了」，所有的五欲已經無法使他受樂而得到世俗利益了；「同樣的道理，我們這些聲聞人已經斷除見惑與思惑了，結使斷盡，在佛法中已經沒有辦法再進修了，所以永遠不會再有一個愛樂成佛的心。」

這意思是說，佛法指的是成就佛果之法，才能叫作佛法；如果不是成佛之法，就不能說它是佛法。不知道諸位懂不懂我講的意思？我想可能還是有許多人不知道這意思。這就是說，佛法就是成佛之法；如果是阿含解脫道，只能使人成就阿羅漢果，不能使人成佛，只是佛法中的一小部分而已；因爲它只能使人成爲阿羅漢，只能稱爲羅漢法；既是不能使人成佛的法，就不能稱爲佛法。譬如印順寫書，當他講到佛法時，他是專指阿含解脫道，他說四阿含的經典說的解脫道才是佛法，對大乘佛法都特別用引號圈起來，意思是說大乘經典不是眞的佛法，他不承認。

在阿含解脫道中有講兩種觀行法門：出離觀、安隱觀。可是阿含解脫道講的全部都是出離觀，並沒有講到安隱觀的內容，請問：「這樣的阿含解脫道能不能使人成佛？」答案是不行，只能成爲阿羅漢。所以如果要說阿含的法是什麼法？那只能說是阿羅漢法，不許稱爲成佛之法；因爲它不能使人成佛，只能讓人成爲阿羅漢或者緣覺。所以眞實的佛法是大乘經典所說，因爲唯有大乘經典所說，才能使人成佛，才是眞實的佛法。「**於佛法中無所復益**」，這佛法兩字講的就是成佛之法，正是大乘法的般若及唯識種智。所以聲聞之道與菩薩之道是大不相同的，不同的地方是因爲三乘菩提的證道內涵差異，不光是深淺廣狹的差異而已，而是內容本身有極大差異，所以聲聞人沒有辦法成佛。佛入滅之後，沒有一位三明六通的大阿羅漢能繼承佛位，因爲他們所證的只是阿含解脫道的三明六通，沒有般若實相的智慧；有三明六通而且有般若及種智的菩薩很多，都沒有人敢紹繼佛位，何況沒有般若及種智的阿羅漢，怎敢紹繼佛位？

但大迦葉尊者是從另一方面的根性上面來說的，所以他說：「**由於這個緣故，文殊師利！凡夫人在佛法中有反復，時進時退**」：今天發了心，明天退失了；明年發了心說要生生世世修學菩薩道，但是三年後又退心了、又回到世俗法去了。不但深妙佛法不學，連簡單的持名念佛也不念了，然後也許到下一輩子才又重新再來學。這就是說，凡夫在佛法中有反復。可是菩薩在佛法中不會有反復，聲聞人在聲聞法中也不會有反復。既然都無反復，那是一樣的嗎？不一樣。凡夫於佛法有反復，是說假使他的緣淺，就算是有一天我幫他明心了，他還是會退轉，最後會說：「我們去學做人就好了。」不學佛法了。有沒有這種人？有！這就是不願意讓善知識攝受，又無法超越善知識，卻想要控制善知識的一切弘法大事，既不能如願，於是退轉於世間俗法中去學做人了。

所以《菩薩瓔珞本業經》講：十劫以前舍利弗與天子法才都明心而進入第七住位了，可是沒有遇到眞善知識攝受，心中終於又懷疑起來而退失了；在退失後的十劫之中無惡不造，然後終於遇到 佛陀才能得度。我們同修會弘法早期也有這種現象，明心了以後退回世間法去了，不再學佛了。他們會退回世間法中，就表示這個人還是新學菩薩，還沒有決定性，才會再退回凡夫位中，這正是於佛法中有反復。可是聲聞也一樣，他們一樣有人會退轉回下位中，然後再進求不退，所以也有反復。可是聲聞人與菩薩都有一樣事情是沒有反復的：定性聲聞人於解脫道無反復，久學菩薩於成佛之道沒有反復。菩薩沒有反復，是說不會轉入聲聞法中修學，即使退轉以後，將來也不會修學聲聞法，決定在菩薩道中往前邁進，所以菩薩沒有反復。決定性的聲聞人也沒有反復，聲聞人證得阿羅漢果以後，對佛法絕對不會想要修學；不會有時想學、有時退回聲聞性中，而是絕對不會想要修學菩薩道，所以對聲聞之法一樣沒有反復。

凡夫聽聞佛法以後，縱使以前退過道心，可是後來重新聽聞以後也能夠再次發起無上道心，所以未來世也能夠紹隆佛種：也許一百人裡面會有二、三個人又迴向大乘法中出家、學道，繼承了表相的大乘佛法，努力學法。所以凡夫會有反復，有時退失，但是聽到了佛法時又回心轉意再來修學，重新再修菩薩之道，所以他們能夠重新再發起無上道心，那麼佛法僧三寶就不會斷絕。所以凡夫雖然沒有證悟，很久以後也還是可以紹隆三寶種。但是，就算是讓聲聞人盡其一生不斷的聞熏勝妙的大乘佛法，所謂五根、五力、四無所畏等等勝妙法，但是他們聽了以後仍然是永遠不可能發起無上的道意；因爲定性聲聞成爲阿羅漢以後，只會想到自己，不會想到眾生，也不會想到 佛流傳下來的法能不能繼續深遠的弘傳，捨報之後都不想再輪迴生死，一定入無餘涅槃。所以佛世有許多聲聞羅漢在第二、三轉法輪時，跟著菩薩們聽聞般若與種智妙義，但是死時終究還是入無餘涅槃了，所以他們對成佛之法的觀念與態度是不變的，是無反復的。

但是菩薩之中難道就沒有聲聞嗎？不然，菩薩之中也仍然有聲聞。菩薩聲聞有兩個意思：第一個意思是說佛世的全部菩薩都是聲聞，因爲都是經由聽聞佛陀說法的音聲而悟入，所以菩薩也都是聲聞。可是菩薩聲聞還有另一個意思，是說他剛從聲聞法中轉過來，成爲初發成佛之心的菩薩。初發心菩薩有一個特色，他想：「我要趕快悟，悟了以後我要趕快當大師，然後名氣就會很迅速的廣大流傳出來。」也就是說，他求悟非常急切，可是他開悟的目的只是爲了自己的名聲，爲了自己可以擁有一個大道場，可以有廣大眷屬；所以悟了以後期望他爲原來的道場效力，是不可能的。也有人想：「我悟了以後趕快去自己隱居自修，因爲我悟了以後，已經看見無餘涅槃裡面是什麼了，我只剩下思惑還沒有斷盡，要趕快去斷盡。」他爲自己想，所以急著去隱居。當然也有人不會去隱居：「我已經悟了，現在末法時代，假使不說明自己是在同修會中悟入的，會外也沒有誰能開悟，所以我出來弘法時當然是大師了。」有這樣的想法，所以悟了以後就立即走人了。也有這種人。所以他想的是自己的利益，而不是爲了整體佛教，不是自己應該如何去配合弘法，這也是屬於菩薩聲聞，這是另一個涵義，所以聲聞有兩種意義。

二乘人爲什麼都叫作聲聞人？因爲聲聞人會成爲初果乃至四果的聖人，也都不是自己有能力證悟二乘菩提，都要經由聞聲而悟道。假使還有未來世（假設爲有未來世，因為他們捨壽後都會入無餘涅槃），他們也沒辦法重新再自己斷我執，因為心性是聲聞，必須聞聲而悟入二乘菩提。可是久學菩薩不一樣，當他重新再來受生，雖然不離胎昧，還是可以再自己悟出來，這叫作久學菩薩。所以菩薩如果是新學位，就會被算在菩薩聲聞裡面，也就是說，要由佛法音聲聽聞熏習而悟入，如果沒有善知識攝受，心裡面就會懷疑：「這個是嗎？這個對不對？」就算他後世能自己重新參出來，自己也沒有把握，會懷疑而退轉，實相智慧就起不來。所以菩薩與聲聞之間有異、同之處，大家也應該瞭解。

佛教正覺同修會〈修學佛道次第表〉

第一階段

* 以憶佛及拜佛方式修習動中定力。
* 學第一義佛法及禪法知見。
* 無相拜佛功夫成就。
* 具備一念相續功夫—動靜中皆能看話頭。
* 努力培植福德資糧，勤修三福淨業。

第二階段

* 參話頭，參公案。
* 開悟明心，一片悟境。
* 鍛鍊功夫求見佛性。
* 眼見佛性〈餘五根亦如是〉親見世界如幻，成就如幻觀。
* 學習禪門差別智。
* 深入第一義經典。
* 修除性障及隨分修學禪定。
* 修證十行位陽焰觀。

第三階段

* 學一切種智真實正理—楞伽經、解深密經、成唯識論…。
* 參究末後句。
* 解悟末後句。
* 透牢關—親自體驗所悟末後句境界，親見實相，無得無失。
* 救護一切衆生迴向正道。護持了義正法，修證十迴向位如夢觀。
* 發十無盡願，修習百法明門，親證猶如鏡像現觀。
* 修除五蓋，發起禪定。持一切善法戒。親證猶如光影現觀。
* 進修四禪八定、四無量心、五神通。進修大乘種智，求證猶如谷響現觀。

佛菩提二主要道次第概要表——二道並修，以外無別佛法

佛菩提道——大菩提道

遠波羅蜜多

十信位修集信心——一劫乃至一萬劫

資糧位（外門廣修六度萬行）

初住位修集布施功德（以財施爲主）。
二住位修集持戒功德。
三住位修集忍辱功德。
四住位修集精進功德。
五住位修集禪定功德。
六住位修集般若功德（熏習般若中觀及斷我見，加行位也）。

見道位（內門廣修六度萬行）

七住位明心般若正觀現前，親證本來自性清淨涅槃。
八住位於一切法現觀般若中道。漸除性障。
十住位眼見佛性，世界如幻觀成就。

一至十行位，於廣行六度萬行中，依般若中道慧，現觀陰處界猶如陽焰，至第十行滿心位，陽焰觀成就。

一至十迴向位熏習一切種智；修除性障，唯留最後一分思惑不斷。第十迴向滿心位成就菩薩道如夢觀。

初地：第十迴向位滿心時，成就道種智一分（八識心王一一親證後，領受五法、三自性、七種第一義、七種性自性、二種無我法）復由勇發十無盡願，成通達位菩薩。復又永伏性障而不具斷，能證慧解脫而不取證，由大願故留惑潤生。此地主修法施波羅蜜多及百法明門。證「猶如鏡像」現觀，故滿初地心。

二地：初地功德滿足以後，再成就道種智一分而入二地；主修戒波羅蜜多及一切種智。滿心位成就「猶如光影」現觀，戒行自然清淨。

解脫道：二乘菩提

→ 斷三縛結，成初果解脫

→ 薄貪瞋癡，成二果解脫

→ 斷五下分結，成三果解脫

入地前的四加行令煩惱障現行悉斷，成四果解脫，留惑潤生。分段生死已斷，煩惱障習氣種子開始斷除，兼斷無始無明上煩惱。

近波羅蜜多　　大波羅蜜多　　圓滿波羅蜜多

修道位　　究竟位

無漏妙定意生身。

四地：由三地再證道種智一分故入四地。主修精進波羅蜜多，於此土及他方世界廣度有緣，無有疲倦。進修一切種智，滿心位成就「如水中月」現觀。

五地：由四地再證道種智一分故入五地。主修禪定波羅蜜多及一切種智，斷除下乘涅槃貪。滿心位成就「變化所成」現觀。

六地：由五地再證道種智一分故入六地。此地主修般若波羅蜜多——依道種智現觀十二因緣一一有支及意生身化身，皆自心眞如變化所現，「非有似有」，成就細相觀，不由加行而自然證得滅盡定，成俱解脫大乘無學。

七地：由六地「非有似有」現觀，再證道種智一分故入七地。此地主修一切種智及方便波羅蜜多，由重觀十二有支一一支中之流轉門及還滅門一切細相，成就方便善巧，念念隨入滅盡定。滿心位證得「如犍闥婆城」現觀。

八地：由七地極細相觀成就故再證道種智一分而入八地。此地主修一切種智及願波羅蜜多。至滿心位純無相觀任運恆起，故於相土自在，滿心位復證「如實覺知諸法相意生身」故。

九地：由八地再證道種智一分故入九地。主修力波羅蜜多及一切種智，成就四無礙，滿心位證得「種類俱生無行作意生身」。

十地：由九地再證道種智一分故入此地。此地主修一切種智——智波羅蜜多。滿心位起大法智雲，及現起大法智雲所含藏種種功德，成受職菩薩。

等覺：由十地道種智成就故入此地。此地應修一切種智，圓滿等覺地無生法忍；於百劫中修集極廣大福德，以之圓滿三十二大人相及無量隨形好。

妙覺：示現受生人間已斷盡煩惱障一切習氣種子，並斷盡所知障一切隨眠，永斷變易生死無明，成就大般涅槃，四智圓明。人間捨壽後，報身常住色究竟天利樂十方地上菩薩；以諸化身利樂有情，永無盡期，成就究竟佛道。

七地滿心斷除故意保留之最後一分思惑時，煩惱障所攝色、受、想三陰有漏習氣種子全部斷盡。

煩惱障所攝行、識二陰無漏習氣種子任運漸斷，所知障所攝上煩惱任運漸斷。

→ 斷盡變易生死成就大般涅槃

圓滿成就究竟佛果

佛子蕭平實 謹製
（二〇〇九、〇二 修訂）
（二〇一二、〇二 增補）

佛教正覺同修會 共修現況 及 招生公告　2016/1/16

一、共修現況：（請在共修時間來電，以免無人接聽。）

台北正覺講堂 103台北市承德路三段277號九樓 捷運淡水線圓山站旁
Tel..總機 02-25957295（晚上）（**分機：九樓**辦公室 10、11；知客櫃檯 12、13。 **十樓**知客櫃檯 15、16；書局櫃檯 14。 **五樓**辦公室 18；知客櫃檯 19。**二樓**辦公室 20；知客櫃檯 21。）
Fax..25954493

第一講堂 台北市承德路三段277號九樓

禪淨班：週一晚上班、週三晚上班、週四晚上班、週五晚上班、週六下午班、週六上午班（皆須報名建立學籍後始可參加共修，欲報名者詳見本公告末頁）

增上班：瑜伽師地論詳解：每月第一、三、五週之週末 17.50～20.50 平實導師講解（僅限已明心之會員參加）

禪門差別智：每月第一週日全天　平實導師主講（事冗暫停）。

佛藏經詳解　平實導師主講。已於 2013/12/17 開講，歡迎已發成佛大願的菩薩種性學人，攜眷共同參與此殊勝法會聽講。詳解 釋迦世尊於《佛藏經》中所開示的眞實義理，更爲今時後世佛子四眾，闡述佛陀演說此經的本懷。眞實尋求佛菩提道的有緣佛子，親承聽聞如是勝妙開示，當能如實理解經中義理，亦能了知於大乘法中：如何是諸法實相？善知識、惡知識要如何簡擇？如何才是清淨持戒？如何才能清淨說法？於此末法之世，眾生五濁益重，不知佛、不解法、不識僧，唯見表相，不信眞實，貪著五欲，諸方大師不淨說法，各各將導大量徒眾趣入三塗，如是師徒俱堪憐憫。是故，平實導師以大慈悲心，用淺白易懂之語句，佐以實例、譬喻而爲演說，普令聞者易解佛意，皆得契入佛法正道，如實了知佛法大藏。

此經中，對於實相念佛多所著墨，亦指出念佛要點：以實相爲依，念佛者應依止淨戒、依止清淨僧寶，捨離違犯重戒之師僧，應受學清淨之法，遠離邪見。本經是現代佛門大法師所厭惡之經典：一者由於大法師們已全都落入意識境界而無法親證實相，故於此經中所說實相全無所知，都不樂有人聞此經名，以免讀後提出問疑時無法回答；二者現代大乘佛法地區，已經普被藏密喇嘛教滲透，許多有名之大法師們大多已曾或繼續在修練雙身法，都已失去聲聞戒體及菩薩戒體，成爲地獄種姓人，已非眞正出家之人，本質只是身著僧衣而住在寺院中的世俗人。這些人對於此經都是讀不懂的，也是極爲厭惡的；他們尚不樂見此經之印行，何況流通與講解？今爲救護廣大學佛人，兼欲護持佛教血脈永續常傳，特選此經宣講之。每逢週二 18.50~20.50 開示，不限制聽講資格。會外人士需憑身分證件換證入內聽講（此是大樓管理處之安全規定，敬請見諒)。桃園、台中、台南、高雄等地講堂，亦於每週二晚上播放平實導師所講本經之 DVD，不必出示身分證件即可入內聽講，歡迎各地善信同霑法益。

第二講堂　台北市承德路三段 267 號十樓。

禪淨班：週一晚上班、週六下午班。

進階班：週三晚上班、週四晚上班、週五晚上班（禪淨班結業後轉入共修）。

佛藏經詳解：平實導師講解。每週二 18.50~20.50（影像音聲即時傳輸）。本會學員憑上課證進入聽講，會外學人請以身分證件換證進入聽講（此爲大樓管理處安全管理規定之要求，敬請諒解）。

第三講堂　台北市承德路三段 277 號五樓。

進階班：週一晚上班、週三晚上班、週四晚上班、週五晚上班。

佛藏經詳解：平實導師講解。每週二 18.50~20.50（影像音聲即時傳輸）。本會學員憑上課證進入聽講，會外學人請以身分證件換證進入聽講（此爲大樓管理處安全管理規定之要求，敬請諒解）。

第四講堂　台北市承德路三段 267 號二樓。

進階班：週一晚上班、週三晚上班、週四晚上班、週五晚上班（禪淨班結業後轉入共修）。

佛藏經詳解：平實導師講解。每週二 18.50~20.50（影像音聲即時傳輸）。本會學員憑上課證進入聽講，會外學人請以身分證件換證進入聽講（此爲大樓管理處安全管理規定之要求，敬請諒解）。

第五、第六講堂　爲**開放式講堂**，不需以身分證件換證即可進入聽講，台北市承德路三段 267 號地下一樓、地下二樓。已規劃整修完成，每逢週二晚上講經時段開放給會外人士自由聽經，請由大樓側面梯階逕行進入聽講。**聽講者請尊重講者的著作權及肖像權，請勿錄音錄影，以免違法；若有錄音錄影被查獲者，將依法處理。**

正覺祖師堂　大溪鎭美華里信義路 650 巷坑底 5 之 6 號（台 3 號省道 34 公里處　妙法寺對面斜坡道進入）電話 03-3886110　傳眞 03-3881692 本堂供奉 克勤圓悟大師，專供會員每年四月、十月各二次精進禪三共修，兼作本會出家菩薩掛單常住之用。除禪三時間以外，每逢單月第一週之週日 9:00~17:00 開放會內、外人士參訪，當天並提供午齋結緣。教內共修團體或道場，得另申請其餘時間作團體參訪，務請事先與常住確定日期，以便安排常住菩薩接引導覽，亦免妨礙常住菩薩之日常作息及修行。

桃園正覺講堂（第一、第二講堂）：桃園市介壽路 286、288 號 10 樓（陽明運動公園對面）電話：03-3749363（請於共修時聯繫，或與台北聯繫）

禪淨班：週一晚上班、週三晚上班、週四晚上班、週五晚上班。

進階班：週六上午班、週五晚上班。

佛藏經詳解：平實導師講解。每週二晚上，以台北正覺講堂所錄 DVD 放映；歡迎會外學人共同聽講，不需出示身分證件。

新竹正覺講堂 新竹市東光路 55 號二樓之一　電話 03-5724297（晚上）

第一講堂：

禪淨班：週一晚上班、週五晚上班、週六上午班。

進階班：週三晚上班、週四晚上班（由禪淨班結業後轉入共修）。

佛藏經詳解：平實導師講解。每週二晚上，以台北正覺講堂所錄 DVD 放映。歡迎會外學人共同聽講，不需出示身分證件。

第二講堂：

禪淨班：週三晚上班、週四晚上班。

佛藏經詳解：每週二晚上與第一講堂同時播放佛藏經詳解 DVD。

台中正覺講堂 04-23816090（晚上）

第一講堂 台中市南屯區五權西路二段 666 號 13 樓之四（國泰世華銀行樓上。鄰近縣市經第一高速公路前來者，由五權西路交流道可以快速到達，大樓旁有停車場，對面有素食館）。

禪淨班：週三晚上班、週四晚上班。

進階班：週一晚上班、週六上午班（由禪淨班結業後轉入共修）。

增上班：單週週末以台北增上班課程錄成 DVD 放映之，限已明心之會員參加。

佛藏經詳解：平實導師講解。每週二晚上，以台北正覺講堂所錄 DVD 放映。歡迎會外學人共同聽講，不需出示身分證件。

第二講堂 台中市南屯區五權西路二段 666 號 4 樓

禪淨班：週一晚上班、週三晚上班、週六上午班。

進階班：週五晚上班（由禪淨班結業後轉入共修）。

佛藏經詳解：每週二晚上與第一講堂同時播放佛藏經詳解 DVD。

第三講堂、第四講堂：台中市南屯區五權西路二段 666 號 4 樓。

嘉義正覺講堂 嘉義市友愛路 288 號八樓之一　電話：05–2318228

第一講堂：

禪淨班：週一晚上班、週四晚上班、週五晚上班。

進階班：週三晚上班（由禪淨班結業後轉入共修）。

佛藏經詳解：平實導師講解。每週二晚上，以台北正覺講堂所錄 DVD 放映。歡迎會外學人共同聽講，不需出示身分證件。

第二講堂 嘉義市友愛路 288 號八樓之二。

台南正覺講堂

第一講堂 台南市西門路四段 15 號 4 樓。06-2820541（晚上）

禪淨班：週一晚上班、週三晚上班、週四晚上班、週五晚上班、週六下午班。

增上班：單週週末下午，以台北增上班課程錄成 DVD 放映之，限已明心之會員參加。

佛藏經詳解：平實導師講解。每週二晚上，以台北正覺講堂所錄 DVD 放映。歡迎會外學人共同聽講，不需出示身分證件。

第二講堂　台南市西門路四段 15 號 3 樓。

佛藏經詳解：每週二晚上與第一講堂同時播放佛藏經詳解 DVD。

第三講堂　台南市西門路四段 15 號 3 樓。

進階班：週三晚上班、週四晚上班、週六上午班（由禪淨班結業後轉入共修）。

佛藏經詳解：每週二晚上與第一講堂同時播放佛藏經詳解 DVD。

高雄正覺講堂　高雄市新興區中正三路 45 號五樓 07-2234248（晚上）

第一講堂（五樓）：

禪淨班：週一晚上班、週三晚上班、週四晚上班、週五晚上班、週六上午班。

增上班：單週週末下午，以台北增上班課程錄成 DVD 放映之，限已明心之會員參加。

佛藏經詳解：平實導師講解。每週二晚上，以台北正覺講堂所錄 DVD 放映。歡迎會外學人共同聽講，不需出示身分證件。

第二講堂（四樓）：

進階班：週三晚上班、週四晚上班、週六上午班（由禪淨班結業後轉入共修）。

佛藏經詳解：每週二晚上與第一講堂同時播放佛藏經詳解 DVD。

第三講堂（三樓）：

進階班：週四晚上班（由禪淨班結業後轉入共修）。

香港正覺講堂　☆**已遷移新址**☆

九龍觀塘，成業街 10 號，電訊一代廣場 27 樓 E 室。

（觀塘地鐵站 B1 出口，步行約 4 分鐘）。電話：(852) 23262231

英文地址：Unit E, 27th Floor, TG Place, 10 Shing Yip Street, Kwun Tong, Kowloon

禪淨班：雙週六下午班 14:30-17:30，已經額滿。
雙週日下午班 14:30-17:30，2016 年 4 月底前尚可報名。

進階班：雙週五晚上班（由禪淨班結業後轉入共修）。

增上班：單週週末上午，以台北增上班課程錄成 DVD 放映之，限已明心之會員參加。

妙法蓮華經詳解：平實導師講解。雙週六 19:00-21:00，以台北正覺講堂所錄 DVD 放映；歡迎會外學人共同聽講，不需出示身分證件。

美國洛杉磯正覺講堂　☆已遷移新址☆

825 S. Lemon Ave Diamond Bar, CA 91798 U.S.A.

Tel. (909) 595-5222（請於週六 9:00~18:00 之間聯繫）

Cell. (626) 454-0607

禪淨班：每逢週末 15：30~17：30 上課。

進階班：每逢週末上午 10：00~12：00 上課。

佛藏經詳解：平實導師講解。每週六下午 13：00~15：00，以台北正覺講堂所錄 DVD 放映。歡迎各界人士共享第一義諦無上法益，不需報名。

二、招生公告　本會台北講堂及全省各講堂，每逢四月、十月下旬開新班，每週共修一次（每次二小時。開課日起三個月內仍可插班）；但美國洛杉磯共修處之禪淨班得隨時插班共修。各班共修期間皆爲二年半，欲參加者請向本會函索報名表（各共修處皆於共修時間方有人執事，非共修時間請勿電詢或前來洽詢、請書），或直接從本會官方網站(http://www.enlighten.org.tw/newsflash/class)或成佛之道網站下載報名表。共修期滿時，若經報名禪三審核通過者，可參加四天三夜之禪三精進共修，有機會明心、取證如來藏，發起般若實相智慧，成爲實義菩薩，脫離凡夫菩薩位。

三、新春禮佛祈福 農曆年假期間停止共修：自農曆新年前七天起停止共修與弘法，正月 8 日起回復共修、弘法事務。新春期間正月初一～初七 9.00～17.00 開放台北講堂、正月初一~初三開放新竹講堂、台中講堂、台南講堂、高雄講堂，以及大溪禪三道場（正覺祖師堂），方便會員供佛、祈福及會外人士請書。美國洛杉磯共修處之休假時間，請逕詢該共修處。

密宗四大派修雙身法，是外道性力派的邪法；又以生滅的識陰作為常住法，是常見外道，是假的藏傳佛教。

西藏覺囊巴以他空見弘揚第八識如來藏勝法，才是真藏傳佛教

佛教正覺同修會　弘法行事表

2017/03/31

1、**禪淨班**　以無相念佛及拜佛方式修習動中定力，實證一心不亂功夫。傳授解脫道正理及第一義諦佛法，以及參禪知見。共修期間：二年六個月。每逢四月、十月開新班，詳見招生公告表。

2、**《佛藏經》**詳解　平實導師主講。已於 2013/12/17 開講，歡迎已發成佛大願的菩薩種性學人，攜眷共同參與此殊勝法會聽講。詳解 釋迦世尊於《佛藏經》中所開示的眞實義理，更爲今時後世佛子四眾，闡述 佛陀演說此經的本懷。眞實尋求佛菩提道的有緣佛子，親承聽聞如是勝妙開示，當能如實理解經中義理，亦能了知於大乘法中：如何是諸法實相？善知識、惡知識要如何簡擇？如何才是清淨持戒？如何才能清淨說法？於此末法之世，眾生五濁益重，不知佛、不解法、不識僧，唯見表相，不信眞實，貪著五欲，諸方大師不淨說法，各各將導大量徒眾趣入三塗，如是師徒俱堪憐憫。是故，平實導師以大慈悲心，用淺白易懂之語句，佐以實例、譬喻而爲演說，普令聞者易解佛意，皆得契入佛法正道，如實了知佛法大藏。每逢週二 18.50~20.50 開示，不限制聽講資格。會外人士需憑身分證件換證入內聽講（此是大樓管理處之安全規定，敬請見諒）。桃園、新竹、台中、台南、高雄等地講堂，亦於每週二晚上播放平實導師講經之 DVD，不必出示身分證件即可入內聽講，歡迎各地善信同霑法益。

有某道場專弘淨土法門數十年，於教導信徒研讀《佛藏經》時，往往告誡信徒曰：「**後半部不許閱讀。**」由此緣故坐令信徒失去提升念佛層次之機緣，師徒只能低品位往生淨土，令人深覺愚癡無智。由有多人建議故，平實導師開始宣講《佛藏經》，藉以轉易如是邪見，並提升念佛人之知見與往生品位。此經中，對於實相念佛多所著墨，亦指出念佛要點：**以實相爲依，念佛者應依止淨戒、依止清淨僧寶，捨離違犯重戒之師僧，應受學清淨之法，遠離邪見。**本經是現代佛門大法師所厭惡之經典：**一者由於大法師們已全都落入意識境界而無法親證實相，故於此經中所說實相全無所知，都不樂有人聞此經名，以免讀後提出問疑時無法回答；二者現代大乘佛法地區，已經普被藏密喇嘛教滲透，許多有名之大法師們大多已曾或繼續在修練雙身法，都已失去聲聞戒體及菩薩戒體，成爲地獄種姓人，已非眞正出家之人，本質上只是身著僧衣而住在寺院中的世俗人。**這些人對於此經都是讀不懂的，也是極爲厭惡的；他們尙不樂見此經之印行，何況流通與講解？今爲救護廣大學佛人，兼欲護持佛教血脈永續常傳，特選此經宣講之，主講者平實導師。

3、**瑜伽師地論**詳解　詳解論中所言凡夫地至佛地等 17 師之修證境界與理論，從凡夫地、聲聞地……宣演到諸地所證一切種智之眞實正理。由平實導師開講，每逢一、三、五週之週末晚上開示，僅限已明心之會員參加。

4、**精進禪三**　主三和尚：平實導師。於四天三夜中，以克勤圓悟大師及大慧宗杲之禪風，施設機鋒與小參、公案密意之開示，幫助會員剋期取證，親證不生不滅之眞實心——人人本有之如來藏。每年四月、十月各舉辦二個梯次；平實導師主持。僅限本會會員參加禪淨班共修期滿，報名審核通過者，方可參加。並選擇會中定力、慧力、福德三條件皆已具足之已明心會員，給以指引，令得眼見自己無形無相之佛性遍佈山河大地，眞實而無障礙，得以肉眼現觀世界身心悉皆如幻，具足成就如幻觀，圓滿十住菩薩之證境。

5、**大法鼓經**詳解　詳解末法時代大乘佛法修行之道。佛教正法消毒妙藥塗於大鼓而以擊之，凡有眾生聞之者，一切邪見鉅毒悉皆消殞；此經即是大法鼓之正義，凡聞之者，所有邪見之毒悉皆滅除，見道不難；亦能發起菩薩無量功德，是故諸大菩薩遠從諸方佛土來此娑婆聞修此經。

本經破「有」而顯涅槃，以此名爲眞法；若墮在「有」中，皆名「非法」；若人如是宣揚佛法，名爲擊大法鼓；如是依「法」而捨「非法」，據以建立山門而爲眾說法，方可名爲法鼓山。此經中說，以「此經」爲菩薩道之本，以證得「此經」之正知見及法門作爲度人之「法」，方名眞實佛法，否則盡名「非法」。本經中對法與非法、有與涅槃，有深入之闡釋，歡迎教界一切善信（不論初機或久學菩薩），一同親沐 如來聖教，共沾法喜。由平實導師詳解。不限制聽講資格。

6、**不退轉法輪經**詳解　本經所說妙法極爲甚深難解，時至末法，已然無有知者；而其甚深絕妙之法，流傳至今依舊多人可證，顯示佛學眞是義學而非玄談，其中甚深極妙令人拍案稱絕之第一義諦妙義，平實導師將會加以解說。待《大法鼓經》宣講完畢時繼續宣講此經。

7、**阿含經**詳解　選擇重要之阿含部經典，依無餘涅槃之實際而加以詳解，令大眾得以現觀諸法緣起性空，亦復不墮斷滅見中，顯示經中所隱說之涅槃實際—如來藏—確實已於四阿含中隱說；令大眾得以聞後觀行，確實斷除我見乃至我執，證得**見到**眞現觀，乃至**身證**……等眞現觀；已得大乘或二乘見道者，亦可由此聞熏及聞後之觀行，除斷我所之貪著，成就慧解脫果。由平實導師詳解。不限制聽講資格。

8、**解深密經**詳解　重講本經之目的，在於令諸已悟之人明解大乘法道之成佛次第，以及悟後進修一切種智之內涵，確實證知三種自性性，並得據此證解七眞如、十眞如等正理。每逢週二 18.50~20.50 開示，由平實導師詳解。將於《大法鼓經》講畢後開講。不限制聽講資格。

9、**成唯識論**詳解　詳解一切種智眞實正理，詳細剖析一切種智之微細深妙廣大正理；並加以舉例說明，使已悟之會員深入體驗所證如來藏之微密行相；及證驗見分相分與所生一切法，皆由如來藏—阿賴耶識—直接或展轉而生，因此證知一切法無我，證知無餘涅槃之本際。將於增上班《瑜伽師地論》講畢後，由平實導師重講。僅限已明心之會員參加。

10、**精選如來藏系經典**詳解　精選如來藏系經典一部，詳細解說，以此完全印證會員所悟如來藏之眞實，得入不退轉住。另行擇期詳細解說之，由平實導師講解。僅限已明心之會員參加。

11、**禪門差別智**　藉禪宗公案之微細淆訛難知難解之處，加以宣說及剖析，以增進明心、見性之功德，啓發差別智，建立擇法眼。每月第一週日全天，由平實導師開示，僅限破參明心後，復又眼見佛性者參加（事冗暫停）。

12、**枯木禪**　先講智者大師的《小止觀》，後說《釋禪波羅蜜》，詳解四禪八定之修證理論與實修方法，細述一般學人修定之邪見與岔路，及對禪定證境之誤會，消除枉用功夫、浪費生命之現象。已悟般若者，可以藉此而實修初禪，進入大乘通教及聲聞教的三果心解脫境界，配合應有的大福德及後得無分別智、十無盡願，即可進入初地心中。親教師：平實導師。未來緣熟時將於大溪正覺寺開講。不限制聽講資格。

註：本會例行年假，自 2004 年起，改爲每年農曆新年前七天開始停息弘法事務及共修課程，農曆正月 8 日回復所有共修及弘法事務。新春期間（每日 9.00~17.00）開放台北講堂，方便會員禮佛祈福及會外人士請書。大溪區的正覺祖師堂，開放參訪時間，詳見〈正覺電子報〉或成佛之道網站。本表得因時節因緣需要而隨時修改之，不另作通知。

佛教正覺同修會　贈閱書籍 目錄　2015/09/29

1.**無相念佛**　平實導師著　回郵 10 元
2.**念佛三昧修學次第**　平實導師述著　回郵 25 元
3.**正法眼藏—護法集**　平實導師述著　回郵 35 元
4.**真假開悟簡易辨正法＆佛子之省思**　平實導師著　回郵 3.5 元
5.**生命實相之辨正**　平實導師著　回郵 10 元
6.**如何契入念佛法門**（**附**：印順法師否定極樂世界）平實導師著　回郵 3.5 元
7.**平實書箋**—答元覽居士書　平實導師著　回郵 35 元
8.**三乘唯識**—如來藏系經律彙編　平實導師編　回郵 80 元
（精裝本　長 27 ㎝　寬 21 ㎝　高 7.5 ㎝　重 2.8 公斤）
9.**三時繫念全集**—修正本　回郵掛號 40 元（長 26.5 ㎝×寬 19 ㎝）
10.**明心與初地**　平實導師述　回郵 3.5 元
11.**邪見與佛法**　平實導師述著　回郵 20 元
12.**菩薩正道**—回應義雲高、釋性圓…等外道之邪見　正燦居士著 回郵 20 元
13.**甘露法雨**　平實導師述　回郵 20 元
14.**我與無我**　平實導師述　回郵 20 元
15.**學佛之心態**—修正錯誤之學佛心態始能與正法相應 孫正德老師著 回郵35元
附錄：平實導師著《**略說八、九識並存…等之過失**》
16.**大乘無我觀**—《悟前與悟後》別說　平實導師述著　回郵 20 元
17.**佛教之危機**—中國台灣地區現代佛教之真相（附錄：公案拈提六則）
平實導師著　回郵 25 元
18.**燈　影**—燈下黑（覆「求教後學」來函等）平實導師著　回郵 35 元
19.**護法與毀法**—覆上平居士與徐恒志居士網站毀法二文
張正圜老師著　回郵 35 元
20.**淨土聖道**—兼評選擇本願念佛　正德老師著　由正覺同修會購贈 回郵 25 元
21.**辨唯識性相**—對「紫蓮心海《辯唯識性相》書中否定阿賴耶識」之回應
正覺同修會 台南共修處法義組 著　回郵 25 元
22.**假如來藏**—對法蓮法師《如來藏與阿賴耶識》書中否定阿賴耶識之回應
正覺同修會 台南共修處法義組 著　回郵 35 元
23.**入不二門**—公案拈提集錦 第一輯（於平實導師公案拈提諸書中選錄約二十則，
合輯爲一冊流通之）平實導師著　回郵 20 元
24.**真假邪說**—西藏密宗索達吉喇嘛《破除邪說論》真是邪說
釋正安法師著　回郵 35 元
25.**真假開悟**—真如、如來藏、阿賴耶識間之關係　平實導師述著　回郵 35 元
26.**真假禪和**—辨正釋傳聖之謗法謬說　孫正德老師著　回郵 30 元

27.**眼見佛性**—駁慧廣法師眼見佛性的含義文中謬說
游正光老師著　回郵 25 元
28.**普門自在**—公案拈提集錦 第二輯（於平實導師公案拈提諸書中選錄約二十則，合輯為一冊流通之）平實導師著　回郵 25 元
29.**印順法師的悲哀**—以現代禪的質疑為線索　恒毓博士著　回郵 25 元
30.**識蘊真義**—現觀識蘊內涵、取證初果、親斷三縛結之具體行門。
—依《成唯識論》及《惟識述記》正義，略顯安慧《大乘廣五蘊論》之邪謬
平實導師著　回郵 35 元
31.**正覺電子報** 各期紙版本　免附回郵　每次最多函索三期或三本。
（已無存書之較早各期，不另增印贈閱）
32.**現代人應有的宗教觀**　蔡正禮老師 著　回郵 3.5 元
33.**遠惑趣道**—正覺電子報般若信箱問答錄　第一輯　回郵 20 元
34.**遠惑趣道**—正覺電子報般若信箱問答錄　第二輯　回郵 20 元
35.**確保您的權益**—器官捐贈應注意自我保護　游正光老師 著　回郵 10 元
36.**正覺教團電視弘法三乘菩提 DVD 光碟（一）**
由正覺教團多位親教師共同講述錄製 DVD 8 片，MP3 一片，共 9 片。有二大講題：一為「三乘菩提之意涵」，二為「學佛的正知見」。內容精闢，深入淺出，精彩絕倫，幫助大眾快速建立三乘法道的正知見，免被外道邪見所誤導。有志修學三乘佛法之學人不可不看。（製作工本費 100 元，回郵 25 元）
37.**正覺教團電視弘法 DVD 專輯（二）**
總有二大講題：一為「三乘菩提之念佛法門」，一為「學佛正知見（第二篇）」，由正覺教團多位親教師輪番講述，內容詳細闡述如何修學念佛法門、實證念佛三昧，以及學佛應具有的正確知見，可以幫助發願往生西方極樂淨土之學人，得以把握往生，更可令學人快速建立三乘法道的正知見，免於被外道邪見所誤導。有志修學三乘佛法之學人不可不看。（一套 17 片，工本費 160 元。回郵 35 元）
38.**佛藏經** 燙金精裝本 每冊回郵 20 元。正修佛法之道場欲大量索取者，請正式發函並蓋用大印寄來索取（2008.04.30 起開始敬贈）
39.**喇嘛性世界**—揭開假藏傳佛教譚崔瑜伽的面紗　張善思 等人合著
由正覺同修會購贈　回郵 20 元
40.**假藏傳佛教的神話**—性、謊言、喇嘛教　張正玄教授編著　回郵 20 元
由正覺同修會購贈　回郵 20 元
41.**隨　緣**—理隨緣與事隨緣　平實導師述　回郵 20 元。
42.**學佛的覺醒**　正枝居士 著　回郵 25 元
43.**導師之真實義**　蔡正禮老師 著　回郵 10 元
44.**淺談達賴喇嘛之雙身法**—兼論解讀「密續」之達文西密碼
吳明芷居士 著　回郵 10 元
45.**魔界轉世**　張正玄居士 著　回郵 10 元
46.**一貫道與開悟**　蔡正禮老師 著　回郵 10 元

47.**博愛**—愛盡天下女人　正覺教育基金會 編印　回郵 10 元

48.**意識虛妄經教彙編**—實證解脫道的關鍵經文　正覺同修會編印　回郵 25 元

49.**邪箭囈語**—破斥藏密外道多識仁波切《破魔金剛箭雨論》之邪說
陸正元老師著　上、下冊回郵各 30 元

50.**真假沙門**—依 佛聖教闡釋佛教僧寶之定義
蔡正禮老師著　俟正覺電子報連載後結集出版

51.**真假禪宗**—藉評論釋性廣《印順導師對變質禪法之批判
及對禪宗之肯定》以顯示真假禪宗
附論一：凡夫知見 無助於佛法之信解行證
附論二：世間與出世間一切法皆從如來藏實際而生而顯
余正偉老師著　俟正覺電子報連載後結集出版　回郵未定

52.**假鋒虛焰金剛乘**—揭示顯密正理，兼破索達吉師徒《般若鋒兮金剛焰》。
釋正安 法師著　俟正覺電子報連載後結集出版

★ 上列贈書之郵資，係台灣本島地區郵資，大陸、港、澳地區及外國地區，請另計酌增（大陸、港、澳、國外地區之郵票不許通用）。尚未出版之書，請勿先寄來郵資，以免增加作業煩擾。

★ 本目錄若有變動，唯於後印之書籍及「成佛之道」網站上修正公佈之，不另行個別通知。

函索書籍請寄：佛教正覺同修會　103 台北市承德路 3 段 277 號 9 樓
台灣地區函索書籍者請附寄郵票，無時間購買郵票者可以等值現金抵用，但不接受郵政劃撥、支票、匯票。大陸地區得以人民幣計算，國外地區請以美元計算（請勿寄來當地郵票，在台灣地區不能使用）。欲以掛號寄遞者，請另附掛號郵資。

親自索閱：正覺同修會各共修處。　★請於共修時間前往取書，餘時無人在道場，請勿前往索取；共修時間與地點，詳見書末正覺同修會共修現況表（以近期之共修現況表爲準）。

註：正智出版社發售之局版書，請向各大書局購閱。若書局之書架上已經售出而無陳列者，請向書局櫃台指定洽購；若書局不便代購者，請於正覺同修會共修時間前往各共修處請購，正智出版社已派人於共修時間送書前往各共修處流通。 郵政劃撥購書及 大陸地區 購書，請詳別頁正智出版社發售書籍目錄最後頁之說明。

成佛之道 網站：http://www.a202.idv.tw　正覺同修會已出版之結緣書籍，多已登載於 成佛之道 網站，若住外國、或住處遙遠，不便取得正覺同修會贈閱書籍者，可以從本網站閱讀及下載。　書局版之《宗通與說通》亦已上網，台灣讀者可向書局洽購，售價 300 元。《狂密與眞密》第一輯~第四輯，亦於 2003.5.1.全部於本網站登載完畢；台灣地區讀者請向書局洽購，每輯約 400 頁，售價 300 元（網站下載紙張費用較貴，容易散失，難以保存，亦較不精美）。

＊＊假藏傳佛教修雙身法，非佛教＊＊

正智出版社 籌募弘法基金發售書籍目錄 2017/04/22

1.**宗門正眼**—公案拈提 第一輯 重拈 平實導師著 500 元
因重寫內容大幅度增加故，字體必須改小，並增爲 576 頁 主文 546 頁。比初版更精彩、更有內容。初版《禪門摩尼寶聚》之讀者，可寄回本公司免費調換新版書。免附回郵，亦無截止期限。（2007 年起，每冊附贈本公司精製公案拈提〈超意境〉CD 一片。市售價格 280 元，多購多贈。）
2.**禪淨圓融** 平實導師著 200 元（第一版舊書可換新版書。）
3.**真實如來藏** 平實導師著 400 元
4.**禪—悟前與悟後** 平實導師著 上、下冊，每冊 250 元
5.**宗門法眼**—公案拈提 第二輯 平實導師著 500 元
（2007 年起，每冊附贈本公司精製公案拈提〈超意境〉CD 一片）
6.**楞伽經詳解** 平實導師著 全套共 10 輯 每輯 250 元
7.**宗門道眼**—公案拈提 第三輯 平實導師著 500 元
（2007 年起，每冊附贈本公司精製公案拈提〈超意境〉CD 一片）
8.**宗門血脈**—公案拈提 第四輯 平實導師著 500 元
（2007 年起，每冊附贈本公司精製公案拈提〈超意境〉CD 一片）
9.**宗通與說通**—成佛之道 平實導師著 主文 381 頁 全書 400 頁售價 300 元
10.**宗門正道**—公案拈提 第五輯 平實導師著 500 元
（2007 年起，每冊附贈本公司精製公案拈提〈超意境〉CD 一片）
11.**狂密與真密** 一～四輯 平實導師著 西藏密宗是人間最邪淫的宗教，本質不是佛教，只是披著佛教外衣的印度教性力派流毒的喇嘛教。此書中將西藏密宗密傳之男女雙身合修樂空雙運所有祕密與修法，毫無保留完全公開，並將全部喇嘛們所不知道的部分也一併公開。內容比大辣出版社喧騰一時的《西藏慾經》更詳細。並且函蓋藏密的所有祕密及其錯誤的中觀見、如來藏見……等，藏密的所有法義都在書中詳述、分析、辨正。每輯主文三百餘頁 每輯全書約 400 頁 售價每輯 300 元
12.**宗門正義**—公案拈提 第六輯 平實導師著 500 元
（2007 年起，每冊附贈本公司精製公案拈提〈超意境〉CD 一片）
13.**心經密意**—心經與解脫道、佛菩提道、祖師公案之關係與密意 平實導師述 300 元
14.**宗門密意**—公案拈提 第七輯 平實導師著 500 元
（2007 年起，每冊附贈本公司精製公案拈提〈超意境〉CD 一片）
15.**淨土聖道**—兼評「選擇本願念佛」 正德老師著 200 元
16.**起信論講記** 平實導師述著 共六輯 每輯三百餘頁 售價各 250 元
17.**優婆塞戒經講記** 平實導師述著 共八輯 每輯三百餘頁 售價各 250 元
18.**真假活佛**—略論附佛外道盧勝彥之邪說（對前岳靈犀網站主張「盧勝彥是證悟者」之修正） 正犀居士（岳靈犀）著 流通價 140 元
19.**阿含正義**—唯識學探源 平實導師著 共七輯 每輯 300 元

20.**超意境** CD 以平實導師公案拈提書中超越意境之頌詞，加上曲風優美的旋律，錄成令人嚮往的超意境歌曲，其中包括正覺發願文及平實導師親自譜成的黃梅調歌曲一首。詞曲雋永，殊堪翫味，可供學禪者吟詠，有助於見道。內附設計精美的彩色小冊，解說每一首詞的背景本事。每片 280 元。【每購買公案拈提書籍一冊，即贈送一片。】

21.**菩薩底憂鬱** CD 將菩薩情懷及禪宗公案寫成新詞，並製作成超越意境的優美歌曲。 1.主題曲〈菩薩底憂鬱〉，描述地後菩薩能離三界生死而迴向繼續生在人間，但因尚未斷盡習氣種子而有極深沈之憂鬱，非三賢位菩薩及二乘聖者所知，此憂鬱在七地滿心位方才斷盡；本曲之詞中所說義理極深，昔來所未曾見；此曲係以優美的情歌風格寫詞及作曲，聞者得以激發嚮往諸地菩薩境界之大心，詞、曲都非常優美，難得一見；其中勝妙義理之解說，已印在附贈之彩色小冊中。 2.以各輯公案拈提中直示禪門入處之頌文，作成各種不同曲風之超意境歌曲，值得玩味、參究；聆聽公案拈提之優美歌曲時，請同時閱讀內附之印刷精美說明小冊，可以領會超越三界的證悟境界；未悟者可以因此引發求悟之意向及疑情，眞發菩提心而邁向求悟之途，乃至因此眞實悟入般若，成眞菩薩。 3.正覺總持咒新曲，總持佛法大意；總持咒之義理，已加以解說並印在隨附之小冊中。本 CD 共有十首歌曲，長達 63 分鐘。每盒各附贈二張購書優惠券。每片 280 元。

22.**禪意無限** CD 平實導師以公案拈提書中偈頌寫成不同風格曲子，與他人所寫不同風格曲子共同錄製出版，幫助參禪人進入禪門超越意識之境界。盒中附贈彩色印製的精美解說小冊，以供聆聽時閱讀，令參禪人得以發起參禪之疑情，即有機會證悟本來面目而發起實相智慧，實證大乘菩提般若，能如實證知般若經中的眞實意。本 CD 共有十首歌曲，長達 69 分鐘，每盒各附贈二張購書優惠券。每片 280 元。

23.**我的菩提路**第一輯　釋悟圓、釋善藏等人合著　售價 300 元

24.**我的菩提路**第二輯　郭正益、張志成等人合著　售價 300 元

25.**我的菩提路**第三輯　王美伶等人合著　預定 2017/6/30 發行　售價 300 元

26.**鈍鳥與靈龜**—考證後代凡夫對大慧宗杲禪師的無根誹謗。

平實導師著　共 458 頁　售價 350 元

27.**維摩詰經講記**　平實導師述　共六輯　每輯三百餘頁　售價各 250 元

28.**真假外道**—破劉東亮、杜大威、釋證嚴常見外道見　正光老師著　200 元

29.**勝鬘經講記**—兼論印順《勝鬘經講記》對於《勝鬘經》之誤解。

平實導師述　共六輯　每輯三百餘頁　售價250 元

30.**楞嚴經講記**　平實導師述　共 15 輯，每輯三百餘頁　售價 300 元

31.**明心與眼見佛性**—駁慧廣〈蕭氏「眼見佛性」與「明心」之非〉文中謬說

正光老師著　共 448 頁　售價 300 元

32.**見性與看話頭**　黃正倖老師 著，本書是禪宗參禪的方法論。

內文 375 頁，全書 416 頁，售價 300 元。

33.**達賴真面目**—玩盡天下女人 白正偉老師 等著 中英對照彩色精裝大本 800 元
34.**喇嘛性世界**—揭開假藏傳佛教譚崔瑜伽的面紗　張善思 等人著　200 元
35.**假藏傳佛教的神話**—性、謊言、喇嘛教　正玄教授編著　200 元
36.**金剛經宗通**　平實導師述　共九輯　每輯售價 250 元。
37.**空行母**—性別、身分定位，以及藏傳佛教。
珍妮·坎貝爾著 呂艾倫 中譯 售價 250 元
38.**末代達賴**—性交教主的悲歌　張善思、呂艾倫、辛燕編著 售價 250 元
39.**霧峰無霧**—給哥哥的信　辨正釋印順對佛法的無量誤解
游宗明 老師著　售價 250 元
40.**第七意識與第八意識？**—穿越時空「超意識」
平實導師述　每冊 300 元
41.**黯淡的達賴**—失去光彩的諾貝爾和平獎
正覺教育基金會編著　每冊 250 元
42.**童女迦葉考**—論呂凱文〈佛教輪迴思想的論述分析〉之謬。
平實導師 著　定價 180 元
43.**人間佛教**—實證者必定不悖三乘菩提
平實導師 述，定價 400 元
44.**實相經宗通**　平實導師述　共八輯　每輯 250 元
45.**真心告訴您(一)**—達賴喇嘛在幹什麼？
正覺教育基金會編著　售價 250 元
46.**中觀金鑑**—詳述應成派中觀的起源與其破法本質
孫正德老師著　分爲上、中、下三冊，每冊 250 元
47.**佛法入門**—迅速進入三乘佛法大門，消除久學佛法漫無方向之窘境。
○○居士著　將於正覺電子報連載後出版。售價 250 元
48.**藏傳佛教要義**—《狂密與真密》之簡體字版　平實導師 著 上、下冊
僅在大陸流通　每冊 300 元
49.**法華經講義**　平實導師述　共二十五輯　每輯 300 元
已於 2015/05/31 起開始出版，每二個月出版一輯
50.**西藏「活佛轉世」制度**—附佛、造神、世俗法
許正豐、張正玄老師合著　定價 150 元
51.**廣論三部曲**　郭正益老師著　定價 150 元
52.**真心告訴您(二)**—達賴喇嘛是佛教僧侶嗎？
—補祝達賴喇嘛八十大壽
正覺教育基金會編著　售價 300 元
53.**廣論之平議**—宗喀巴《菩提道次第廣論》之平議　正雄居士著
約二或三輯　俟正覺電子報連載後結集出版　書價未定
54.**末法導護**—對印順法師中心思想之綜合判攝　正慶老師著　書價未定
55.**菩薩學處**—菩薩四攝六度之要義　陸正元老師著　出版日期未定。
56.**八識規矩頌**詳解　○○居士 註解　出版日期另訂　書價未定。

57.**印度佛教史**—法義與考證。依法義史實評論印順《印度佛教思想史、佛教史地考論》之謬說　正偉老師著　出版日期未定　書價未定

58.**中國佛教史**—依中國佛教正法史實而論。〇〇老師 著　書價未定。

59.**中論正義**—釋龍樹菩薩《中論》頌正理。
孫正德老師著　出版日期未定　書價未定

60.**中觀正義**—註解平實導師《中論正義頌》。
〇〇法師（居士）著　出版日期未定　書價未定

61.**佛藏經講記**　平實導師述　出版日期未定　書價未定

62.**阿含經講記**—將選錄四阿含中數部重要經典全經講解之，講後整理出版。
平實導師述　約二輯　每輯 300 元　出版日期未定

63.**寶積經講記**　平實導師述　每輯三百餘頁 優惠價 300 元 出版日期未定

64.**解深密經講記**　平實導師述 約四輯　將於重講後整理出版

65.**成唯識論略解**　平實導師著　五～六輯　每輯300 元　出版日期未定

66.**修習止觀坐禪法要講記**　平實導師述　每輯三百餘頁
將於正覺寺建成後重講、以講記逐輯出版　出版日期未定

67.**無門關**—《無門關》公案拈提　平實導師著　出版日期未定

68.**中觀再論**—兼述印順《中觀今論》謬誤之平議。正光老師著 出版日期未定

69.**輪迴與超度**—佛教超度法會之真義。
〇〇法師（居士）著　出版日期未定　書價未定

70.**《釋摩訶衍論》平議**—對偽稱龍樹所造《釋摩訶衍論》之平議
〇〇法師（居士）著　出版日期未定　書價未定

71.**正覺發願文**註解—以真實大願為因 得證菩提
正德老師著　出版日期未定　書價未定

72.**正覺總持咒**—佛法之總持　正圜老師著　出版日期未定　書價未定

73.**涅槃**—論四種涅槃　平實導師著　出版日期未定　書價未定

74.**三自性**—依四食、五蘊、十二因緣、十八界法，說三性三無性。
作者未定　出版日期未定

75.**道品**—從三自性說大小乘三十七道品　作者未定　出版日期未定

76.**大乘緣起觀**—依四聖諦七真如現觀十二緣起 作者未定　出版日期未定

77.**三德**—論解脫德、法身德、般若德。　作者未定　出版日期未定

78.**真假如來藏**—對印順《如來藏之研究》謬說之平議　作者未定 出版日期未定

79.**大乘道次第**　作者未定　出版日期未定　書價未定

80.**四緣**—依如來藏故有四緣。　作者未定　出版日期未定

81.**空之探究**—印順《空之探究》謬誤之平議　作者未定 出版日期未定

82.**十法義**—論阿含經中十法之正義　作者未定　出版日期未定

83.**外道見**—論述外道六十二見　作者未定　出版日期未定

正智出版社有限公司 書籍介紹

禪淨圓融：言淨土諸祖所未曾言，示諸宗祖師所未曾示；禪淨圓融，另闢成佛捷徑，兼顧自力他力，闡釋淨土門之速行易行道，亦同時揭櫫聖教門之速行易行道；令廣大淨土行者得免緩行難證之苦，亦令聖道門行者得以藉著淨土速行道而加快成佛之時劫。乃前無古人之超勝見地，非一般弘揚禪淨法門典籍也，先讀爲快。平實導師著 200元。

宗門正眼—**公案拈提**第一輯：繼承克勤圜悟大師碧巖錄宗旨之禪門鉅作。先則舉示當代大法師之邪說，消弭當代禪門大師鄉愿之心態，摧破當今禪門「世俗禪」之妄談；次則旁通教法，表顯宗門正理；繼以道之次第，消弭古今狂禪；後藉言語及文字機鋒，直示宗門入處。悲智雙運，禪味十足，數百年來難得一睹之禪門鉅著也。平實導師著 500元（原初版書《禪門摩尼寶聚》，改版後補充爲五百餘頁新書，總計多達二十四萬字，內容更精彩，並改名爲《宗門正眼》，讀者原購初版《禪門摩尼寶聚》皆可寄回本公司免費換新，免附回郵，亦無截止期限）（2007年起，凡購買公案拈提第一輯至第七輯，每購一輯皆贈送本公司精製公案拈提〈超意境〉CD一片，市售價格280元，多購多贈）。

禪—悟前與悟後：本書能建立學人悟道之信心與正確知見，圓滿具足而有次第地詳述禪悟之功夫與禪悟之內容，指陳參禪中細微淆訛之處，能使學人明自眞心、見自本性。若未能悟入，亦能以正確知見辨別古今中外一切大師究係眞悟？或屬錯悟？便有能力揀擇，捨名師而選明師，後時必有悟道之緣。一旦悟道，遲者七次人天往返，便出三界，速者一生取辦。學人欲求開悟者，不可不讀。平實導師著。上、下冊共500元，單冊250元。

眞實如來藏：如來藏眞實存在，乃宇宙萬有之本體，並非印順法師、達賴喇嘛等人所說之「唯有名相、無此心體」。如來藏是涅槃之本際，是一切有智之人竭盡心智、不斷探索而不能得之生命實相；是古今中外許多大師自以爲悟而當面錯過之生命實相。如來藏即是阿賴耶識，乃是一切有情本自具足、不生不滅之眞實心。當代中外大師於此書出版之前所未能言者，作者於本書中盡情流露、詳細闡釋。眞悟者讀之，必能增益悟境、智慧增上；錯悟者讀之，必能檢討自己之錯誤，免犯大妄語業；未悟者讀之，能知參禪之理路，亦能以之檢查一切名師是否眞悟。此書是一切哲學家、宗教家、學佛者及欲昇華心智之人必讀之鉅著。　平實導師著　售價400元。

宗門法眼—**公案拈提**第二輯：列舉實例，闡釋土城廣欽老和尚之悟處；並直示這位不識字的老和尚妙智橫生之根由，繼而剖析禪宗歷代大德之開悟公案，解析當代密宗高僧卡盧仁波切之錯悟證據，並例舉當代顯宗高僧、大居士之錯悟證據（凡健在者，爲免影響其名聞利養，皆隱其名）。藉辨正當代名師之邪見，向廣大佛子指陳禪悟之正道，彰顯宗門法眼。悲勇兼出，強捋虎鬚；慈智雙運，巧探驪龍；摩尼寶珠在手，直示宗門入處，禪味十足；若非大悟徹底，不能爲之。禪門精奇人物，允宜人手一冊，供作參究及悟後印證之圭臬。本書於2008年4月改版，增寫為大約500頁篇幅，以利學人研讀參究時更易悟入宗門正法，以前所購初版首刷及初版二刷舊書，皆可免費換取新書。平實導師著 500元（2007年起，凡購買公案拈提第一輯至第七輯，每購一輯皆贈送本公司精製公案拈提〈超意境〉CD一片，市售價格280元，多購多贈）。

宗門道眼—**公案拈提**第三輯：繼宗門法眼之後，再以金剛之作略、慈悲之胸懷、犀利之筆觸，舉示寒山、拾得、布袋三大士之悟處，消弭當代錯悟者對於寒山大士……等之誤會及誹謗。亦舉出民初以來與虛雲和尚齊名之蜀郡鹽亭袁煥仙夫子—南懷瑾老師之師，其「悟處」何在？並蒐羅許多眞悟祖師之證悟公案，顯示禪宗歷代祖師之睿智，指陳部分祖師、奧修及當代顯密大師之謬悟，作爲殷鑑，幫助禪子建立及修正參禪之方向及知見。假使讀者閱此書已，一時尚未能悟，亦可一面加功用行，一面以此宗門道眼辨別眞假善知識，避開錯誤之印證及歧路，可免大妄語業之長劫慘痛果報。欲修禪宗之禪者，務請細讀。平實導師著 售價500元（2007年起，凡購買公案拈提第一輯至第七輯，每購一輯皆贈送本公司精製公案拈提〈超意境〉CD一片，市售價格280元，多購多贈）。

楞伽經詳解：本經是禪宗見道者印證所悟眞僞之根本經典，亦是禪宗見道者悟後起修之依據經典；故達摩祖師於印證二祖慧可大師之後，將此經典連同佛鉢祖衣一併交付二祖，令其依此經典佛示金言、進入修道位，修學一切種智。由此可知此經對於眞悟之人修學佛道，是非常重要之一部經典。此經能破外道邪說，亦破佛門中錯悟名師之謬說，亦破禪宗部分祖師之狂禪：不讀經典、一向主張「一悟即成究竟佛」之謬執。並開示愚夫所行禪、觀察義禪、攀緣如禪、如來禪等差別，令行者對於三乘禪法差異有所分辨；亦糾正禪宗祖師古來對於如來禪之誤解，嗣後可免以訛傳訛之弊。此經亦是法相唯識宗之根本經典，禪者悟後欲修一切種智而入初地者，必須詳讀。平實導師著，全套共十輯，已全部出版完畢，每輯主文約320頁，每冊約352頁，定價250元。

宗門血脈—**公案拈提第四輯**：末法怪象—許多修行人自以爲悟，每將無念靈知認作眞實；崇尚二乘法諸師及其徒眾，則將外於如來藏之緣起性空—無因論之無常空、斷滅空、一切法空—錯認爲 佛所說之般若空性。這兩種現象已於當今海峽兩岸及美加地區顯密大師之中普遍存在；人人自以爲悟，心高氣壯，便敢寫書解釋祖師證悟之公案，大多出於意識思惟所得，言不及義，錯誤百出，因此誤導廣大佛子同陷大妄語之地獄業中而不能自知。彼等書中所說之悟處，其實處處違背第一義經典之聖言量。彼等諸人不論是否身披袈裟，都非佛法宗門血脈，或雖有禪宗法脈之傳承，亦只徒具形式；猶如螟蛉，非眞血脈，未悟得根本眞實故。禪子欲知佛、祖之眞血脈者，請讀此書，便知分曉。平實導師著，主文452頁，全書464頁，定價500元（2007年起，凡購買公案拈提第一輯至第七輯，每購一輯皆贈送本公司精製公案拈提〈超意境〉CD一片，市售價格280元，多購多贈）。

宗通與說通：古今中外，錯誤之人如麻似粟，每以常見外道所說之靈知心，認作眞心；或妄想虛空之勝性能量爲眞如，或錯認物質四大元素藉冥性（靈知心本體）能成就吾人色身及知覺，或認初禪至四禪中之了知心爲不生不滅之涅槃心。此等皆非通宗者之見地。復有錯悟之人一向主張「宗門與教門不相干」，此即尚未通達宗門之人也。其實宗門與教門互通不二，宗門所證者乃是眞如與佛性，教門所說者乃說宗門證悟之眞如佛性，故教門與宗門不二。本書作者以宗教二門互通之見地，細說「宗通與說通」，從初見道至悟後起修之道、細說分明；並將諸宗諸派在整體佛教中之地位與次第，加以明確之教判，學人讀之即可了知佛法之梗概也。欲擇明師學法之前，允宜先讀。平實導師著，主文共381頁，全書392頁，只售成本價300元。

宗門正道—公案拈提第五輯：修學大乘佛法有二果須證解脫果及大菩提果。二乘人不證大菩提果，唯證解脫果；此果之智慧，名爲聲聞菩提、緣覺菩提。大乘佛子所證二果之菩提果爲佛菩提，故名大菩提果，其慧名爲一切種智函蓋二乘解脫果。然此大乘二果修證，須經由禪宗之宗門證悟方能相應。而宗門證悟極難，自古已然；其所以難者，咎在古今佛教界普遍存在三種邪見：1.以修定認作佛法，2.以無因論之緣起性空—否定涅槃本際如來藏以後之一切法空作爲佛法，3.以常見外道邪見（離語言妄念之靈知性）作爲佛法。如是邪見，或因自身正見未立所致，或因邪師之邪教導所致，或因無始劫來虛妄熏習所致。若不破除此三種邪見，永劫不悟宗門眞義、不入大乘正道，唯能外門廣修菩薩行。平實導師於此書中，有極爲詳細之說明，有志佛子欲摧邪見、入於內門修菩薩行者，當閱此書。主文共496頁，全書512頁。售價500元（2007年起，凡購買公案拈提第一輯至第七輯，每購一輯皆贈送本公司精製公案拈提〈超意境〉CD一片，市售價格280元，多購多贈）。

狂密與真密：密教之修學，皆由有相之觀行法門而入，其最終目標仍不離顯教經典所說第一義諦之修證；若離顯教第一義經典、或違背顯教第一義經典，即非佛教。西藏密教之觀行法，如灌頂、觀想、遷識法、寶瓶氣、大聖歡喜雙身修法、喜金剛、無上瑜伽、大樂光明、樂空雙運等，皆是印度教兩性生生不息思想之轉化，自始至終皆以如何能運用交合淫樂之法達到全身受樂爲其中心思想，純屬欲界五欲的貪愛，不能令人超出欲界輪迴，更不能令人斷除我見；何況大乘之明心與見性，更無論矣！故密宗之法絕非佛法也。而其明光大手印、大圓滿法教，又皆同以常見外道所說離語言妄念之無念靈知心錯認爲佛地之眞如，不能直指不生不滅之眞如。西藏密宗所有法王與徒眾，都尚未開頂門眼，不能辨別眞僞，以依人不依法、依密續不依經典故，不肯將其上師喇嘛所說對照第一義經典，純依密續之藏密祖師所說爲準，因此而誇大其證德與證量，動輒謂彼祖師上師爲究竟佛、爲地上菩薩；如今台海兩岸亦有自謂其師證量高於釋迦文佛者，然觀其師所述，猶未見道，仍在觀行即佛階段，尚未到禪宗相似即佛、分證即佛階位，竟敢標榜爲究竟佛及地上法王，誑惑初機學人。凡此怪象皆是狂密，不同於眞密之修行者。近年狂密盛行，密宗行者被誤導者極眾，動輒自謂已證佛地眞如，自視爲究竟佛，陷於大妄語業中而不知自省，反謗顯宗眞修實證者之證量粗淺；或如義雲高與釋性圓…等人，於報紙上公然誹謗眞實證道者爲「騙子、無道人、人妖、癩蛤蟆…」等，造下誹謗大乘勝義僧之大惡業；或以外道法中有爲有作之甘露、魔術……等法，誑騙初機學人，狂言彼外道法爲眞佛法。如是怪象，在西藏密宗及附藏密之外道中，不一而足，舉之不盡，學人宜應愼思明辨，以免上當後又犯毀破菩薩戒之重罪。密宗學人若欲遠離邪知邪見者，請閱此書，即能了知密宗之邪謬，從此遠離邪見與邪修，轉入眞正之佛道。

平實導師著 共四輯 每輯約400頁（主文約340頁）每輯售價300元。

宗門正義—公案拈提第六輯：佛教有六大危機，乃是藏密化、世俗化、膚淺化、學術化、宗門密意失傳、悟後進修諸地之次第混淆；其中尤以宗門密意之失傳，爲當代佛教最大之危機。由宗門密意失傳故，易令世尊本懷普被錯解，易令世尊正法被轉易爲外道法，以及加以淺化、世俗化，是故宗門密意之廣泛弘傳與具緣佛弟子，極爲重要。然而欲令宗門密意之廣泛弘傳予具緣之佛弟子者，必須同時配合錯誤知見之解析、普令佛弟子知之，然後輔以公案解析之直示入處，方能令具緣之佛弟子悟入。而此二者，皆須以公案拈提之方式爲之，方易成其功、竟其業，是故平實導師續作宗門正義一書，以利學人。全書500餘頁，售價500元（2007年起，凡購買公案拈提第一輯至第七輯，每購一輯皆贈送本公司精製公案拈提〈超意境〉CD一片，市售價格280元，多購多贈）。

心經密意—心經與解脫道、佛菩提道、祖師公案之關係與密意。二乘菩提所證之解脫道，實依第八識心之斷除煩惱障現行而立解脫之名；大乘菩提所證之佛菩提道，實依親證第八識如來藏之涅槃性、清淨自性、及其中道性而立般若之名；禪宗祖師公案所證之眞心，即是此第八識如來藏；是故三乘佛法所修所證之三乘菩提，皆依此如來藏心而立名也。此第八識心，即是《心經》所說之心也。證得此如來藏已，即能漸入大乘佛菩提道，亦可因證知此心而了知二乘無學所不能知之無餘涅槃本際，是故《心經》之密意，與三乘佛菩提之關係極爲密切、不可分割，三乘佛法皆依此心而立名故。今者平實導師以其所證解脫道之無生智及佛菩提之般若種智，將《心經》與解脫道、佛菩提道、祖師公案之關係與密意，以演講之方式，用淺顯之語句和盤托出，發前人所未言，呈三乘菩提之眞義，令人藉此《心經密意》一舉而窺三乘菩提之堂奧，迥異諸方言不及義之說；欲求眞實佛智者、不可不讀！主文317頁，連同跋文及序文…等共384頁，售價300元。

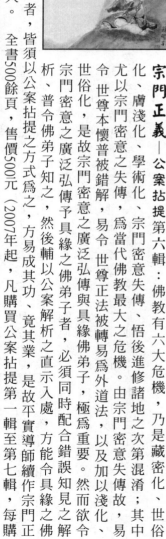

宗門密意—公案拈提第七輯：佛教之世俗化，將導致學人以信仰作爲學佛，則將以感應及世間法之庇祐，作爲學佛之主要目標，不能了知學佛之主要目標爲親證三乘菩提。大乘菩提則以般若實相智慧爲主要修習目標，以二乘菩提解脫道爲附帶修習之標的；是故學習大乘法者，應以禪宗之證悟爲要務，能親入大乘菩提之實相般若智慧中故，般若實相智慧非二乘聖人所能知故。此書則以台灣世俗化佛教之三大法師，說法似是而非之實例，配合眞悟祖師之公案解析，提示證悟般若之關節，令學人易得悟入。平實導師著，全書五百餘頁，售價500元（2007年起，凡購買公案拈提第一輯至第七輯，每購一輯皆贈送本公司精製公案拈提〈超意境〉CD一片，市售價格280元，多購多贈）。

淨土聖道—兼評日本本願念佛：佛法甚深極廣，般若玄微，非諸二乘聖僧所能知之，一切凡夫更無論矣！所謂一切證量皆歸淨土是也！是故大乘法中「聖道之淨土、淨土之聖道」，其義甚深，難可了知；乃至眞悟之人，初心亦難知也。今有正德老師眞實證悟後，復能深探淨土與聖道之緊密關係，憐憫眾生之誤會淨土實義，亦欲利益廣大淨土行人同入聖道，同獲淨土中之聖道門要義，乃振奮心神、書以成文，今得刊行天下。主文279頁，連同序文等共301頁，總有十一萬六千餘字，正德老師著，成本價200元。

起信論講記：詳解大乘起信論**心生滅門**與**心眞如門**之眞實意旨，消除以往大師與學人對起信論所說**心生滅門**之誤解，由是而得了知眞心如來藏之非常非斷中道正理；亦因此一講解，令此論以往隱晦而被誤解之眞實義，得以如實顯示，令大乘佛菩提道之正理得以顯揚光大；初機學者亦可藉此正論所顯示之法義，對大乘法理生起正信，從此得以眞發菩提心，眞入大乘法中修學，世世常修菩薩正行。平實導師演述，共六輯，都已出版，每輯三百餘頁，售價250元。

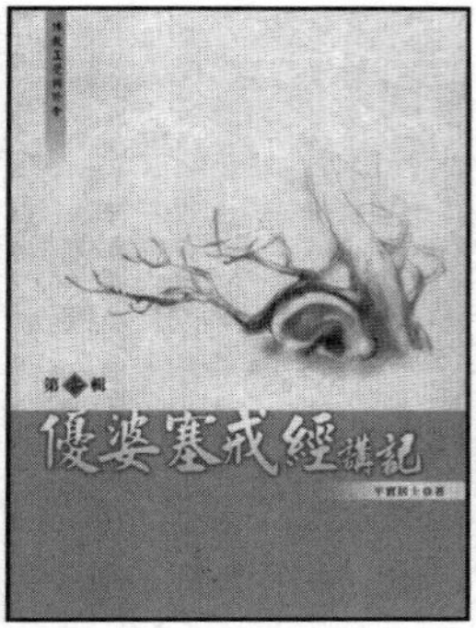

優婆塞戒經講記：本經詳述在家菩薩修學大乘佛法，應如何受持菩薩戒？對人間善行應如何看待？對三寶應如何護持？應如何正確地修集此世後世證法之福德？應如何修集後世「行菩薩道之資糧」？並詳述第一義諦之正義：五蘊非我非異我、自作自受、異作異受、不作不受……等深妙法義，乃是修學大乘佛法、行菩薩行之在家菩薩所應當了知者。出家菩薩今世或未來世登地已，捨報之後多數將如華嚴經中諸大菩薩，以在家菩薩身而修行菩薩行，故亦應以此經所述正理而修之，配合《楞伽經、解深密經、楞嚴經、華嚴經》等道次第正理，方得漸次成就佛道；故此經是一切大乘行者皆應證知之正法。平實導師講述，每輯三百餘頁，售價各250元；共八輯，已全部出版。

真假活佛—略論附佛外道盧勝彥之邪說：人人身中都有眞活佛，永生不滅而有大神用，但眾生都不了知，所以常被身外的西藏密宗假活佛籠罩欺瞞。本來就眞實存在的眞活佛，才是眞正的密宗無上密！諾那活佛因此而說禪宗是大密宗，但藏密的所有活佛都不知道、也不曾實證自身中的眞活佛。本書詳實宣示眞活佛的道理，舉證盧勝彥的「佛法」不是眞佛法，也顯示盧勝彥是假活佛，直接的闡釋第一義佛法見道的眞實正理。眞佛宗的所有上師與學人們，都應該詳細閱讀，包括盧勝彥個人在內。正犀居士著，優惠價140元。

阿含正義—唯識學探源：廣說四大部《阿含經》諸經中隱說之眞正義理，一一舉示佛陀本懷，令阿含時期初轉法輪根本經典之眞義，如實顯現於佛子眼前。並提示末法大師對於阿含眞義誤解之實例，一一比對之，證實唯識增上慧學確於原始佛法之阿含諸經中已隱覆密意而略說之，證實 世尊確於原始佛法中已曾密意而說第八識如來藏之總相；亦證實 世尊在四阿含中已說此藏識是名色十八界之因、之本—證明如來藏是能生萬法之根本心。佛子可據此修正以往受諸大師（譬如西藏密宗應成派中觀師：印順、昭慧、性廣、大願、達賴、宗喀巴、寂天、月稱、……等人）誤導之邪見，建立正見，轉入正道乃至親證初果而無困難；書中並詳說三果所證的**心解脫**，以及四果**慧解脫**的親證，都是如實可行的具體知見與行門。全書共七輯，已出版完畢。平實導師著，每輯三百餘頁，售價300元。

超意境CD：以平實導師公案拈提書中超越意境之頌詞，加上曲風優美的旋律，錄成令人嚮往的超意境歌曲，其中包括正覺發願文及平實導師親自譜成的黃梅調歌曲一首。詞曲雋永，殊堪翫味，可供學禪者吟詠，有助於見道。內附設計精美的彩色小冊，解說每一首詞的背景本事。每片280元。【每購買公案拈提書籍一冊，即贈送一片。】

鈍鳥與靈龜：鈍鳥及靈龜二物，被宗門證悟者說爲二種人：前者是精修禪定而無智慧者，也是以定爲禪的愚癡禪人；後者是或有禪定、或無禪定的宗門證悟者，凡已證悟者皆是靈龜。但後來被人虛造事實，用以嘲笑大慧宗杲禪師，說他雖是靈龜，卻不免被天童禪師預記「患背」痛苦而亡：「鈍鳥離巢易，靈龜脫殼難。」藉以貶低大慧宗杲的證量。同時將天童禪師實證如來藏的證量，曲解爲意識境界的離念靈知。自從大慧禪師入滅以後，錯悟凡夫對他的不實毀謗就一直存在著，不曾止息，並且捏造的假事實也隨著年月的增加而越來越多，終至編成「鈍鳥與靈龜」的假公案、假故事。本書是考證大慧與天童之間的不朽情誼，顯現這件假公案的虛妄不實；更見大慧宗杲面對惡勢力時的正直不阿，亦顯示大慧對天童禪師的至情深義，將使後人對大慧宗杲的誣謗至此而止，不再有人誤犯毀謗賢聖的惡業。書中亦舉證宗門的所悟確以第八識如來藏爲標的，詳讀之後必可改正以前被錯悟大師誤導的參禪知見，日後必定有助於實證禪宗的開悟境界，得階大乘眞見道位中，即是實證般若之賢聖。全書459頁，售價350元。

我的菩提路第一輯：凡夫及二乘聖人不能實證的佛菩提證悟，末法時代的今天仍然有人能得實證，由正覺同修會釋悟圓、釋善藏法師等二十餘位實證如來藏者所寫的見道報告，已爲當代學人見證宗門正法之絲縷不絕，證明大乘義學的法脈仍然存在，爲末法時代求悟般若之學人照耀出光明的坦途。由二十餘位大乘見道者所繕，敘述各種不同的學法、見道因緣與過程，參禪求悟者必讀。全書三百餘頁，售價300元。

我的菩提路第二輯：由郭正益老師等人合著，書中詳述彼等諸人歷經各處道場學法，一一修學而加以檢擇之不同過程以後，因閱讀正覺同修會、正智出版社書籍而發起抉擇分，轉入正覺同修會中修學；乃至學法及見道之過程，都一一詳述之。其中張志成等人係由前現代禪轉進正覺同修會，張志成原爲現代禪副宗長，以前未閱本會書籍時，曾被人藉其名義著文評論 平實導師（詳見《宗通與說通》辨正及《眼見佛性》書末附錄…等）；後因偶然接觸正覺同修會書籍，深覺以前聽人評論平實導師之語不實，於是投入極多時間閱讀本會書籍、深入思辨，詳細探索中觀與唯識之關聯與異同，認爲正覺之法義方是正法，深覺相應；亦解開多年來對佛法的迷雲，確定應依八識論正理修學方是正法。乃不顧面子，毅然前往正覺同修會面見平實導師懺悔，並正式學法求悟。今已與其同修王美伶（亦爲前現代禪傳法老師），同樣證悟如來藏而證得法界實相，生起實相般若眞智。此書中尙有七年來本會第一位眼見佛性者之見性報告一篇，一同供養大乘佛弟子。全書共四百頁，售價300元。

我的菩提路第三輯：由王美伶老師等人合著。自從正覺同修會成立以來，每年夏初、冬初都舉辦精進禪三共修，藉以助益會中同修們得以證悟明心發起般若實相智慧；凡已實證而被平實導師印證者，皆書具見道報告用以證明佛法之眞實可證而非玄學，證明佛法並非純屬思想、理論而無實質，是故每年都能有人證明正覺同修會的「實證佛教」主張並非虛語。特別是眼見佛性一法，自古以來中國禪宗祖師實證者極寡，較之明心開悟的證境更難令人信受；至2017年初，正覺同修會中的證悟明心者已近五百人，然而其中眼見佛性者至今唯十餘人爾，可謂難能可貴，是故明心後欲冀眼見佛性者實屬不易。黃正倖老師是懸絕七年無人見性後的第一人，她於2009年的見性報告刊於本書的第二輯中，爲大衆證明佛性確實可以眼見；其後七年之中求見性者都屬解悟佛性而無人眼見，幸而又經七年後的2016冬初，以及2017夏初的禪三，復有三人眼見佛性，希冀鼓舞四衆佛子求見佛性之大心，今則具載一則於書末，顯示求見佛性之事實經歷，供養現代佛教界欲得見性之四衆弟子。全書四百頁，售價300元，預定2017年6月30日發行。

維摩詰經講記：本經係 世尊在世時，由等覺菩薩維摩詰居士藉疾病而演說之大乘菩提無上妙義，所說函蓋甚廣，然極簡略，是故今時諸方大師與學人讀之悉皆錯解，何況能知其中隱含之深妙正義，是故普遍無法爲人解說；若強爲人說，則成依文解義而有諸多過失。今由平實導師公開宣講之後，詳實解釋其中密意，令維摩詰菩薩所說大乘不可思議解脫之深妙正法得以正確宣流於人間，利益當代學人及與諸方大師。書中詳實演述大乘佛法深妙不共二乘之智慧境界，顯示諸法之中絕待之實相境界，建立大乘菩薩妙道於永遠不敗不壞之地，以此成就護法偉功，欲冀永利娑婆人天。已經宣講圓滿整理成書流通，以利諸方大師及諸學人。全書共六輯，每輯三百餘頁，售價各250元。

真假外道：本書具體舉證佛門中的常見外道知見實例，並加以教證及理證上的辨正，幫助讀者輕鬆而快速的了知常見外道的錯誤知見，進而遠離佛門內外的常見外道知見，因此即能改正修學方向而快速實證佛法。游正光老師著　。成本價200元。

勝鬘經講記：如來藏爲三乘菩提之所依，若離如來藏心體及其含藏之一切種子，即無三界有情及一切世間法，亦無二乘菩提緣起性空之出世間法；本經詳說無始無明、一念無明皆依如來藏而有之正理，藉著詳解煩惱障與所知障間之關係，令學人深入了知二乘菩提與佛菩提相異之妙理；聞後即可了知佛菩提之特勝處及三乘修道之方向與原理，邁向攝受正法而速成佛道的境界中。平實導師講述，共六輯，每輯三百餘頁，售價各250元。

楞嚴經講記：楞嚴經係密教部之重要經典，亦是顯教中普受重視之經典；經中宣說明心與見性之內涵極爲詳細，將一切法都會歸如來藏及佛性—妙眞如性；亦闡釋佛菩提道修學過程中之種種魔境，以及外道誤會涅槃之狀況，旁及三界世間之起源。然因言句深澀難解，法義亦復深妙寬廣，學人讀之普難通達，是故讀者大多誤會，不能如實理解佛所說之明心與見性內涵，亦因是故多有悟錯之人引爲開悟之證言，成就大妄語罪。今由平實導師詳細講解之後，整理成文，以易讀易懂之語體文刊

……全書十五輯，全部出版完畢。每輯三百餘頁，售價每輯200元。

明心與眼見佛性：本書細述明心與眼見佛性之異同，同時顯示了中國禪宗破初參明心與重關眼見佛性二關之間的關聯；書中又藉法義辨正而旁述其他許多勝妙法義，讀後必能遠離佛門長久以來積非成是的錯誤知見，令讀者在佛法的實證上有極大助益。也藉慧廣法師的謬論來教導佛門學人回歸正知正見，遠離古今禪門錯悟者所墮的意識境界，非唯有助於斷我見，也對未來的開悟明心實證第八識如來藏有所助益，是故學禪者都應細讀之。游正光老師著　共448頁　售價300元。

菩薩底憂鬱CD將菩薩情懷及禪宗公案寫成新詞，並製作成超越意境的優美歌曲。1.主題曲〈菩薩底憂鬱〉，描述地後菩薩能離三界生死而迴向繼續生在人間，但因尚未斷盡習氣種子而有極深沈之憂鬱，非三賢位菩薩及二乘聖者所知，此憂鬱在七地滿心位方才斷盡；本曲之詞中所說義理極深，昔來所未曾見；此曲係以優美的情歌風格寫詞及作曲，聞者得以激發嚮往諸地菩薩境界之大心，詞、曲都非常優美，難得一見；其中勝妙義理之解說，已印在附贈之彩色小冊中。2.以各輯公案拈提中直示禪門入處之頌文，作成各種不同曲風之超意境歌曲，值得玩味、參究；聆聽公案拈提之優美歌曲時，請同時閱讀內附之印刷精美說明小冊，可以領會超越三界的證悟境界；未悟者可以因此引發求悟之意向及疑情，眞發菩提心而邁向求悟之途，乃至因此眞實悟入般若，成眞菩薩。3.正覺總持咒新曲，總持佛法大意；總持咒之義理，已加以解說並印在隨附之小冊中。本CD共有十首歌曲，長達63分鐘，附贈二張購書優惠券。每片280元。

禪意無限CD平實導師以公案拈提書中偈頌寫成不同風格曲子，與他人所寫不同風格曲子共同錄製出版，幫助參禪人進入禪門超越意識之境界。盒中附贈彩色印製的精美解說小冊，以供聆聽時閱讀，令參禪人得以發起參禪之疑情，即有機會證悟本來面目，實證大乘菩提般若。本CD共有十首歌曲，長達69分鐘，每盒各附贈二張購書優惠券。每片280元。

金剛經宗通：三界唯心，萬法唯識，是成佛之修證內容，是諸地菩薩之所修；般若則是成佛之道（實證三界唯心、萬法唯識）的入門，若未證悟實相般若，即無成佛之可能，必將永在外門廣行菩薩六度，永在凡夫位中。然而實相般若的發起，全賴實證萬法的實相；若欲證知萬法的眞相，則必須探究萬法之所從來，則須實證自心如來—金剛心如來藏，然後現觀這個金剛心的金剛性、眞實性、如如性、清淨性、涅槃性、能生萬法的自性性、本住性，名爲證眞如；進而現觀三界六道唯是此金剛心所成，人間萬法須藉八識心王和合運作方能現起。如是實證《華嚴經》的「三界唯心、萬法唯識」以後，由此等現觀而發起實相般若智慧，繼續進修第十住位的如幻觀、第十行位的陽焰觀、第十迴向位的如夢觀，再生起增上意樂而勇發十無盡願，方能滿足三賢位的實證，轉入初地；自知成佛之道而無偏倚，從此按部就班、次第進修乃至成佛。第八識自心如來是般若智慧之所依，般若智慧的修證則要從實證金剛心自心如來開始；《金剛經》則是解說自心如來之經典，是一切三賢位菩薩所應進修之實相般若經典。這一套書，是將平實導師宣講的《金剛經宗通》內容，整理成文字而流通之；書中所說義理，迴異古今諸家依文解義之說，指出大乘見道方向與理路，有益於禪宗學人求開悟見道，及轉入內門廣修六度萬行。講述完畢後結集出版，總共9輯，每輯約三百餘頁，售價各250元。

空行母—性別、身分定位，以及藏傳佛教：本書作者爲蘇格蘭哲學家，因爲嚮往佛教深妙的哲學內涵，於是進入當年盛行於歐美的假藏傳佛教密宗，擔任卡盧仁波切的翻譯工作多年以後，被邀請成爲卡盧的空行母（又名佛母、明妃），開始了她在密宗裡的實修過程；後來發覺在密宗雙身法中的修行，其實無法使自己成佛，也發覺密宗對女性岐視而處處貶抑，並剝奪女性在雙身法中擔任一半角色時應有的身分定位。當她發覺自己只是雙身法中被喇嘛利用的工具，沒有獲得絲毫應有的尊重與基本定位時，發現了密宗的父權社會控制女性的本質；於是作者傷心地離開了卡盧仁波切與密宗，但是卻被恐嚇不許講出她在密宗裡的經歷，也不許她說出自己對密宗的教義與教制下對女性剝削的本質，否則將被咒殺死亡。後來她去加拿大定居，十餘年後方才擺脫這個恐嚇陰影，下定決心將親身經歷的實情及觀察到的事實寫下來並且出版，公諸於世。出版之後，她被流亡的達賴集團人士大力攻訐，誣指她爲精神狀態失常、說謊……等。但有智之士並未被達賴集團的政治操作及各國政府政治運作吹捧達賴的表相所欺，使她的書銷售無阻而又再版。正智出版社鑑於作者此書是親身經歷的事實，所說具有針對「藏傳佛教」而作學術研究的價值，也有使人認清假藏傳佛教剝削佛母、明妃的男性本位實質，因此洽請作者同意中譯而出版於華人地區。珍妮·坎貝爾女士著，呂艾倫 中譯，每冊250元。

霧峰無霧—給哥哥的信：本書作者藉兄弟之間信件往來論義，略述佛法大義；並以多篇短文辨義，舉出釋印順對佛法的無量誤解證據，並一一給予簡單而清晰的辨正，令人一讀即知。久讀、多讀之後即能認清楚釋印順的六識論見解，與眞實佛法之牴觸是多麼嚴重；於是在久讀、多讀之後，於不知不覺之間提升了對佛法的極深入理解，正知正見就在不知不覺間建立起來了。當三乘佛法的正知見建立起來之後，對於三乘菩提的見道條件便將隨之具足，於是聲聞解脫道的見道也就水到渠成；接著大乘見道的因緣也將次第成熟，未來自然也會有親見大乘菩提之道的因緣，悟入大乘實相般若也將自然成功，自能通達般若系列諸經而成實義菩薩。作者居住於南投縣霧峰鄉，自喻見道之後不復再見霧峰之霧，故鄉原野美景一一明見，於是立此書名爲《霧峰無霧》；讀者若欲撥霧見月，可以此書爲緣。游宗明 老師著 售價250元。

假藏傳佛教的神話—性、謊言、喇嘛教：本書編著者是由一首名叫「阿姊鼓」的歌曲為緣起，展開了序幕，揭開假藏傳佛教—喇嘛教—的神祕面紗。其重點是蒐集、摘錄網路上質疑「喇嘛教」的帖子，以揭穿「假藏傳佛教的神話」為主題，串聯成書，並附加彩色插圖以及說明，讓讀者們瞭解西藏密宗及相關人事如何被操作為「神話」的過程，以及神話背後的眞相。作者：張正玄教授。售價200元。

達賴真面目—玩盡天下女人：假使您不想戴綠帽子，請記得詳細閱讀此書；假使您不想讓好朋友戴綠帽子，請您將此書介紹給您的好朋友。假使您想保護家中的女性，也想要保護好朋友的女眷，請記得將此書送給家中的女性和好友的女眷都來閱讀。本書為印刷精美的大本彩色中英對照精裝本，為您揭開達賴喇嘛的眞面目，內容精彩不容錯過，為利益社會大眾，特別以優惠價格嘉惠所有讀者。編著者：白志偉等。大開版雪銅紙彩色精裝本。售價800元。

喇嘛性世界—揭開假藏傳佛教譚崔瑜伽的面紗：這個世界中的喇嘛，號稱來自世外桃源的香格里拉，穿著或紅或黃的喇嘛長袍，散布於我們的身邊傳教灌頂，吸引了無數的人嚮往學習；這些喇嘛虔誠地為大眾祈福，手中拿著寶杵（金剛）與寶鈴（蓮花），口中唸著咒語：「唵・嘛呢・叭咪・吽……」，咒語的意思是說：「我至誠歸命金剛杵上的寶珠伸向蓮花寶穴之中」！「喇嘛性世界」是什麼樣的「世界」呢？本書將為您呈現喇嘛世界的面貌。當您發現眞相以後，您將會唸：「噢！喇嘛・性・世界，譚崔性交嘛！」作者：張善思、呂艾倫。售價200元。

末代達賴——性交教主的悲歌：簡介從藏傳僞佛教（喇嘛教）的修行核心——性力派男女雙修，探討達賴喇嘛及藏傳僞佛教的修行內涵。書中引用外國知名學者著作、世界各地新聞報導，包含：歷代達賴喇嘛的祕史、達賴六世修雙身法的事蹟，以及《時輪續》中的性交灌頂儀式……等；達賴喇嘛書中開示的雙修法、達賴喇嘛的黑暗政治手段；達賴喇嘛所領導的寺院爆發喇嘛性侵兒童；新聞報導《西藏生死書》作者索甲仁波切性侵女信徒、澳洲喇嘛秋達公開道歉、美國最大假藏傳佛教組織領導人邱陽創巴仁波切的性氾濫；等等事件背後眞相的揭露。作者：張善思、呂艾倫、辛燕。售價250元。

第七意識與第八意識？——穿越時空「超意識」：「三界唯心，萬法唯識」是佛教中應該實證的聖教，也是《華嚴經》中明載而可以實證的法界實相。唯心者，三界一切境界、一切諸法唯是一心所成就，即是每一個有情的第八識如來藏，不是意識心。唯識者，即是人類各各都具足的八識心王——眼識、耳鼻舌身意識、意根、阿賴耶識，第八阿賴耶識又名如來藏，人類五陰相應的萬法，莫不由八識心王共同運作而成就，故說萬法唯識。依聖教量及現量、比量，都可以證明意識是二法因緣生，是由第八識藉意根與法塵二法爲因緣而出生，又是夜夜斷滅不存之生滅心，即無可能反過來出生第七識意根、第八識如來藏，當知不可能從生滅性的意識心中，細分出恆審思量的第七識意根，更無可能細分出恆而不審的第八識如來藏。本書是將演講內容整理成文字，細說如是內容，並已在〈正覺電子報〉連載完畢，今彙集成書以廣流通，欲幫助佛門有緣人斷除意識我見，跳脫於識陰之外而取證聲聞初果；嗣後修學禪宗時即得不墮外道神我之中，得以求證第八識金剛心而發起般若實智。平實導師 述，每冊300元。

黯淡的達賴—失去光彩的諾貝爾和平獎：本書舉出很多證據與論述，詳述達賴喇嘛不爲世人所知的一面，顯示達賴喇嘛並不是眞正的和平使者，而是假借諾貝爾和平獎的光環來欺騙世人；透過本書的說明與舉證，讀者可以更清楚的瞭解，達賴喇嘛是結合暴力、黑暗、淫欲於喇嘛教裡的集團首領，其政治行爲與宗教主張，早已讓諾貝爾和平獎的光環染污了。本書由財團法人正覺教育基金會寫作、編輯，由正覺出版社印行，每冊250元。

童女迦葉考—論呂凱文〈佛教輪迴思想的論述分析〉之謬：童女迦葉是佛世率領五百大比丘遊行於人間的歷史事實，是以童貞行而依止菩薩戒弘化於人間的大菩薩，不依別解脫戒（聲聞戒）來弘化於人間。這是大乘佛教與聲聞佛教同時存在於佛世的歷史明證，證明大乘佛教不是從聲聞法中分裂出來的部派佛教的產物，卻是聲聞佛教分裂出來的部派佛教聲聞凡夫僧所不樂見的史實；於是古今聲聞法中的凡夫都欲加以扭曲而作詭說，更是末法時代高聲大呼「大乘非佛說」的六識論聲聞凡夫極力想要扭曲的佛教史實之一，於是想方設法扭曲迦葉菩薩爲聲聞僧，以及扭曲迦葉童女爲比丘僧等荒謬不實之論著便陸續出現，古時聲聞僧寫作的《分別功德論》是最具體之事例，現代之代表作則是呂凱文先生的〈佛教輪迴思想的論述分析〉論文。鑑於如是假藉學術考證以籠罩大眾之不實謬論，未來仍將繼續造作及流竄於佛教界，繼續扼殺大乘佛教學人法身慧命，必須舉證辨正之，遂成此書。平實導師 著，每冊180元。

人間佛教—實證者必定不悖三乘菩提：「大乘非佛說」的講法似乎流傳已久，卻只是日本人企圖擺脫中國正統佛教的影響，而在明治維新時期才開始提出來的說法；台灣佛教、大陸佛教的淺學無智之人，由於未曾實證佛法而迷信日本人錯誤的學術考證，錯認為這些別有用心的日本佛學考證的講法為天竺佛教的眞實歷史；甚至還有更激進的反對佛教者提出「釋迦牟尼佛並非眞實存在，只是後人捏造的假歷史人物」，竟然也有少數人願意跟著「學術」的假光環而信受不疑，於是開始有一些佛教界人士造作了反對中國佛教而推崇南洋小乘佛教的行為，使佛教的信仰者難以檢擇，導致一般大陸人士開始轉入基督教的盲目迷信中。在這些佛教及外教人士之中，也就有一分人根據此邪說而大聲主張「大乘非佛說」的謬論，這些人以「人間佛教」的名義來抵制中國正統佛教，公然宣稱中國的大乘佛教是由聲聞部派佛教的凡夫僧所創造出來的。這樣的說法流傳於台灣及大陸佛教界凡夫僧之中已久，卻非眞正的佛教歷史中曾經發生過的事，只是繼承六識論的聲聞法中凡夫僧依自己的意識境界立場，純憑臆想而編造出來的妄想說法，卻已經影響許多無智之凡夫僧俗信受不移。本書則是從佛教的經藏法義實質及實證的現量內涵本質立論，證明大乘佛法本是佛說，是從《阿含正義》尚未說過的不同面向來討論「人間佛教」的議題，證明「大乘眞佛說」。閱讀本書可以斷除六識論邪見，迴入三乘菩提正道發起實證的因緣；也能斷除禪宗學人學禪時普遍存在之錯誤知見，對於建立參禪時的正知見有很深的著墨。平實導師 述，內文488頁，全書528頁，定價400元。

見性與看話頭：黃正倖老師的《見性與看話頭》於《正覺電子報》連載完畢，今集結出版。書中詳說禪宗看話頭的詳細方法，並細說看話頭與眼見佛性的關係，以及眼見佛性者求見佛性前必須具備的條件。本書是禪宗實修者追求明心開悟時參禪的方法書，也是求見佛性者作功夫時必讀的方法書，內容兼顧眼見佛性的理論與實修之方法，是依實修之體驗配合理論而詳述，條理分明而且極為詳實、周全、深入。本書內文375頁，全書416頁，售價300元。

中觀金鑑—**詳述應成派中觀的起源與其破法本質**：學佛人往往迷於中觀學派之不同學說，被應成派與自續派所迷惑；修學般若中觀二十年後自以爲實證般若中觀了，卻仍不曾入門，甫聞實證般若中觀者之所說，則茫無所知，迷惑不解；隨後信心盡失，不知如何實證佛法；凡此，皆因惑於這二派中觀學說所致。自續派中觀所說同於常見，以意識境界立爲第八識如來藏之境界，應成派所說則同於斷見，但又同立意識爲常住法，故亦具足斷常二見。今者孫正德老師有鑑於此，乃將起源於密宗的應成派中觀學說，追本溯源，詳考其來源之外，亦一一舉證其立論內容，詳加辨正，令密宗雙身法祖師以識陰境界而造之應成派中觀學說本質，詳細呈現於學人眼前，令其維護雙身法之目的無所遁形。若欲遠離密宗此二大派中觀謬說，欲於三乘菩提有所進道者，允宜具足閱讀並細加思惟，反覆讀之以後將可捨棄邪道返歸正道，則於般若之實證即有可能，證後自能現觀如來藏之中道境界而成就中觀。本書分上、中、下三冊，每冊250元，已全部出版完畢。

真心告訴您(一)—**達賴喇嘛在幹什麼？**這是一本報導篇章的選集，更是「破邪顯正」的暮鼓晨鐘。「破邪」是戳破假象，說明達賴喇嘛及其所率領的密宗四大派法王、喇嘛們，弘傳的佛法是仿冒的佛法；他們是假藏傳佛教，是坦特羅(譚崔性交)外道法和藏地崇奉鬼神的苯教混合成的「喇嘛教」，推廣的是以所謂「無上瑜伽」的男女雙身法冒充佛法的假佛教，詐財騙色誤導眾生，常常造成信徒家庭破碎、家中兒少失怙的嚴重後果。「顯正」是揭櫫眞相，指出眞正的藏傳佛教只有一個，就是覺囊巴，傳的是 釋迦牟尼佛演繹的第八識如來藏妙法，稱爲他空見大中觀。正覺教育基金會即以此古今輝映的如來藏正法正知見，在眞心新聞網中逐次報導出來，將箇中原委「眞心告訴您」，如今結集成書，與想要知道密宗眞相的您分享。售價250元。

實相經宗通：學佛之目的在於實證一切法界背後之實相，禪宗稱之為本來面目或本地風光，佛菩提道中稱之為實相法界；此實相法界即是金剛藏，又名佛法之祕密藏，即是能生有情五陰、十八界及宇宙萬有（山河大地、諸天、三惡道世間）的第八識如來藏，又名阿賴耶識心，即是禪宗祖師所說的眞如心，此心即是三界萬有背後的實相。證得此第八識心時，自能瞭解般若諸經中隱說的種種密意，即得發起實相般若——實相智慧。每見學佛人修學佛法二十年後仍對實相般若茫然無知，亦不知如何入門，茫無所趣；更因不知三乘菩提的互異互同，是故越是久學者對佛法越覺茫然，都肇因於尚未瞭解佛法的全貌，亦未瞭解佛法的修證內容即是第八識心所致。本書對於修學佛法者所應實證的實相境界提出明確解析，並提示趣入佛菩提道的入手處，有心親證實相般若的佛法實修者，宜詳讀之，於佛菩提道之實證即有下手處。平實導師述著，共八輯，全部出版完畢，每輯成本價250元。

法華經講義：此書為平實導師始從2009/7/21演述至2014/1/14之講經錄音整理所成。世尊一代時教，總分五時三教，即是華嚴時、聲聞緣覺教、般若教、種智唯識教、法華時；依此五時三教區分為藏、通、別、圓四教。本經是最後一時的圓教經典，圓滿收攝一切法教於本經中，是故最後的圓教聖訓中，特地指出無有三乘菩提，其實唯有一佛乘；皆因眾生愚迷故，方便區分為三乘菩提以助眾生證道。世尊於此經中特地說明如來示現於人間的唯一大事因緣，便是為有緣眾生「開、示、悟、入」諸佛的所知所見——第八識如來藏妙眞如心，並於諸品中隱說「妙法蓮花」如來藏心的密意。然因此經所說甚深難解，眞義隱晦，古來難得有人能窺堂奧；平實導師以知如是密意故，特為末法佛門四眾演述《妙法蓮華經》中各品蘊含之密意，使古來未曾被古德註解出來的「此經」密意，如實顯示於當代學人眼前。乃至〈藥王菩薩本事品〉、〈妙音菩薩品〉、〈觀世音菩薩普門品〉、〈普賢菩薩勸發品〉中的微細密意，亦皆一併詳述之，開前人所未曾言之密意，示前人所未見之妙法。最後乃至以〈法華大意〉而總其成，全經妙旨貫通始終，而依佛旨圓攝於一心如來藏妙心，厥為曠古未有之大說也。平實導師述　已於2015/5/31起出版第一輯，每兩個月出版一輯，共有25輯。每輯300元。

西藏「活佛轉世」制度—附佛、造神、世俗法：歷來關於喇嘛教活佛轉世的研究，多針對歷史及文化兩部分，於其所以成立的理論基礎，較少系統化的探討。尤其是此制度是否依據「佛法」而施設？是否合乎佛法眞實義？現有的文獻大多含糊其詞，或人云亦云，不曾有明確的闡釋與如實的見解。因此本文先從活佛轉世的由來，探索此制度的起源、背景與功能，並進而從活佛的尋訪與認證之過程，發掘活佛轉世的特徵，以確認「活佛轉世」在佛法中應具足何種果德。定價150元。

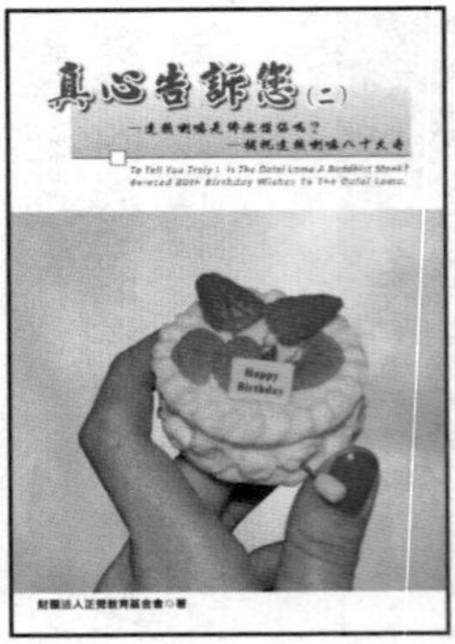

真心告訴您(二)—達賴喇嘛是佛教僧侶嗎？補祝達賴喇嘛八十大壽：這是一本針對當今達賴喇嘛所領導的喇嘛教，冒用佛教名相、於師徒間或師兄姊間，實修男女邪淫，而從佛法三乘菩提的現量與聖教量，揭發其謊言與邪術，證明達賴及其喇嘛教是仿冒佛教的外道，是「假藏傳佛教」。藏密四大派教義雖有「八識論」與「六識論」的表面差異，然其實修之內容，皆共許「無上瑜伽」四部灌頂爲究竟「成佛」之法門，也就是共以男女雙修之邪淫法爲「即身成佛」之密要，雖美其名曰「欲貪爲道」之「金剛乘」，並誇稱其成就超越於（應身佛）釋迦牟尼佛所傳之顯教般若乘之上；然詳考其理論，則或以意識離念時之粗細心爲第八識如來藏，或以中脈裡的明點爲第八識如來藏，或如宗喀巴與達賴堅決主張第六意識爲常恆不變之眞心者，分別墮於外道之常見與斷見中；全然違背　佛說能生五蘊之如來藏的實質。售價300元。

修習止觀坐禪法要講記：修學四禪八定之人，往往錯會禪定之修學知見，欲以無止盡之坐禪而證禪定境界，卻不知修除性障之行門才是修證四禪八定不可或缺之要素，故智者大師云「性障初禪」；性障不除，初禪永不現前，云何修證二禪等？又：行者學定，若唯知數息，而不解六妙門之方便善巧者，欲求一心入定，極難可得，智者大師名之爲「事障未來」：障礙未到地定之修證。又禪定之修證，不可違背二乘菩提及第一義法，否則縱使具足四禪八定，亦不能實證涅槃而出三界。此諸知見，智者大師於《修習止觀坐禪法要》中皆有闡釋。作者平實導師以其第一義之見地及禪定之實證證量，曾加以詳細解析。將俟正覺寺竣工啓用後重講，不限制聽講者資格；講後將以語體文整理出版。欲修習世間定及增上定之學者，宜細讀之。平實導師述著。

解深密經講記：本經係　世尊晚年第三轉法輪，宣說地上菩薩所應熏修之唯識正義經典，經中所說義理乃是大乘一切種智增上慧學，以阿陀那識—如來藏—阿賴耶識爲主體。禪宗之證悟者，若欲修證初地無生法忍乃至八地無生法忍者，必須修學《楞伽經、解深密經》所說之八識心王一切種智；此二經所說正法，方是眞正成佛之道；印順法師否定如來藏之後所說萬法緣起性空之法，是以誤會後之二乘解脫道取代大乘眞正成佛之道，亦已墮於斷滅見中，不可謂爲成佛之道也。平實導師曾於本會郭故理事長往生時，於喪宅中從初七至第十七，宣講圓滿，作爲郭老之往生佛事功德，迴向郭老早證八地、速返娑婆住持正法；茲爲今時後世學人故，將擇期重講《解深密經》，以淺顯之語句講畢後將會整理成文，用供證悟者進道；亦令諸方未悟者，據此經中佛語正義，修正邪見，依之速能入道。平實導師述著，全書輯數未定，每輯三百餘頁，將於未來重講完畢後逐輯出版。

佛法入門：學佛人往往修學二十年後仍不知如何入門，茫無所入漫無方向，不知如何實證佛法；更因不知三乘菩提的互異互同之處，導致越是久學者越覺茫然，都是肇因於尚未瞭解佛法的全貌所致。本書對於佛法的全貌提出明確的輪廓，並說明三乘菩提的異同處，讀後即可輕易瞭解佛法全貌，數日內即可明瞭三乘菩提入門方向與下手處。○○菩薩著 出版日期未定。

阿含講記—小乘解脫道之修證：數百年來，南傳佛法所說證果之不實，所說解脫道之虛妄，所弘解脫道法義之世俗化，皆已少人知之；從南洋傳入台灣與大陸之後，所說法義虛謬之事，亦復少人知之；今時台灣全島印順系統之法師居士，多不知南傳佛法數百年來所說解脫道之義理已然偏斜、已然世俗化、已非眞正之二乘解脫正道，猶極力推崇與弘揚。彼等南傳佛法近代所謂之證果者多非眞實證果者，譬如阿迦曼、葛印卡、帕奧禪師、一行禪師……等人，悉皆未斷我見故。近年更有台灣南部大願法師，高抬南傳佛法之二乘修證行門爲「捷徑究竟解脫之道」者，然而南傳佛法縱使眞修實證，得成阿羅漢，至高唯是二乘菩提解脫之道，絕非**究竟**解脫，無餘涅槃中之實際尚未得證故，法界之實相尚未了知故，習氣種子待除故，一切種智未實證故，焉得謂爲「究竟解脫」？即使南傳佛法近代眞有實證之阿羅漢，尚且不及三賢位中之七住明心菩薩本來自性清淨涅槃智慧境界，不知此賢位菩薩所證之無餘涅槃實際，仍非大乘佛法中之見道者，何況普未實證聲聞果乃至未斷我見之人？謬充證果已屬逾越，更何況是誤會二乘菩提之後，以未斷我見之凡夫知見所說之二乘菩提解脫偏斜法道，焉可高抬爲「究竟解脫」？而且自稱「捷徑之道」？又妄言解脫之道即是成佛之道，完全否定般若實智、否定三乘菩提所依之如來藏心體，此理大大不通也！平實導師爲令修學二乘菩提欲證解脫果者，普得迴入二乘菩提正見、正道中，是故選錄四阿含諸經中，對於二乘解脫道法義有具足圓滿說明之經典，預定未來十年內將會加以詳細講解，令學佛人得以了知二乘解脫道之修證理路與行門，庶免被人誤導之後，未證言證，干犯道禁，成大妄語，欲升反墮。本書首重斷除我見，以助行者斷除我見而實證初果爲著眼之目標，若能根據此書內容，配合平實老師所著《識蘊眞義》《阿含正義》內涵而作實地觀行，實證初果非爲難事，行者可以藉此三書自行確認聲聞初果爲實際可得現觀成就之事。此書中除依二乘經典所說加以宣示外，亦依斷除我見等之證量，及大乘法中道種智之證量，對於意識心之體性加以細述，令諸二乘學人必定得斷我見、常見，免除三縛結之繫縛。次則宣示斷除我執之理，欲令升進而得薄貪瞋痴，乃至斷五下分結…等。平實導師述，共二冊，每冊三百餘頁。每輯300元。

總經銷： 飛鴻 國際行銷股份有限公司

231 新北市新店市中正路 501 之 9 號 2 樓

Tel.02－82186688（五線代表號） Fax.02-82186458、82186459

零售：1.**全台連鎖經銷書局：**

三民書局、誠品書局、何嘉仁書店

敦煌書店、紀伊國屋、金石堂書局、建宏書局

2.**台北市：**佛化人生 羅斯福路 3 段 325 號 6 樓之 4 台電大樓對面

3.**新北市：**春大地書店 **蘆洲**中正路 117 號

4.**桃園市縣：**誠品書局 **桃園市**中正路 20 號遠東百貨地下室一樓

金石堂 **桃園**市大同路 24 號 金石堂 **桃園**八德市介壽路 1 段 987 號

諾貝爾圖書城 **桃園**市中正路 56 號地下室 御書堂 **龍潭**中正路 123 號

墊腳石文化書店 **中壢**市中正路 89 號

5.**新竹市縣：**大學書局 新竹建功路 10 號 誠品書局 新竹東區信義街 68 號

誠品書局 新竹東區中央路 229 號 5 樓 誠品書局 新竹東區力行二路 3 號

墊腳石文化書店 新竹中正路 38 號

6.**台中市：** 瑞成書局、各大連鎖書店。

詠春書局 台中市永春東路 884 號 文春書局 **霧峰**中正路 1087 號

7.**彰化市縣：**心泉佛教流通處 彰化市南瑤路 286 號

員林鎮：墊腳石圖書文化廣場 中山路 2 段 49 號（04-8338485）

8.**台南市：**博大書局 **新營**三民路 128 號

藝美書局 善化中山路 436 號 宏欣書局 佳里光復路 214 號

9.**高雄市：**各大連鎖書店、瑞成書局

政大書城 三民區明仁路 161 號 政大書城 苓雅區光華路 148-83 號

明儀書局 三民區明福街 2 號 明儀書局 三多四路 63 號

青年書局 青年一路 141 號

10.**宜蘭縣市：**金隆書局 宜蘭市中山路 3 段 43 號

宋太太梅鋪 羅東鎮中正北路 101 號（039-534909）

11.**台東市：**東普佛教文物流通處 台東市博愛路 282 號

12.**其餘鄉鎮市經銷書局：**請電詢總經銷**飛鴻**公司。

13.**大陸地區請洽：**

香港：樂文書店

旺角店 :香港九龍旺角西洋菜街 62 號 3 樓

電話 : (852) 2390 3723 email: luckwinbooks@gmail.com

銅鑼灣店 :香港銅鑼灣駱克道 506 號 2 樓

電話 : (852) 2881 1150 email: luckwinbs@gmail.com

廈門：廈門外圖臺灣書店有限公司

地址：廈門市思明區湖濱南路809 號 廈門外圖書城3 樓 郵編：361004

電話：0592-5061658（臺灣地區請撥打 86-592-5061658）

E-mail：JKB118＠188.COM

14.**美國：世界日報圖書部**：紐約圖書部　電話 7187468889#6262
洛杉磯圖書部　電話 3232616972#202

15.**國內外地區網路購書**：

正智出版社 書香園地　http://books.enlighten.org.tw/
（書籍簡介、直接聯結下列網路書局購書）

三民 網路書局　http://www.Sanmin.com.tw
誠品 網路書局　http://www.eslitebooks.com
博客來 網路書局　http://www.books.com.tw
金石堂 網路書局　http://www.kingstone.com.tw
飛鴻 網路書局　http://fh6688.com.tw

附註：1.請儘量向各經銷書局購買：郵政劃撥需要十天才能寄到（本公司在您劃撥後第四天才能接到劃撥單，次日寄出後第四天您才能收到書籍，此八天中一定會遇到週休二日，是故共需十天才能收到書籍）若想要早日收到書籍者，請劃撥完畢後，將劃撥收據貼在紙上，旁邊寫上您的姓名、住址、郵區、電話、買書詳細內容，直接傳眞到本公司 02-28344822，並來電 02-28316727、28327495 確認是否已收到您的傳眞，即可提前收到書籍。 2.因台灣每月皆有五十餘種宗教類書籍上架，書局書架空間有限，故唯有新書方有機會上架，通常每次只能有一本新書上架；本公司出版新書，大多上架不久便已售出，若書局未再叫貨補充者，書架上即無新書陳列，則請直接向書局櫃台訂購。 3.若書局不便代購時，可於晚上共修時間向正覺同修會各共修處請購（共修時間及地點，詳閱**共修現況表**。每年例行年假期間請勿前往請書，年假期間請見共修現況表）。 4.郵購：郵政劃撥帳號 19068241。 5.正覺同修會會員購書都以八折計價（戶籍台北市者爲一般會員，外縣市爲護持會員）都可獲得優待，欲一次購買全部書籍者，可以考慮入會，節省書費。入會費一千元（第一年初加入時才需要繳），年費二千元。**6.尚未出版之書籍，請勿預先郵寄書款與本公司，謝謝您！** 7.若欲一次購齊本公司書籍，或同時取得正覺同修會贈閱之全部書籍者，請於正覺同修會共修時間，親到各共修處請購及索取；**台北市讀者**請洽：103 台北市承德路三段 267 號 10 樓（捷運淡水線 圓山站旁）請書時間：週一至週五爲 18.00~21.00，第一、三、五週週六爲 10.00~21.00，雙週之週六爲 10.00~18.00 請購處專線電話：25957295-分機 14（於請書時間方有人接聽）。

敬告大陸讀者：

大陸讀者購書、索書捷徑（尚未在大陸出版的書籍，以下二個途徑都可以購得，電子書另包括結緣書籍）：

1.廈門外國圖書公司：廈門市思明區湖濱南路 809 號 廈門外圖書城 3F
郵編：361004 電話：0592-5061658 網址：JKB118@188.COM

2.電子書：正智出版社有限公司及正覺同修會在台灣印行的各種局版書、結緣書，已有『**正覺電子書**』陸續上線中，提供讀者於手機、平板電腦上購書、下載、閱讀正智出版社、正覺同修會及正覺教育基金會所出版之電子書，詳細訊息敬請參閱『正覺電子書』專頁：http://books.enlighten.org.tw/ebook

關於平實導師的書訊，請上網查閱：
成佛之道 http://www.a202.idv.tw
正智出版社 書香園地 http://books.enlighten.org.tw/

中國網採訪佛教正覺同修會、正覺教育基金會訊息：

http://big5.china.com.cn/gate/big5/fangtan.china.com.cn/2014-06/19/content_32714638.htm

http://pinpai.china.com.cn/

★ 正智出版社有限公司售書之稅後盈餘，全部捐助財團法人正覺寺籌備處、佛教正覺同修會、正覺教育基金會，供作弘法及購建道場之用；懇請諸方大德支持，功德無量。

★ 聲 明 ★

本社於 2015/01/01 開始調整本目錄中部分書籍之售價，以因應各項成本的持續增加。

＊ 喇嘛教修外道雙身法、墮識陰境界，非佛教 ＊

＊ 弘揚如來藏他空見的覺囊派才是真正藏傳佛教 ＊

售後服務—換書啓事（免附回郵）　2012/09/24

《楞嚴經講記》第 14 輯初版首刷本免費調換新書啓事：本講記第 14 輯出版前因 平實導師諸事繁忙，未將之重新閱讀而只改正校對時發現的錯別字，故未能發覺十年前所說法義有部分錯誤，於第 15 輯付印前重閱時才發覺第 14 輯中有部分錯誤尚未改正。今已重新審閱修改並已重印完成，煩請所有讀者將以前所購第 14 輯初版首刷本，寄回本社免費換新（初版二刷本無錯誤），本社將於寄回新書時同時附上您寄書回來換新時所付的郵資，並在此向所有讀者致上最誠懇的歉意。

《心經密意》初版書免費調換二版新書啓事：本書係演講錄音整理成書，講時因時間所限，省略部分段落未講。後於再版時補寫增加 13 頁，維持原價流通之。茲爲顧及初版讀者權益，自 2003/9/30 開始免費調換新書，原有初版一刷、二刷書籍，皆可寄來本來公司換書。

《宗門法眼》已經增寫改版爲 464 頁新書，2008 年 6 月中旬出版。讀者原有初版之第一刷、第二刷書本，都可以寄回本社免費調換改版新書。改版後之公案及錯悟事例維持不變，但將內容加以增說，較改版前更具有廣度與深度，將更能助益讀者參究實相。

換書者免附回郵，亦無截止期限；舊書請寄：111 台北郵政 73-151 號信箱 或 103 台北市承德路三段 267 號 10 樓 正智出版社有限公司。舊書若有塗鴨、殘缺、破損者，仍可換取新書；但缺頁之舊書至少應仍有五分之三頁數，方可換書。所有讀者不必顧念本公司是否有盈餘之問題，都請踴躍寄來換書；本公司成立之目的不是營利，只要能眞實利益學人，即已達到成立及運作之目的。若以郵寄方式換書者，免附回郵；並於寄回新書時，由本社附上您寄來書籍時耗用的郵資。造成您不便之處，再次致上萬分的歉意。

正智出版社有限公司 啓

國家圖書館出版品預行編目資料

維摩詰經講記／平實導師述. – 初版. –
臺北市：正智，2008.03- [民 97]
冊； 公分
ISBN 978-986-83908-0-5（第 1 輯：平裝）
ISBN 978-986-83908-1-2（第 2 輯：平裝）
ISBN 978-986-83908-2-9（第 3 輯：平裝）
ISBN 978-986-83908-4-3（第 4 輯：平裝）
ISBN 978-986-83908-6-7（第 5 輯：平裝）
ISBN 978-986-83908-7-4（第 6 輯：平裝）
1.經集部
221.721 97004820

維摩詰經講記——第四輯

著述者：平實導師
音文轉換：劉惠莉
校對：章乃鈞 陳介源 蘇振慶 蔡禮政 劉惠莉
出版者：正智出版社有限公司
電話：〇二28327495 28316727（白天）
傳眞：〇二28344822
111台北郵政73-151號信箱
郵政劃撥帳號：一九〇六八二四一
正覺講堂：總機〇二25957295（夜間）
總經銷：飛鴻國際行銷股份有限公司
231新北市新店區中正路501-9號2樓
電話：〇二82186688（五線代表號）
傳眞：〇二82186458 82186459
初版首刷：二〇〇八年五月 二千冊
初版五刷：二〇一七年四月 二千冊
定價：二五〇元